五世达赖喇嘛传

WUSHI DALAI LAMA ZHUAN

马 林►著

青海人民出版社

图书在版编目(CIP)数据

五世达赖喇嘛传 / 马林著.
西宁：青海人民出版社，2006.1(2020.8 重印)
ISBN 978-7-225-02664-0

Ⅰ. ①历… Ⅱ. 马… Ⅲ. 达赖喇嘛，五世—传记
Ⅳ. B949.92

中国版本图书馆 CIP 数据核字（2004）第 136451 号

五世达赖喇嘛传

马林　著

出 版 人　樊原成
出版发行　青海人民出版社有限责任公司
西宁市五四西路 71 号　邮政编码:810023　电话:(0971)6143426(总编室)
发行热线　(0971)6143516/6137730
网　　址　http://www.qhrmcbs.com
印　　刷　西宁东宝印务有限责任公司
经　　销　新华书店
开　　本　720mm × 1010mm　1/16
印　　张　16.5
字　　数　260 千
插　　页　1
版　　次　2006 年 1 月第 1 版　2020 年 8 月第 3 次印刷
书　　号　ISBN 978-7-225-02664-0
定　　价　35.00 元

五世达赖喇嘛阿旺罗桑嘉措

序言

马林同志的《五世达赖喇嘛传》一书即将由青海人民出版社出版，这对于藏族历史的研究来说，是一件大好事。马林同志请我为他的书写一序言，因为我在这本书的酝酿和准备的过程中曾经参与过，也的确应该在这里说一些题外的话，向读者介绍本书的来历及有关的情况。

还在15年以前，我在青海省社会科学院藏学研究所工作，我们在进行塔尔寺藏书编目和研究的过程中，得到时任塔尔寺寺管会主任却西活佛的支持，从塔尔寺借到一批珍贵的藏文古籍图书，并开始将其中的一些重要古籍翻译成汉文。这是一项耗时费力的艰难工作，需要成年累月地专心伏案工作，同时还要查阅大量的资料，甚至有时为了一个词语的翻译，数日思考而不得其解，还要向专家请教。不过，作为藏学研究的基础工作，我们还是坚持走出了这第一步。当时翻译了《汉藏史集》、《三世四世达赖喇嘛传》、《章嘉国师若必多吉传》、《七世达赖喇嘛传》、《六世班禅传》等。其中篇幅最大、历时最久的当数马林、马连龙和我合译的《五世达赖喇嘛传》，前后经历了将近十载的翻译修改，1997年由中国藏学出版社分三册出版。至今回想起当年我们合作翻译的情景，还是颇有感慨的，个中的酸甜苦辣，深藏于我们的心中。

五世达赖喇嘛无疑是藏族历史上的一位重要人物，同时又是藏传佛教格鲁派历史上的一位重要人物，在他的一生中，经历了格鲁派和蒙古和硕特部固始汗联合推翻第悉藏巴汗政权，格鲁派逐步取得西藏地方政教权力的历史巨变。作为格鲁派的领袖，他在1652年进京朝见顺治帝，受到清朝的册封，为以后的历辈达赖喇嘛的政教地位奠定了基础，他主持兴建了布达拉宫，制定一系列的规章制度，使西藏的封建农奴制社会进入一个稳固发展的时期。同时，五世达赖喇嘛在藏族文化如宗教哲学、文学、医药学、历算学的发展中也起了重要的作用。对研究者来说，五世达赖喇嘛的长篇自传，提供了研究他一生以及当时西藏社会、宗教、文化情况的最重要的第一手资料。利用这些资料，对这位现今在西藏仍然随时使人察觉到他的影响力的历史巨人进行深入的研究，是藏族历史研究的一个重要课题，也是一个具有重要学术价值的研究选题。马林同志作为《五世达赖喇嘛传》的汉译者之一，在翻译完成以后，仍然专注于对这位藏族历史人物的研究，并随时将这些研究成果汇集起来，最后形成了今天奉献给读者的这部专著，其潜心于学术研究，锲而不舍的精神，终于取得了可喜的成果，值得我们大家为他祝贺。

对五世达赖喇嘛的研究涉及到藏族历史文化的许多方面，还有一些问题需要深入探讨，我相信马林同志会继续努力，并取得更大的成绩。

陈庆英

2004年12月于中国藏学研究中心

前　言

公元1617年，西藏山南琼结地方诞生了一个聪慧灵异的神童。这位神童的诞生，是一个历史的神奇，而他改写西藏历史的一生，又是一段神奇的历史。这位创造了无数辉煌业绩的伟大历史人物，就是至今仍被藏族人民所称颂、所供奉，且被各族人民所熟知、所景仰的五世达赖喇嘛阿旺罗桑嘉措。也正是由于他的伟大、他的辉煌，至今仍被人们赞誉为“伟大的五世”。

五世达赖喇嘛阿旺罗桑嘉措是藏传佛教格鲁派掌握西藏地方政教权力后的第一位达赖喇嘛。他所处的时代，正是西藏地方历史上风云变幻的年代——西藏四分五裂局面的结束，格鲁派地方政权的建立，封建农奴制度的巩固，与中央王朝关系的发展，地方行政制度的变化等等重大历史事件都发生在这个年代。伟大的时代造就了伟大的人物，五世达赖喇嘛作为政教合一的地方政权的领袖，以他深厚的宗教哲学思辩能力，高超的政治智慧和统治艺术，非凡的胆识和超人的气魄，以及至高无上的精神影响力，成为这些事件的主导者和驾驭者，是引领西藏历史潮流的一代政教领袖。同时，他还在诸如布达拉宫的修建，许多著名寺院、佛像的建立、建造，藏药的制造，历史学、语言学、哲学、文学著作的编写，刻印经典等方面有着卓越的建树。他本人也在藏族文化史、宗教史、建筑史、医学史、艺术史等方面有着高深的造诣，成为西藏历史上惟一在政治、宗教、学术等领域都取得非凡成就的一代宗师。

为这位伟大历史人物撰写一部能够全面反映他辉煌业绩的传记，是我的一个宿愿。上世纪90年代中期，在同陈庆英、马连龙先生协力翻译了卷帙浩繁的《五世达赖喇嘛自传》后，我深深为《自传》所记载的历史人物、历史事件的详尽、准确、生动所叹服。但同时也感到，《自传》毕竟是一部编年体式的人物传记，这种体裁本身就突出了这样一个特点：就是有关五世达赖喇嘛的一生，事无巨细，全都囊括其中，大如格鲁派与蒙古和硕特部联合推翻第悉藏巴政权，格鲁派在西藏掌权，西藏与清朝最早建立关系，应邀到北京朝见顺治皇帝，布达拉宫的修建，西藏和不丹的战争，吴三桂反清时与西藏的联系等这样一些重大历史事件，小到五世达赖喇嘛何年何月何日得了脚疾，由谁诊治，在哪里洗了温泉，某年某月某日主持了什么宗教仪式，为谁赐福摸顶等都不厌其烦地记录了下来。对希望大致了解五世达赖喇嘛的生平事迹，概要掌握这一段西藏历史和宗教文化的人来说，要想通过阅读120万字的《自传》来达到目的，无疑是沙里淘金。于是，撰写一部结合当时的西藏历史，简要记述五世达赖喇嘛生平的传记就显得尤为重要了。

有关五世达赖喇嘛的生平事迹，国内外的学者很早就开始研究了。但是由于研究者掌握的资料相对匮乏，手段也相对简单，致使研究的内容长期无法深入，始终停留在概要介绍的阶段，至今没有一部系统研究、介绍其生平的传记问世。在翻译了五世达赖喇嘛的《自传》，尤其是在对五世达赖喇嘛一生的一些重大历史事件做了专题研究后，我认为有这样一部详细的第一手资料和多年的研究为基础，可以着手写一部比较系统的传记了。

正如上面所提到的，作为一个西藏政教合一地方政权的领袖和格鲁派的一代宗师，五世达赖喇嘛一生的成就是多方面的，涉及到政治、宗教、学术、文化艺术、藏医药、天文历算等诸多方面。要想把这些都介绍给读者，我掌握的资料有限，知识面有限，学识水平也有限，做不到。因此，我想仅以五世达赖喇嘛一生的政治活动为线索，将其置于这一时期西藏历史巨变的大背景下，通过系统介绍他极富政治传奇色彩的一生，他所经历的突出历史事件，如却图汗的败北，藏巴汗的覆灭，噶尔巴叛乱的平息，应邀到北京朝见顺治皇帝，同不丹的战争，清查寺院和重新封赐土地，吴三桂反清叛乱，对桑杰嘉措的培养等，突出研究他在这些历史事件中所起的作用，展示他在这一领域取得的成就，将一个极富政治魅力的一代宗师的神奇历史展现在读者面前。

要想全面地、多方位地展示五世达赖喇嘛一生的业绩，仅仅写他的政治生涯是不够的。在研究了他在藏族文化史、宗教学、宗教历史、建筑学、医学、文学艺术等方面的成就后，我还想写一部更为详尽的传记。当然，这也有待于藏学界对五世达赖喇嘛研究的深入，有待于藏族历史文化研究的积淀。

作　者

2004年8月于西宁

目　录

第一章

追根溯源话家族

第一章　追根溯源话家族

在西藏这片古老而神秘的土地上，绵绵千百年的藏传佛教滋润了雪域高原的每一寸土地，也孕育了一种神秘而博大的宗教文化。在这里，生与死、苦与乐、悲与喜等等人生的经历、情感的体验，都笼罩在宗教文化的氛围里，都体现着“业”的意志。就连人们出身的高低贵贱，也无不盖上宗教的面纱，套上种姓制的外衣。人们相信“河水是冰雪融化的，人种是天神繁衍的”。《般若八千颂》中说：“为什么说菩萨摩诃萨的种姓完美无缺，因为菩萨摩诃萨出生在纯正高贵的血统中；为什么说菩萨摩诃萨的门阀圆满兴盛，因为菩萨摩诃萨出生在像娑罗树王族和婆罗门种姓那样纯正的贵族中；为什么说菩萨摩诃萨的血统完美无瑕，因为菩萨摩诃萨的家世比任何种姓都清白。”就连菩萨都有血统的高低贵贱之分，凡夫俗子又何尝不是如此呢。所以，在西藏历史上，由于受印度文化的影响，特别是种姓制的影响，人们、特别是地位显赫的达官贵人、高僧大德们，非常注重出身门第和血统，讲究种姓的高贵和血统的纯正。他们赋予了贵族智慧勇敢、出言不苟、豁达大度、情重义长等等优良品质，对此趋之若骛。许多出身低微的著名人物，凡提及出身门第的，其本人或后代总要千方百计地把他的家世同西藏历史上某一高贵而纯正的种姓、某一著名的姓氏、某一古老而显赫的家族甚至印度的王族联系起来，哪怕这种联系是牵强附会的。这种现象在藏文史料中可谓司空见惯。

在这样一种文化氛围中，要想真实地记述一个历史人物的家族渊源，还历史的本来面目，实在是一件真正困难的事。

作为一个真实历史人物的五世达赖喇嘛阿旺罗桑嘉措，也由于他的伟大、他的杰出而给他出生的西藏山南琼结家族罩上了一个神秘的光环。尽管五世达赖喇嘛本人声称并不愿与那些以出身贵族而夸耀、显摆之辈为伍，但他还是在自己的著述中多次用大量篇幅来记述家族的传承。凡是看过《五世达赖喇嘛传·云裳》（以下简称《自传》）、有心探索其家族渊源的人，都真切地体验到了这种扑朔迷离的意境，陷入了茫然不得要领的困境。

那么，透过历史的面纱，淘去世俗的尘沙，哪些是历史真实，哪些是神话传说，哪些是宗教附会，让我们把探索的脚步踏入历史的源头吧！

一、传说中的萨霍尔王族

五世达赖喇嘛阿旺罗桑嘉措出生的西藏山南琼结家族，是西藏古老而显赫的家族之一，也是历史上曾雄踞一方的一个地方势力。按照一些传说和资料的记载，这个家族源于古印度的萨霍尔王族。自吐蕃时期迁入巴达霍尔地区，赞普赤松德赞时开始融入藏族社会，成为藏族社会的一员。

关于萨霍尔的地望及存在的年代，五世达赖喇嘛在其《自传》中描述说："从印度的中心地带金刚座向东行走五个月路程，到达被称为孟加拉的萨霍尔国境，该地像天神的乐园一般美妙，财神的宝库一样富裕，学者高僧聚集的园林和供奉三宝圣物的佛殿把这个国家装点得格外壮丽。萨霍尔国王像金色的法幢，相传七代，兴旺似火，其权势财富可比天界三游戏场所之至。荷蒙历代法王的功德，不但律藏和论藏教法十分盛行，大乘密法师也按照众生的心愿执掌政教。"[1]这段描述，读来令人心旷神怡。如果它是在天国，那

[1]《五世达赖喇嘛传》，五世达赖喇嘛阿旺罗桑嘉措著，陈庆英、马连龙、马林译，中国藏学出版社1997年10月第1版，第31~32页。

一定是天神的乐园；如果它是在人间，那一定是桃花园般的世外桃源。那么，这个美丽而富饶的萨霍尔国到底在哪里呢？

萨霍尔（Za hor），在藏文中写作"Sa hor"。这种不规范的译音，根据廓·宣努贝在《青史》中的解释，藏文字母"Za"和"Sa"相通，所以印度所说的"Sa hor"就是西藏所说的"Za hor"。❶根据《藏汉大辞典》的解释，萨霍尔"谓之古印度东部一小国名"。这一解释主要依据藏文史料的记载。但是，这些记载也不尽一致。

据成书年代较早的《汉藏史集》（1434年）记载："在印度吉祥金刚座的东方，有一大地面叫做巴噶拉，该地方有一座有二百七十万户居民的大城，叫做萨霍尔城。城中有一座叫做黄金幢的王宫，宫中的各种享受与汉地的历代帝王相等。"❷根据这一说法，萨霍尔为一坐落在古孟加拉境内的规模宏大、人口众多的城市。而且据国外学者考证，萨霍尔（Za hor）实际上就是印度语Sa hor的对应词，意思是"城市"❸。

另外，根据《菩提道广论》记载："东方萨霍尔殊胜地，坐落一座大城镇，名叫毗扎玛普拉（Be kra Ma Paa Ra），城中便是大王殿，宫殿辉煌宽又广，人称'金色胜幢宫'。"❹这里，萨霍尔又成了地名，而叫做毗扎玛普拉的城市就坐落在这里。上引《自传》中对萨霍尔的描写,范围就更广了,它将孟加拉同萨霍尔等同起来。

由此看来，藏文史料中的萨霍尔，亦地、亦城、亦国。这种历史地理概念上的差异，只是反映了记述者对古印度历史、地理的模糊认识，并不影响我们对其地理位置的确定。根据《印度通史》记载，古孟加拉森纳王朝创始人希孟塔·森纳的儿子昆查那·森纳（1095—1158）曾征服了跋摩人的东孟加拉和巴拉人的北孟加拉的一部分。他在孟加拉地区设了两个首府，一个是西孟加拉的维查耶

❶《青史》（藏文版），廓·宣努贝著，四川民族出版社1984年出版，第65页。

❷《汉藏史集》，达仓宗巴·班觉桑布著，陈庆英译，西藏人民出版社1986年出版，第279页。

❸❹参见褚俊杰《阿底夏与十一世纪西藏西部的佛教》一文注（3），载《西藏研究》1989年第2期。

普尔（Vijayapur），另一个是东孟加拉的维克拉曼普尔（Vi-Kramapur），[1]这个维克拉曼普尔，无疑就是上述引文中的毗扎玛普拉，也就是威德城。另外，根据现代学者的考证，威德城在今孟加拉的达卡附近。[2]再从上引第一、二段史料中威德城和萨霍尔城内都有“金色胜幢宫”来看，二者是指同一座城市。既然萨霍尔城内的“金色胜幢宫”是一座王宫，它的统治者又被称为“萨霍尔王族”，那么，我们有理由把它理解为一个亦城亦国的政治单位。

确定了萨霍尔国的地理位置，我们再来看看它存在的年代。根据藏文史料，有两位来西藏传播佛教的高僧都出身于萨霍尔王族，一位是公元8世纪中叶应吐蕃赞普赤松德赞的迎请来西藏传法的大乘佛教瑜伽中观派创始人寂护（约700—760），另一位是1038年受阿里王子绛曲微的迎请来藏的阿底峡（982—1054）。从下面就要提到的萨霍尔王族的世系来看，寂护是萨霍尔国王夏扎布达的次子，阿底峡是萨霍尔国王格微贝的儿子。由此可知，这个萨霍尔国至少始立于8世纪初，延续至11世纪以后。

我们知道，从8世纪到11世纪中叶前后，活跃于东印度今孟加拉一带的是著名的波罗王朝。到达摩波罗王统治时期，波罗王朝达到鼎盛，除孟加拉和比哈尔外，还控制了北印度的大部分地区。这一时期，萨霍尔国可能是在其统治下或依附于它的一个小邦。从9世纪末开始，波罗王朝逐渐衰落，但维持到11世纪才被森纳王朝所替代。森纳王朝统治孟加拉地区约一个半世纪，其中最著名的国王为巴拉拉·森纳。在他统治时期，曾把孟加拉分为四个区域，萨霍尔国所在的东孟加拉为旺伽尔地区。从威德城曾作为森纳人的首府来看，萨霍尔国可能一度被森纳人占领。此后，萨霍尔国不见于史记，可能随着穆斯林占领孟加拉后印度王国的灭亡而消亡了。

简言之，所谓萨霍尔国，是位于今孟加拉达卡附近，活跃于公元8世纪至12世纪后期，先后在北印度的波罗王朝和森纳王朝统治

[1][2]《印度通史》，（印度）辛哈、班纳吉著，张若达、冯金辛、王伟译，商务印书馆1964年出版，第192页。

下或依附于这两个王朝的一个小邦。

那么，萨霍尔王族移居到中国后居住的巴达霍尔又在哪里呢？据著名的藏族学者松巴·益西班觉考证：“在距青海湖北面七八天路程的地方，有个地名叫巴洞（Ba Stong），此地有条河叫薛沙河（Shug Sha′e Chu）。从这里到汉地的肃州城的吐尔卡之间有所谓霍尔黄帐部落，此亦即所谓的撒里畏吾儿，又称‘班达霍尔’，又称‘霍屯’。”[1]这里的班达霍尔指的就是巴达霍尔。另外，藏族学者毛尔盖·山木旦也持此说，不过他将“肃州”写作了“甘州”。法国学者石泰安则直接写作“甘州巴达霍尔”。肃州就是今天的甘肃酒泉，甘州就是甘肃张掖，两地相距不远。据此，所谓巴达霍尔，其地在今青海湖东北，酒泉、张掖一带是确定无疑的了。

但是，两位藏族学者是在说到霍尔黄帐部落时作这番考证的，这同琼结家族的先祖从萨霍尔国移居来时的巴达霍尔还有着时间上的差异。两位学者意在说明居住在巴达霍尔地方的人就是霍尔黄帐部落，也就是今天的裕固族。我们知道，裕固族自称“尧乎尔”、“西拉玉固尔”。元代时称为“萨里畏吾”，到了明代才称为“撒里畏吾尔”。这一民族的主体，是古代河西回鹘的后裔。公元9世纪30年代末，回鹘汗国崩溃，回鹘各部分崩离析，四处逃散。其中一支奔河西走廊，后形成以甘州为中心的回鹘集团，被称作“甘州回鹘”或“河西回鹘”。这便是今天裕固族的先民。但是，藏文史料中关于巴达霍尔人的记载早在松赞干布时代就出现了。如《西藏王统记》中说，当松赞干布派使者去迎娶文成公主时，巴达霍尔的使臣也来求婚。这是公元640年左右的事。如果说这一记载只是传说，不足为信，那么，吐蕃入兵巴达霍尔劫掠白哈尔王一事，则发生在桑耶寺建成后不久，即公元8世纪60年代的后几年内，这也比河西回鹘的迁入早约半个世纪。因此，至少在9世纪30年代以前，巴达霍尔虽有其地，巴达霍尔人却另有所指。

[1]转引自格勒著《论藏族文化的起源形成与周边民族的关系》，中山大学出版社出版，第479页。

藏文中的"巴达霍尔"一词，最早可能是一个复合词，即由Bha da和hor两部分组成，或者前者限定后者。

根据石泰安的考证，于阗文中的Bada相当于藏文中的Bal。藏文中的Bha da可能是Bada的译音。他将Bal称为佤族人，认为吐蕃的一个游牧部落佤族人散居在吐蕃东部地区，大都操一种与藏语完全不同的方言。这些部族似乎就是唐代史料中记载的嗢末。将Bha da或Bal解释为嗢末，是可以成立的，但将它说成是吐蕃的一个游牧部落，似乎还有不足之处。

一般认为嗢末是指河陇地区的吐蕃属部，有的还认为专指吐谷浑。事实上，嗢末一词所指范围更广。据一些学者的研究，"'嗢末'就是'赞普'，部落首领的专名变成了广大部落的共名。""'嗢末'或译'浑末'、'温逋'、'贞末'，他们分布地区相当广阔，不仅在青、甘、宁、藏地区住有嗢末，陕、川、滇、黔地区也有嗢末活动。其中有鲜卑人、吐蕃人、匈奴人、党项人、回鹘人、突厥人、氐人、羌人等，还有许多汉人。"❶

那么，这里的巴达或称嗢末者究竟指什么人呢？我们认为，在"巴达"后缀以"霍尔"是表示限定，即指某一支霍尔人。再从历史上看，甘肃的西北部是一个多民族活动的地区，其中也包括霍尔人。

藏语中的霍尔（Hor）一词，泛指藏北高原所有出自胡系统的游牧民族，7世纪以后到宋代为止又专指回鹘人。回鹘人的先祖丁零人很早以前就活动在河西走廊一带。《三国志·魏书》记载："赀虏，本匈奴也。匈奴名奴婢为赀。始建武时，匈奴衰，分去其奴婢，亡匿的金城、武威、酒泉北黑水、西河东西，畜牧逐水草"，"部落稍多，有数万，不与东部鲜卑同也。其种非一，有大胡，有丁零，或颇有羌杂处，由本亡奴婢改也。"❷这一部分丁零部落在同当地的羌族长期杂处的过程中必然形成一个相对稳定的部落集团。

❶唐嘉弘《一个宋代墓志铭的研究》，载《青海社会科学》1983年第2期。

❷《三国志·魏书·乌丸鲜卑东夷传》。

到唐武后时，又有一部分回纥人为摆脱突厥人的奴役，南迁到甘、凉一带游牧，受唐政府的保护。他们可能也融进了这个部落集团中。这部分回纥人除“九姓回纥”的部落外，还有“九姓铁勒”中的思结、浑等部落。这个以回纥人为主体，以甘州为活动中心的部落集团就是这里所说的巴达霍尔。

那么，琼结家族源于印度萨霍尔王族的说法，根据到底在哪里呢？根据目前我们所看到的资料，这一说法最早仍出自五世达赖喇嘛自己撰写的《西藏王臣记》。该书在记述琼结家族的先祖，帕竹政权的家臣霍尔·宣努桑布的事迹时，特别指出“须鲁让波（即宣努桑布）的族系为萨霍尔王族”❶，还列出了从印度十车王到霍尔·宣努桑布之间的世系。此后，五世达赖喇嘛又在《自传》中记述了从十车王到萨霍尔王子达玛巴拉，再从“其子孙中又一名叫达玛巴拉者”❷直至自己的父亲霍尔·都杜饶丹的世系，并声称这是“据古老的世系族谱记载”。❸这样，后世的藏文史料，凡提及琼结家族渊源的都说出自萨霍尔王族，似乎已成为定论。

那么，这一记载是否可靠，抑或只是传说而已呢？靠我们现在的资料，要解决这一问题无疑是困难的。大司徒绛曲坚赞在他的自传中多次提到宣努桑布的事迹，但是没有提及宣努桑布的家族源于萨霍尔王族，按照他们之间的密切关系，绛曲坚赞对宣努桑布的家世应当是比较了解的，他没有指出这一点，一种可能是在元代还没有该家族渊源的说法，一种可能是绛曲坚赞为了突出自己家族血统的高贵而不愿提及其属下的家族源于古代的某个王族。总之，在这个问题上学者们一直存有怀疑。因此，我们在这里只想通过对这些资料的诠释和分析，努力分辨出历史的真实与传说的虚构成分，提出一些合理的解释。

❶《西藏王臣记》，五世达赖喇嘛阿旺罗桑嘉措著，郭和卿译，民族出版社1983年出版，第151页。

❷❸《五世达赖喇嘛传》，五世达赖喇嘛阿旺罗桑嘉措著，陈庆英、马连龙、马林译，中国藏学出版社1997年10月第1版，第33页。

根据《自传》的记载，到移居巴达霍尔，成为琼结家族先祖的达玛巴拉至，萨霍尔王族在印度共传七代。为了便于讨论，我们列表如下：

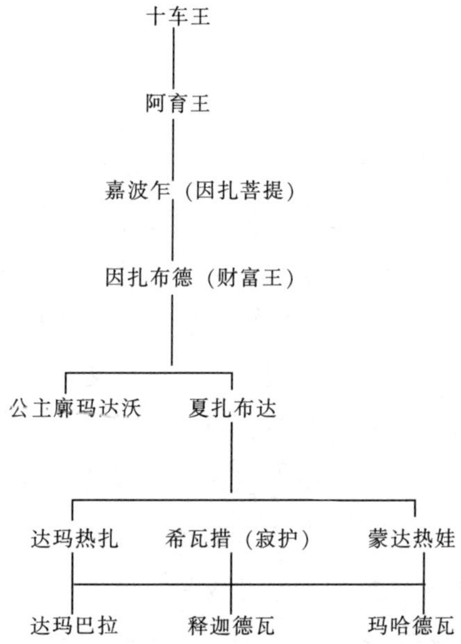

可以看出，这个世系前四代的记载是混乱的，甚至是荒谬的，带有浓重的宗教传说色彩，是明显的附会之说。惟一让我们感兴趣的是这些神话般人物的传奇色彩。让我们从半人半神式的古印度孔雀王朝的阿育王说起。

相传少年阿育王在同外道师作战时，有一个出家裁缝的儿子，把他投进了沸腾的油锅中，但他毫发未损。国王听说后十分吃惊，以为他中了外道师的魔法，急忙向著名的尊者扎巴请教解脱之法，尊者扎巴说：“请在一夜之间建造千万座寺塔，方可摆脱此魔法。”国王思忖，一夜之间怎么能建成千万座佛塔呢？心里十分沮丧。尊者扎巴诵咒之后说：“请国王亲自在菩提树下祭祀祷告，如果是我佛所授记的那位王者，那就役使八部鬼众在一夜之间建造千万座佛塔吧！”国王按尊者扎巴的要求，虔诚地做了祭祀祷告，佛陀果然役使鬼神一夜之间在南赡部洲各地建成了四万八千座佛塔。

当然，这只不过是一段传说而已。事实上，阿育王是印度摩揭陀国孔雀王朝创始人旃陀罗笈多之孙。他的父亲叫宾头沙罗，是大约公元前300年至273年的孔雀王朝的统治者。阿育王（？—前232年）亦叫阿输迦，意思是无忧王、天爱喜见王。父亲宾头沙罗死后，阿育王杀死了自己的哥哥修期摩后继承了王位（前273年—前232年）。他在位时，曾征服羯陵伽国，统一了除半岛南端外的大半个印度，还设“大法官”主持佛教、婆罗门教、耆那教的事务，特别扶植佛教，立佛教为国教。并在全国颁布敕令，建成了四万八千寺塔。刻制了大量摩崖和石柱。即位第十七年，又命目犍连子之帝须在华氏城召集、主持佛教第三次结集。结集后，派遣传教师去四面八方传布佛教，甚至还派使者远达叙利亚、埃及、希腊等地传布佛教。

不过，无论传说还是史实，也无论印度方面的史料还是藏文史料，都未记载宾头沙罗有“十车王”之称。《印度通史》说他有一个称号叫“阿米特腊伽塔”，❶意为“杀敌者”。多罗那它的《印度佛教史》在记述孔雀王朝的世系时也说旃陀罗笈多的儿子为宾头沙罗。❷相反，在印度的一些史料中，这个“十车王”却是指阿育王的孙子达沙罗陀。❸据说他曾继阿育王之后统治东印度。

接下来，这一世系的记载更为混乱。按上列世系，阿育王之子名叫嘉波乍，亦称因扎菩提，世称菩提王。但在《西藏王臣记》中，因扎菩提却成了嘉波乍的儿子，而在《五部遗教》中，嘉波乍又是指因扎菩提的儿子因陀罗布德。❹关于此人，有一段几乎家喻户晓的传说。据说他在阿修罗秘密石洞中修行时，做了七次奇异的

---

❶《印度通史》，(印度)辛哈、班纳吉著，张若达、冯金辛、王伟译，商务印书馆1964年出版，第86页。

❷《印度佛教史》，多罗那它著，张建木译，四川民族出版社1988年出版，第48页注1。

❸《印度佛教史》(英)渥德尔著，王世安译，商务印书馆1987年出版，第260页。

❹《五部遗教》（藏文版），民族出版社1986年出版，第125页。

梦，后来他按照梦中所示，修习金刚手菩萨，历时七个月之久，金刚手菩萨感念他的诚意，就将经典降到王宫的屋顶上，其中不但有十八部《丹扎》，而且还有很多其他经卷。当他们把这些佛经悬挂在法幢顶端进行供赞时，忽然一阵大风吹来，卷走了《宝箧经》。《宝箧经》在空中飘飘荡荡，越过喜马拉雅山，最后落在西藏最早的一座王宫雍布拉冈宫的顶上，被拉妥托日年赞王秘密供养起来，于是西藏就有了佛教。又据传说，萨霍尔国王因扎菩提对各种经典的教义似懂非懂，就向尊者阿梨欧巴拉扎求教，仍然不解其义。因此又迎请比丘拘拘罗阇来教导，拘拘罗阇向国王讲解了《幻网经》第三品《金刚菩萨现身品》。因扎菩提修习七个月，所得成就与佛的悬记正相符合。在七个月的修习期间，金刚手菩萨亲自降临，为国王灌顶加持。而在《五部遗教》和《印度佛教史》中，这一事迹却记在因陀罗布德的名下。前者将他称为“萨霍尔国国王因陀罗布德”，❶后者却说是“乌仗那国国王”。再据《印度佛教史》的记载，因陀罗布德和拘拘罗阇都是生活在古印度大乘佛教瑜伽行派论师法称时代（约7世纪）或稍晚时候的人。因陀罗布德同当时的著名瑜伽师阿阇梨腊哇波和游戏金刚有过交往。拘拘罗阇即一些史料所说的拘多罗阇，通称为“狗王”。❷将生活在7世纪左右的人列为阿育王之子。这种谬误是显而易见的。

很明显，世系中的这几代是将印度历史上与佛教有关的著名统治者列入其中，是明显的附会之说。我们姑妄听之。

世系中的下面几代，由于所涉及的人物的年代、事迹等与历史的线索基本吻合，所以我们很难将他们完全作为传说人物来看待。

根据这个世系，萨霍尔国王夏扎布达有子女三人，长子为达玛热扎，次子为希瓦措（即寂护），女儿叫蒙达热娃。

---

❶《五部遗教》（藏文版），民族出版社1986年出版，第124、125页。

❷《印度佛教史》，多罗那它著，张建木译，四川民族出版社1988年出版，第103、183页。另见蔡巴·贡噶多吉著，东噶·洛桑赤列校注，陈庆英、周润年译《红史》，西藏人民出版社1988年出版，第152、155页。

有关达玛热扎的记载，见于藏文史书《五部遗教》。该书称他为“印度王达玛热扎”或“印度法王达玛热扎”，[1]还记载了关于此人的一段有趣的传说。据说达玛热扎有个女儿叫拉江仁庆色。一次，她梦见一只长着玉翅，浑身闪着五彩光的鹞鹰，颈上挂着一个盛满甘露的瓶子。她用甘露喂养这只鹰。梦醒后拉江仁庆色怀了孕，怀胎十月生下一男婴。达玛热扎王因这个孩子没有父亲而耻于见人，就命女仆把孩子丢在旷野的沙丘里。这时，孩子又显身为梦中所见的鹞鹰，女仆惊奇万分，不忍丢弃，就把他抱回来抚养成人。此人就是著名的大成就者毕玛密多罗。后来，藏王赤松德赞派遣涅·班杂纳古玛惹等三人到达玛热扎王处迎请高僧时，达玛热扎即派毕玛密多罗来西藏传法。[2]

从这一段传说看，达玛热扎王与赤松德赞是同时代的人。不过，根据世系，他是寂护的哥哥，因此可能是生于7世纪末的人，也就是说，比赤松德赞早约半个世纪。

根据许多藏文史料的记载，受赤松德赞的迎请，两次入藏传播佛教的大乘佛教瑜伽中观派创始人寂护（约700—760）确实出身于萨霍尔王族。但这些记载没有提到他父亲的名字。世系说他是夏扎布达之子，不知有什么史料为据。

根据上面的世系，达玛热扎有三子，长子就是后来成为琼结家族先祖的达玛巴拉。有关此人的事迹，《西藏王臣记》和《自传》都有记载。但是，五世达赖喇嘛一人所著的这两本书的说法又互相矛盾。前者说达玛巴拉是与被莲花生大师收服，成为桑耶寺护法神，后又逃回萨霍尔本土的白哈尔王一起来到西藏的[3]。后者却做了另外一番解释，说由于当时“印度东部孟加拉与汉地关系十分密

---

❶《五部遗教》（藏文版），民族出版社1986年出版，第125页。

❷《印度通史》，（印度）辛哈、班纳吉著，张若达、冯金辛、王伟译，商务印书馆1964年出版，第192、125页。参见达仓宗巴·班觉桑布著，陈庆英译《汉藏史集》，西藏人民出版社1986年出版，第112页。

❸《西藏王臣记》，五世达赖喇嘛阿旺罗桑嘉措著，郭和卿译，民族出版社1983年出版，第152页。

切，货船通过海路，商旅来往很多。因此，达玛巴拉来到汉地，在巴达霍尔的静修院中居住下来。后经数代，子孙繁衍。其子孙中又有一名叫达玛巴拉者。此时，藏王赤松德赞将大堪布静命（寂护）和大阿阇梨莲花生迎请到雪域西藏，仿照欧丹达布日寺修建了吉祥桑耶不动天成佛殿”。❶桑耶寺建成后，赤松德赞掠来巴达霍尔的白哈尔王作为该寺的护法神。后白哈尔王逃回本土，赤松德赞又遣使者至巴达霍尔，请达玛巴拉劝说白哈尔回藏。于是，他们又一同回到西藏。

从时间顺序上看，后一说显然是站不住脚的。根据上述世系，他是寂护的侄子，约与赤松德赞同时代。在他来到汉地，“后经数代，子孙繁衍”，其子孙又有一名叫达玛巴拉者怎么可能仍然与寂护、莲花生、赤松德赞这些人同时呢？五世达赖喇嘛在其后期所著的《自传》中一改《西藏王臣记》中的说法，在白哈尔王的来历问题上力主巴达霍尔说，主要是想通过达玛巴拉同白哈尔关系的论述，来反驳喇嘛索多巴在《遮止古旧争论》一书中有关“达孜的萨霍尔人并非印度萨霍尔王族的后裔”,“在汉地另有一支萨霍尔人”❷的说法，从而证明琼结家族源于萨霍尔王族，因此对达玛巴拉的身世作了如上自圆其说的解释。

综上所述，我们认为，自夏扎布达以下的萨霍尔王族世系有一定的可信性。达玛巴拉确有其人，也确实到过西藏。他在孟加拉时，萨霍尔国是在波罗王朝的统治之下。波罗人是佛教的皈依者，在他们统治期间，“孟加拉和比哈尔始终是佛教最后的根据地”。❸随着佛教在吐蕃的兴起，一些孟加拉僧人纷纷来西藏传播佛法。这是达玛巴拉入藏的大背景。至于他在什么具体情况下来藏的，由于史料的不足和互相矛盾，我们很难做出判断。

---

❶❷《五世达赖喇嘛传》，五世达赖喇嘛阿旺罗桑嘉措著，陈庆英、马连龙、马林译，中国藏学出版社1997年10月第1版，第33页。

❸《印度通史》，（印度）辛哈、班纳吉著，张若达、冯金辛、王伟译，商务印书馆1964年出版，第192、86、129页。

达玛巴拉来藏后，于当时在藏的莲花生大师身前聆受了大圆满法等上乘解脱法门，后在曲沃日山（在今西藏贡噶县境内）修行。获得成就后担任了赤松德赞的上师。后来，他与一个名叫颇容萨的女子婚配，生了两个儿子，长子名叫贝吉多杰，次子叫仁钦多杰。

贝吉多杰娶巴曹氏的一个贵族女子为妻，生了三个儿子，长子多杰扎巴，次子仁钦扎巴，幼子却吉扎巴，次子和幼子出家为僧。长兄多杰扎巴一生修行，后来依照密法，娶了一位具有空行征相的女子为明妃，生子达瓦扎巴。达瓦扎巴之子为达巴僧格。此人有三子，长子释迦洛卓，次子云丹僧格，三子扎巴意希。

当时，吐蕃王室已经分裂，王子永丹所统率的一派势力占据了乌如地区，奥松统率的一支被迫退至雅隆河谷，占据了约如地区。琼结家族追随奥松一支，长子释迦洛卓居住在昌珠寺（在今西藏山南乃东县境内）的裕色曼喀寨堡中。二弟云丹僧格当了奥松的上师，并创建了喀绰寺。

释迦洛卓有两个儿子，长子名叫多杰色瓦，次子叫多杰仁钦。多杰色瓦一支三代单传，至玉如南喀时，只生了一个女儿，嫁给客居在喀脱的嘉氏家族的人。

当时，奥松之子贝柯赞统治着山南地区。据传说，他曾迎请释迦洛卓的次子多杰仁钦，对他说："普兰地区鬼怪为害，曾经请恩朗嘉措和后藏七人等许多密咒师前去降伏，都未成功。因此请你去降伏吧！"贝柯赞还赐给他两肘长的金扫帚一把。他用这把金扫帚降伏了该地的鬼怪魔神，并修建了德喀摩寺。❶

多杰仁钦在普兰地方娶琛氏之女为妻，生子多杰扎巴和多杰巴瓦二人。此时，吐蕃境内发生了西藏历史上著名的臣民反上之乱，公元895年，王子贝柯赞被起义首领许布达孜聂擒诛于娘若香波（今西藏江孜一带），其后裔分崩离析，依附于贝柯赞一支的多杰仁钦父子三人移居到霍尔巴萨，在那里兴建了庄园。自此，该家族始

❶《五世达赖喇嘛传》，五世达赖喇嘛阿旺罗桑嘉措著，陈庆英、马连龙、马林译，中国藏学出版社1997年10月第1版，第36页。

以霍尔为姓氏，称为霍尔家族。他们按照印度的习惯，兄长居于外屋，因此称为“外屋氏”，弟弟住在下层大院中，称为“柳园氏”。

二、帕竹政权的重臣阿波霍尔家

柳园氏多杰巴瓦有子名霍尔·当达瓦。据说此人是著名的瑜伽师，“皇帝闻其名，派遣金字使者前来召请，他以善巧方便谢绝未赴”。[1]按照当达瓦之子堪钦粗达瓦担任大司徒绛曲坚赞9岁时授沙弥戒的上师来推算，当达瓦是生活在蒙古统治西藏的早期，召请他的大约是元朝的皇帝。

霍尔·当达瓦有二子，长子名霍尔·扎西本，次子就是著名的堪钦粗达瓦。当时，卫藏地区正处在元朝扶植的萨迦派的统治之下。但是，在琼结家族活动的山南地区，是由另一支地方势力即朗拉色氏族控制下的帕木竹巴地方政权统治。

帕木竹巴是噶举派的一个重要支派，创始于12世纪。该派创始人多吉杰波于1158年在今西藏桑日县境内的帕木竹巴地方修建了丹萨替寺，此寺遂成为该派的主寺。多吉杰波本人也被称为帕木竹巴。1208年，出身于当地朗氏家族的僧人扎巴迥乃担任了丹萨替寺的寺主，从此朗氏家族世代相传地控制了帕竹派。还在蒙哥汗在世时，帕竹就被分封给皇弟旭烈兀，委派有万户长，元代在卫藏分封万户时，帕竹也于1268年列名于十三万户之中。

在琼结家族霍尔·扎西本和粗达瓦兄弟时，正是朗氏家族居尼宁巴·仁钦多杰任丹萨替寺寺主的时期。当时，任帕竹万户长的人虽不是朗氏家族的人，但其出任此职必须由丹萨替寺寺主推荐，由元朝总制院任命，也就是说，帕竹万户的实权仍然掌握在世袭丹萨替寺寺主的朗氏家族手中。粗达瓦投靠到该家族门下，由仁钦多杰给他授了具足戒，后又被委任为该派贡桑纳卓寺的堪布，成为帕竹派中一

[1]《五世达赖喇嘛传》，五世达赖喇嘛阿旺罗桑嘉措著，陈庆英、马连龙、马林译，中国藏学出版社1997年10月第1版，第36页。

位知名的高僧。从此以后,琼结家族与帕竹噶举派正式建立了关系。

霍尔·扎西本生有二子，长子名霍尔·宣努桑布，次子叫扎西善巴。当时的朗氏家族，正处在经过萨迦与止贡的战争中受到严重打击后逐渐恢复的时期。约在1289年之后，长期存在矛盾的止贡派和萨迦派之间因为帕竹派的教主继承问题发生争执，直至发生武装冲突,历史上称为止贡之乱。战争波及帕竹,帕竹的许多领地被萨迦派没收。直到1299年,当时担任丹萨替寺京俄的扎巴迥乃之侄扎巴仁钦由帝师扎巴俄色和诸王铁穆尔别克任命为帕竹万户长之后，朗氏家族的势力又恢复起来,再度成为集政教二权于一体的帕竹地方领主。

继扎巴仁钦之后担任帕竹万户长和丹萨替寺寺主的是他的侄子绛曲坚赞。他9岁时以堪钦粗达瓦和布识巴为上师受沙弥戒,14岁时前往萨迦。关于这一事件的前后过程,绛曲坚赞在其自传中记述说,当他8岁时(1309年)京俄细瓦协巴(即绛曲坚赞的伯父扎巴仁钦,当时身兼京俄和帕竹万户长两职)就打算把他献给萨迦温布,但是当时各万户贵族子弟到萨迦充当温布(本意为外甥、子侄,此处为侍从、质子之义)被认为是今后取得权势的重要途径,因此这事受到当时曾任帕竹万户长的朗氏另一支系的宣努云丹的阻挠,没有办成,而宣努云丹之子坚赞加卜被送到萨迦。次年,细瓦协巴去世,绛曲坚赞的大哥(可能是异母兄)坚赞贝桑布继任万户长,二哥扎巴坚赞继任京俄,当年即延师为绛曲坚赞授沙弥戒，这显然是为绛曲坚赞以后的发展做准备。在延请的授戒上师中,堪钦粗达瓦即是其中之一,这可以看出粗达瓦与扎巴坚赞一系的密切关系。此后不久,1315年三月经扎巴坚赞和坚赞贝桑布商议,绛曲坚赞被送往萨迦,但是堪钦粗达瓦并没有随行,因为按习惯到萨迦去的温布应拜一位萨迦派的高僧为师。绛曲坚赞到萨迦后先是当了达尼钦波桑波贝的侍从，此后又随喇嘛年麦巴学习佛教。1319年绛曲坚赞回到帕竹,在这期间坚赞贝桑布于1316年去职,元朝皇帝委派坚赞加卜为万户长。因此绛曲坚赞未能得到达尼钦波桑波贝指定帕竹拨给他的庄园,赋闲数载。1322年,坚赞加卜因沉溺酒色,夺妻杀夫，被害人是曾到大都见过皇帝的有身份的人,其亲属控告于回萨迦受比丘戒的帝师贡噶洛追和行宣政院。贡噶洛追下令免去坚赞加卜万户长职务，请扎巴坚赞以京俄兼任帕竹万户长。扎巴坚赞举荐绛曲坚赞担任万户长。当年九月，贡噶洛追以帝师法旨和行宣政院札付任命绛曲坚赞为帕竹万户长。

绛曲坚赞任万户长初期，霍尔·宣努桑布即因为其叔父粗达瓦的关系充当绛曲坚赞的侍从，先是担任管理饮食和厨房的司膳官。到1329年绛曲坚赞因原来的管家敦巴·宣努沃管理不善，账目混乱将其撤职，并请求京俄扎巴坚赞派其侍从充当他的管家，遭京俄拒绝，于是绛曲坚赞提升霍尔·宣努桑布为管家。关于宣努桑布升任管家的情况，绛曲坚赞在其自传中回忆说：

"堪布粗达哇是我受沙弥戒的宗教师。因为他的关系，宣努桑布从二十一二岁就在我身边做仆役，是司膳官和外管家中的杰出者，出任官寨的小管家，政绩中平，在担任大管家以后，雅隆的坏人们面谀奉承，惟有他一人不存歹心。他人好，不贪污中饱，尽管遭我刮耳光和责打，却不灰心气馁。"❶

"阳土蛇年（1329年）六月，我接管了都秋等地的账册，八月接管了钥匙。蛇年的一年之中我亲自前往各百户处结算他们的田赋、地价和所有的进项收入。随后，我规劝宣努桑布说：'请负起管家的责任吧！'他回答说：'我需要一个坐于首席的长官（做后盾）。'我说：'我便是正管家，你不要违背我的训示，不要积攒一丁点私房，我同你共患难，你应该明白这一点。'说罢，给予了详细的指示。我有时天天责打他，有时三四天责打他。然而他对我既畏惧又崇敬。三四年后，朗索的面貌有了起色，还清了债务，经过核算各项收支有了盈余。"❷

有趣的是绛曲坚赞在对属下的长篇嘱咐中专门谈了一段宣努桑布应享用什么样的炒面的问题，他说：

---

❶❷《朗氏家族史》（藏文版），大司徒绛曲坚赞著，西藏社会科学院藏文古籍编辑室编，西藏人民出版社1986年5月出版，第348、148页。参见赞拉·阿旺、佘万志汉译本，西藏人民出版社1989年4月出版，第238、104~105页。

“现在主仆之间差别甚微，仅是糌粑粗细之分。当初是没有管家享用长官的青稞、糌粑的规矩的。其缘故是：在我身居此显赫地位时，敦巴·宣努沃供职管家，当时没有食用主子糌粑的制度。宣努桑布你担任司膳官之际是清楚和了解这点的。但是，在委任宣努桑布你为管家时，茶房工役僧格多吉却徇情卖乖，在六柱房里给以主子的糌粑，以后愈演愈烈，在四柱厦楼上，僧格多吉当着我的面馈送糌粑，导致敦巴·宣努沃和替雪的老资格的撒巴们多次责难和抱怨。对此，后来我抓住僧格多吉一件过错作为口实，铐以脚枷，用牛皮裹住手，致使你们老少撒巴们为僧格多吉求情。我说道：‘僧格多吉你巴结宣努桑布，擅自馈赠糌粑，这是为什么？’说罢，鞭挞之。而宣努桑布却未想到今后不能享用主子的糌粑的。绛曲坚赞还特别强调：‘长官同管家分别居住在不同的卧室，若彼此偏私帮助各自的仆人，势必最终酿成大祸，故不应那般行事。管家不可同官寨内的执事、官寨外的俗官特别要好、亲爱，要扶持公众。在官寨内充任管家者应是年青僧人，不沾染酒色，不贪污中饱，不扶植亲友、私仆和意气相投的人，不另外养家活口，自掌管钥匙之日起直至死亡，应在朗索职务上度过一生。”[1]

从这段记述看，到宣努桑布年轻时，霍尔家族的地位并不太高，大约是一个小贵族领主的身份，因此绛曲坚赞对待他犹如对待一个高级的仆役一般。宣努桑布日后发达，虽然有其叔父担任绛曲坚赞的亲教师的契机，但主要还是靠他自己的恭顺、忠诚和才干。另外，按绛曲坚赞20岁任万户长，宣努桑布二十一二岁跟随他计算，宣努桑布与绛曲坚赞年岁相仿，大概宣努桑布生于1300年左右。

不久，帕竹万户和临近的雅桑万户因经济利益和争夺领地发生冲突。雅桑噶举本是和帕竹噶举关系密切的一个支系，蒙哥汗时雅桑

[1]《朗氏家族史》（藏文版），大司徒绛曲坚赞著，西藏社会科学院藏文古籍编辑室编，西藏人民出版社1986年5月出版，第66页。参见赞拉·阿旺、佘万志汉译本，西藏人民出版社1989年4月出版，第249~250页。

与帕竹一样是旭烈兀的领地，雅桑是帕竹万户属下的一个千户。后来雅桑在萨迦的支持下经元朝批准升格为万户，萨迦有意利用雅桑牵制帕竹，蔡巴万户也在暗中支持雅桑。因此在帕竹与雅桑爆发冲突的初期，雅桑万户占了上风，击败了帕竹的军队，绛曲坚赞部众纷纷逃散，宣努桑布的叔父粗达瓦阵亡，只有绛曲坚赞和宣努桑布等十五人侥幸坚持下来。绛曲坚赞在其去世前几年回忆这次战斗的情况时说：

“由于帕竹朗索、坚赞加卜和约瓦法庭处罚（百姓）等原因，乡村败约的撒巴，全体寺属百姓和贵族所属百姓，你们每人分别投靠四个长官，宛如众鸟落罗网，身首异处一样，我的臂力被削弱，故遭受这般（失败）的境遇。乡村中的撒巴和属民们在雅桑和帕竹战争爆发时，敦巴希哲一到达，嘉地老者长官索氏就失言，我愤恨地冲上雅桑阵地前的山坡上，粗达瓦也尾随在后，他俩深怀爱慕之情不肯舍弃我。撒巴们齐挽弓，冲上敌阵地，虽然我先后三次派人通知撤退，但是长老们不愿退却。……敌人占卜星相后，集中前线兵力来反扑，同仇敌忾的将士去迎敌，作为三翼军队的长老，云丹、宣努沃和长官仁氏三人分别担任如本，我命令冲锋占领左边的山岗，长老们武艺低，被敌围困战死长矛下。以粗达瓦为首的十三人亦次第阵亡，我军被追击，丢弃战鼓、号角和牦纛，整个队伍溃逃到扎嘉秋索地方。……俗人、马夫、乡村中的撒巴和近卫保镖全都逃之夭夭，不见踪影，仅余下宣努桑布、贝仁和我等十四人，被遗弃在屋内，敌人逼近房屋，我命令召回我军，于是摇曳牦纛。我摇晃军旗呼喊我军冲下来，然而无人从扎嘉秋索地方来接应。由于敌人气焰有所收敛和三宝、空行母的加持，我们带着牦纛撤退下来，没有任何人前来迎接。”❶

此后，1345年绛曲坚赞在南钦塘向萨迦地方政权控诉雅桑万

❶《朗氏家族史》（藏文版），大司徒绛曲坚赞著，西藏社会科学院藏文古籍编辑室编，西藏人民出版社1986年5月出版，第398~400页。参见赞拉·阿旺、佘万志汉译本，西藏人民出版社1989年4月出版，第271~272页。

户，由于萨迦本钦旺秋贝袒护雅桑，帕竹虽然诉讼获胜，但萨迦本钦还是将绛曲坚赞拘禁，关押达17天之久。但绛曲坚赞并不灰心，回到帕竹后重整旗鼓，以强大的兵力抵抗雅桑方面的军队。1346年，帕竹在战场上取得了一些胜利。战争中宣努桑布等人被雅桑的军队阻挡在哲谟地方时，绛曲坚赞亲自率兵赶来解围，足见他对宣努桑布的信任和重视。

此后，帝师贡噶坚赞企图把他的侍从索南坚赞当作坚赞加卜的侄子任命为帕竹万户长，帝师和宣政院官员、萨迦本钦等人多方设法逼迫绛曲坚赞辞去万户长职位。宣政院的官员旺尊在多隆地方的宴会上逮捕绛曲坚赞，要他交印让权，遭到拒绝后将绛曲坚赞押往贡塘监禁93天。在这期间，绛曲坚赞将管理和保卫帕竹首府乃东的重任交给了宣努桑布，他被押往贡塘时，派人给在乃东的宣努桑布带信说："他们把我逼迫到这般地步，我决不会交出职权，即使我被裸身捆绑到乃东，你们也不要交出官寨。若不交出乃东，就有帕木竹巴的政权，就有我，就有你们诸位，就有雅隆。倘若怜惜我而交出乃东，就没有我，就没有你们诸位，没有帕木竹巴的政权，没有雅隆。纵然我蒙难被杀被剥皮，也不要交出乃东，你们诸位是明白上述话语的含义的。"[1]由于旺尊没有得到元朝皇帝关于处理绛曲坚赞的命令，又无法逼迫绛曲坚赞辞职和交出乃东，最后只得将绛曲坚赞放回。紧接着，萨迦派的喇嘛衮邦巴和本钦甲哇桑布策划了一个更大的阴谋，准备一举除掉绛曲坚赞，接管乃东和帕竹万户。甲哇桑布以审理帕竹和雅桑的争端为由前往雅隆，同时暗地调动蔡巴、羊卓、夏鲁、萨迦的军队前往，绛曲坚赞明知甲哇桑布来意，但是不愿蒙受"世世代代不能昭雪"的反叛罪名，没有征集人马对抗，而是自己前去迎接申诉。

在审案开始的前一天，绛曲坚赞将管理、保卫乃东城堡的重任

---

[1]《朗氏家族史》（藏文版），大司徒绛曲坚赞著，西藏社会科学院藏文古籍编辑室编，西藏人民出版社1986年5月出版，第162~163页。参见赞拉·阿旺、佘万志汉译本，西藏人民出版社1989年4月出版，第115页。

交给了宣努桑布，并对宣努桑布等人叮咛说："明天我将戴着脚枷同雅桑万户长诉讼，有希望最终合理解决争端。但是本钦此人言而无信，而且从各方面备战，相传蔡巴的军械已从水路运来。倘若把战争强加于我们，我们纵然能抵抗，但法律不容，自取失败。请按照当初在多隆地方我被囚禁时让衮布坚赞和释迦崩捎的口信行动吧！"[1]第二天甲哇桑布果然将绛曲坚赞和雅桑万户长囚禁起来，威逼绛曲坚赞写信盖印通知宣努桑布等人交出乃东的管理权。绛曲坚赞机智地烧毁了自己的印章，无法盖印，而且表面上表示愿派人到乃东传达投降的命令，设法让宣努桑布懂得他的不投降的意思。

绛曲坚赞在其自传中详细讲述了此事的前后经过，他说：

"从第二天起，连续三日我同在本钦和蔡巴支持下的雅桑巴、塘波且巴和嘉域千户长楚臣扎等人诉讼。在我处于无能为力的境地时，本钦向我索取各种文件，咆哮威胁，打皮掌子，多次以各种办法迫使我俯首屈服。……我想到我永远落入他们的手中，逃也逃不脱，即使被害也无关紧要，应该设法营救贝仁。在思索其办法时，顺便想到，假如文书官坚赞能逃去乃东，便可捎口信说，你们应照我先前的训示行事，今后无论得到我的任何话语均不得相信。用毕早饭后，我的头和整个上半身疼痛难忍，遂搂住坚赞，他抱住我的上身，我说道：'你若能逃至乃东，请告诉以宣努桑布为首的人们，牢记我以前的训示，不要违背，今后不管得到我的任何话语，均属虚假的，不要相信。'我问他：'此话你的耳朵听到了吗？''听见了。''那就复述吧！'他准确无误地复述了我所说的话。我认为现在稳妥可靠了，遂决意差遣他前去……。"

"我给以宣努桑布为首的人捎去令其投降的口信，是夜未

---

[1]《朗氏家族史》（藏文版），大司徒绛曲坚赞著，西藏社会科学院藏文古籍编辑室编，西藏人民出版社1986年5月出版，第171~172页。参见赞拉·阿旺、佘万志汉译本，西藏人民出版社1989年4月出版，第122页。

得回复。次日，晴空万里。本钦亲临六柱厦的阁楼，说道：'他（绛曲坚赞）说了什么？是否已经给乃东的人们发了令其投降的信？把他的脚枷和刑具打开，让他来此阁楼中。'俗人们打开脚枷和刑具，引领我至阁楼中。这时我佯装惶恐和颤抖，敬礼下跪，说道：'本钦是菩萨，心胸广阔似天空，所以我请求让以宣努桑布为首的乃东人投降，他们的全部过错由我承担，请责罚我。他们是我的仆役，干这干那不由己，请予怜悯。让他们向一个信得过的人投降，请派遣长官达瓦向他们转达这些话吧。''行，怎么投降法？'我请求说：'让宣努桑布投降蔡巴，让释迦牟本投降羊卓，让衮噶扎投降雅桑，让其余的人投降其崇拜的人，封存所有的财物于各个仓库，加锁并封以黄蜡，我将钥匙奉献于本钦座前。'他说：'可以。'其后我又佯装说，我有新的想法告诉他，'比起派遣长官达瓦传话，倘若派遣贝仁前往，官寨里的人会更加相信，这更合适。'他又说：'可以。'我又说道：'作为我说话的见证人和有助于人们相信，可否差遣担任文书官的这个后生（坚赞）前往？'他回答说：'这也恰当！'他又说道：'现在要把你们主仆分开，中间掩挂帷幕，不能互相看见打手势使眼色。'其后，刚吃罢饭，衮噶都元帅、比丘绛杰、达鲁花赤南喀贝、侍从衮乃、朗巴僧格贝和贝崩乔道等人以及本钦的老资格执事们排列于两侧，贝仁和文书员坚赞站在（帷幕）之外，我依据自己向本钦所作的禀告加枝添叶地给以宣努桑布为首的乃东的人们捎口信，为了使本钦等人相信，我发了誓，这是期望贝仁能摆脱监禁。贝仁和坚赞二人前往乃东孜，转达了口信。乃东的人问道：'没有用眼神示意和别的训示吗？'答：'没有使眼色和其他教诲。主仆无法互相看见，中间分别有他（本钦甲哇桑布）的人监视，没有办法。'坚赞接着说：'今天（绛曲坚赞）未言及别的教诫，昨天早晨他说，你若逃出前往乃东孜，就对以宣努桑布为首的人们说，要牢记我以前的叮咛，并遵循之，现在不管得到我的什么话，全属虚假不实。他郑重地强调了此事。’‘那么，正是这样的，应当占卜一下！’于是进行了占卜，卦象极好，说：‘应当遵照以前的训示，不投降！倘若遵循后面的嘱咐，则将遭厄运。’”❶

由于绛曲坚赞十分巧妙地使本钦甲哇桑布误以为绛曲坚赞本人是愿意投降的，只是宣努桑布等人拒不执行投降的命令，因而在是否攻打乃东的问题上犹豫不决，错过了战机。加上宣努桑布忠实地执行了绛曲坚赞的意图，坚守不出，使得甲哇桑布感到左右为难。随同前来的蒙古都元帅又反对在没有元朝皇帝的“扎撒”允许时杀掉已表示愿投降的绛曲坚赞，所以甲哇桑布只得下令将绛曲坚赞押往后藏。事情一直拖到1347年底，萨迦派内部形势发生了变化，甲哇桑布被免去本钦职务，由旺尊接任，绛曲坚赞终被释放，从后藏返回。在关系到帕竹万户和绛曲坚赞本人生死存亡的大风浪中，宣努桑布所起的作用正如五世达赖喇嘛所说：“由于宣努桑布正确地执行了绛曲坚赞的计划，使乃东王宫没有沦入敌手，仍旧岿然不动。”❷

在萨迦政权的强大压力下，绛曲坚赞和宣努桑布等人经历了一场死里逃生的劫难，但是他们并未灰心丧气。当时帕竹内部也有不少人主张绛曲坚赞出家为僧，避免战祸，绛曲坚赞在与宣努桑布等重新见面时就提出：“依照出家人的规矩，你们是否舍得抛弃亲友、土地和财产，倘若舍得，我亦敢抛弃这些，我们主仆就出家。”宣努桑布当即回答：“三年回击敌人，报仇雪耻，然后遁入空门。”表示了跟随绛曲坚赞继续作战的决心。绛曲坚赞肯定说：“三年过后我们不可能克制，这场官司未见分晓之前，你们俗官和撒巴谁都不准提及出家和叫苦抱

❶《朗氏家族史》（藏文版），大司徒绛曲坚赞著，西藏社会科学院藏文古籍编辑室编，西藏人民出版社1986年5月出版，第174~178页。参见赞拉·阿旺、佘万志汉译本，西藏人民出版社1989年4月出版，第124~126页。

❷《五世达赖喇嘛传》，五世达赖喇嘛阿旺罗桑嘉措著，陈庆英、马连龙、马林译，中国藏学出版社1997年10月第1版，第37页。

怨。”主仆二人一唱一和，稳定了帕竹派的军心。❶

1348年本钦旺尊调集各万户人马，再次攻打帕竹，但是，从这时开始，力量对比逐渐发生了变化，帕竹开始取得战场上的胜利。在一系列的战斗中，宣努桑布作为领兵官之一，立下了不少战功。约在1349年绛曲坚赞命令扎巴喜饶接替宣努桑布的管家职务，命宣努桑布担任外臣统兵官，专门负责军事。在击败前藏地区的雅桑和蔡巴万户后，帕竹又与其宗教上有密切联系的止贡万户发生冲突，并击败止贡，成为前藏地区的首领。1350年，绛曲坚赞派人到大都朝贡，元朝承认了绛曲坚赞的实力和地位，赐给他万户印及金册玉符等。接着，绛曲坚赞利用萨迦内部连续不断的派别斗争，与以前的敌人甲哇桑布结盟，插手萨迦内部事务。1356年，甲哇桑布被萨迦拉康拉章的人监禁，绛曲坚赞发兵救援，控制了后藏的曲弥万户和萨迦大殿，取得对萨迦大殿的监护权。又逐一攻占了萨迦属地，成为卫藏大部分地区的统治者。1357年，元朝承认了既成事实，派人进藏封绛曲坚赞为大司徒。在势力急剧衰落之际，萨迦各派系仍内乱不止，约在1360年，绛曲坚赞再次平定萨迦内乱，收缴萨迦本钦的大印，从此开始了帕竹政权对西藏的统治。

明世宗赐给帕竹法王的玉印

霍尔·宣努桑布的赫赫战功奠定了帕竹王朝的基础，对此，绛曲坚赞曾这样评价：“宣努桑布作了主干，其他的人们作了枝梢。”“上从后藏萨迦，下至江夏妥们一带都收归权下，这是宣努桑布的功劳和恩惠。”❷后来他在1361年总述他担任万户长以来40年的事迹

❶《朗氏家族史》（藏文版），大司徒绛曲坚赞著，西藏社会科学院藏文古籍编辑室编，西藏人民出版社1986年5月出版，第186~187页。参见赞拉·阿旺、佘万志汉译本，西藏人民出版社1989年4月出版，第132页。

❷《西藏王臣记》，五世达赖喇嘛阿旺罗桑嘉措著，郭和卿译，民族出版社1983年出版，第154页。

时又再次对宣努桑布给予了高度评价："宣努桑布铭记我先前的训示，坚定沉着，没有把乃东丢失给敌人。我能脱险是依仗他，此政权之所以巍然屹立亦是他宏恩浩德的结果。迄今我们继续依仗着他。不论我是死是活，你们应在官寨的职官中进行比较，目前以宣努桑布为首的昆仲、僧俗们值得信赖。官寨内秩序井然，其原因就在于此。"❶

琼结家族自宣努桑布之后，世代受帕竹政权的重用，成为显赫的宦族，被称为"阿波霍尔家"❷。

三、同情和支持格鲁派的琼结家族

宣努桑布的弟弟霍尔·扎西善巴有4个儿子，长子宣努坚赞，次子贡噶巴桑，三子南喀仁钦，四子仲旺仁钦。他们兄弟四人都曾在丹萨替寺京俄策希巴（即绛曲坚赞的二哥扎巴坚赞 [1293—1360]），和绛曲坚赞座前服侍，后来成为被明太祖封为"灌顶国师"，曾任帕竹政权第二任第悉释迦坚赞的要臣。

次子贡噶巴桑有四子，他们是：仲钦班觉桑布、索南贝丹、桑杰加和官却仁钦。

长子班觉桑布曾在帕竹政权第三任第悉扎巴绛曲手下任职，后来又担任了第四任第悉兼丹萨替寺京俄索南扎巴的索本，此后又以英勇善战升任军事长官。当时，宗喀巴大师正在致力于格鲁派的创建。第悉扎巴绛曲曾为宗喀巴之师，"宗喀巴大师曾礼此王之足，极为信敬"。❸受此影响，加上格鲁派声势日壮，其教义日益深入人

❶《朗氏家族史》（藏文版），大司徒绛曲坚赞著，西藏社会科学院藏文古籍编辑室编，西藏人民出版社1986年5月出版，第349页。参见赞拉·阿旺、佘万志汉译本，西藏人民出版社1989年4月出版，第239页。

❷《五世达赖喇嘛传》，五世达赖喇嘛阿旺罗桑嘉措著，陈庆英、马连龙、马林译，中国藏学出版社1997年10月第1版，第39页。

❸《西藏王臣记》，五世达赖喇嘛阿旺罗桑嘉措著，郭和卿译，民族出版社1983年出版，第143页。

心，因此，在班觉桑布担任桑珠孜（今西藏日喀则）的宗本后，曾依止宗喀巴的弟子根敦珠巴（1391—1474，后被追认为一世达赖喇嘛）听受了《噶当书》，对格鲁派产生了信仰。1447年，在班觉桑布的资助下，根敦珠巴兴建了札什伦布寺。这是琼结家族与格鲁派建立关系的开始。

班觉桑布的三个弟弟都曾在京俄索南扎巴和被明朝封为阐化王的第悉扎巴坚赞（1374—1432）统治下的帕竹政权中为官。扎巴坚赞时，是帕竹政权的鼎盛时期，他发展了绛曲坚赞时期对属下有功之臣实行封赐谿卡的制度，对于拥护帕竹政权的一批新的权贵，给予了特别优厚的赏赐。琼结家族也在受封之列。受封后的琼结家族被称为琼结第巴，并得到琼结地方为世袭领地，琼结家族之名由此而来。以后班觉桑布的三弟官却仁钦在琼结建琼瓦达孜寨堡（即今琼结县所在地），作为琼结家族世代居住的府邸。在扎巴迥乃（1414—1448）任帕竹第悉期间，官却仁钦曾出任执掌法律的大臣。

班觉桑布和官却仁钦二人娶仲本谢瓦的女儿班佐吉为妻，因无子嗣，请夏鲁瓦·勒巴坚赞祈祷后生子霍尔·多杰才丹。由于父亲班觉桑布对噶当派和格鲁派笃诚信奉，加上曾受恩第四任甘丹赤巴夏鲁瓦·勒巴坚赞，因此多杰才丹对格鲁派特别信奉，他创建了日沃德庆寺，[1]还负责整理、校订了《丹珠尔经》，其中收入了其他版本中所没有的夏鲁译师仁钦曲迥桑布所译的《对法藏疏·霹雳之光》，还有宗喀巴大师及其主要弟子贾曹杰

西藏山南琼结地区

[1]参见钦则旺布著，刘立千、谢建君译《卫藏道场圣迹志》，载中国社会科学院民族研究所历史室、西藏自治区历史档案馆编《藏文史料译文集》，第18页。

等人的16部著作。

当时，由衮噶勒巴（？—1457）任帕竹第悉。由于他听信谗言，使他和帕竹政权封在后藏仁绷宗的重要家臣仁绷家族出身的王妃之间产生了很大裂痕。帕竹政权内部的一部分人倾向王妃一边，另一些人则向着第悉。这样，就发生了王党和妃党之争。身为帕竹重臣的多杰才丹，不倾向于任何一方，他尽力调解纠纷，阻止了一场一触即发的叛乱，缓和了帕竹政权内部的矛盾。

霍尔·多杰才丹之子为霍尔·策旺南杰和霍尔·仁钦嘉却。他们都曾在帕竹政权中任职，其中仁钦嘉却担任着军事长官这一要职。在衮噶勒巴任帕竹第悉期间，仁绷·顿日多杰曾调集后藏军队攻入前藏，从帕竹手中夺取了一些重镇庄园。当时，帕竹政权内部矛盾尖锐，无力收复失地，衮噶勒巴遂将或战或和的决定权交给了仁钦嘉却，并密令他："关于这类事件，不管或大或小，应怎样去办，除你一人外，是莫有堪可咨询的，以此由你慎重地作最后解决吧！"❶仁钦嘉却遂恩威并用，先用武力收复了13座城镇，后又同仁绷巴谈判，签定了条约，收回了一些失地。

当时，帕竹政权在经过阐化王扎巴坚赞统治下的盛世后已逐渐转向衰落。至第悉衮噶勒巴时，这一政权的根基也开始动摇。一方面，政权内部因王位继承人问题一再发生内讧；另一方面，属下贵族集团之间的斗争也日趋激烈。其中仁绷家族原是大司徒绛曲坚赞的家臣，自扎巴坚赞任命该家族的南喀坚赞为仁绷宗宗本，并兼任曲弥万户长、萨迦寺大殿的本钦以来，遂以仁绷为家族名。15世纪30年代以后，南喀坚赞之孙诺布桑波用武力兼并了后藏一些小地方势力，形成半独立状态。帕竹政权中的一些贵族也转而依附于仁绷家族，使该家族的势力从后藏伸入前藏。第悉衮噶勒巴时，诺布桑波之子措吉多杰占据了帕竹所属的雅隆喀尔托宗，自此，仁绷家族在帕竹政权中起着越来越重要的作用。

❶《西藏王臣记》，五世达赖喇嘛阿旺罗桑嘉措著，郭和卿译，民族出版社1983年出版，第155页。

第悉衮噶勒巴之后，仁绷·措吉多杰和顿月多杰叔侄以重臣外戚的双重身份，直接干预帕竹政权的王位继承，胁迫霍尔·策旺南杰和霍尔·仁钦嘉却等一干大臣立阿格旺波（1439—1495）为帕竹第悉，企图以此来操纵帕竹政权。当时，朗氏家族的传嗣系统已经断绝，为了不使政权落入仁绷家族之手，策旺南杰和仁钦嘉却等人力劝身为僧人的阿格旺波破戒娶妻生子，以接续王位。策旺南杰兄弟的这一措施，使朗氏家族统治下的帕竹政权又得以延续数代。策旺南杰兄弟挽帕竹政权的大厦于不倒，使他们成为该政权内"除王以外，决断大事的主要大臣"。❶

1495年左右，第悉阿格旺波一病不起，当时王子阿旺扎西扎巴（1480—1569）年纪尚幼，由京俄却吉扎巴（1453~?）暂理王政。在仁绷家族的压力下，他对帕竹政权内的各要职重新作了安排，并委任仁绷·措吉多杰当了摄理帕竹行政事务的掌权大臣。这一决定引起了帕竹政权属下各贵族集团的普遍不满，"以至发生政局不稳，内部叛离的危机"。❷后在策旺南杰的斡旋下，冲突才没有爆发。

霍尔·仁钦嘉却有三子，长子霍尔·索南官布，次子霍尔·策旺扎西，三子霍尔·仁钦才丹，他们父子都在第悉阿旺扎西扎巴麾下供职，其中，长子索南官布担任了军事长官。由于他善于用兵，深得第悉器重，曾赏赐给他吉雪贝觉伦布地方作为俸禄田。

索南官布兄弟三人娶夏·扎西达吉之女顿日卓玛为妻。❸她生有两个儿子，长子霍尔·策旺索南达吉，次子霍尔·米旺端珠多杰。策旺索南达吉英勇果断，文武双全，成为第悉阿旺扎西扎巴所倚重的大臣。1563年，帕竹政权又发生了大规模的内讧。阿旺扎西扎巴的

❶《五世达赖喇嘛传》，五世达赖喇嘛阿旺罗桑嘉措著，陈庆英、马连龙、马林译，中国藏学出版社1997年10月第1版，第39页。

❷《西藏王臣记》，五世达赖喇嘛阿旺罗桑嘉措著，郭和卿译，民族出版社1983年出版，第141页。

❸《五世达赖喇嘛传》在讲到明代霍尔家族的情况时，多次提到兄弟几人共娶一个妻子的事，是实行兄弟共妻，还是实行诸兄弟中只有一人娶妻繁衍后代，如萨迦昆氏的情况，待考。

孙子阿旺扎巴在雅郊、吉雪等地方首领的支持下，公开同其祖父展开了争夺权力的斗争。琼结家族也被卷入这场斗争，他们审时度势，看到阿旺扎西扎巴一方大势已去，遂加入了支持阿旺扎巴的一方。这场内讧后在格鲁派甘丹赤巴和各地方首领的调停下达成协议，阿旺扎巴脱离乃东，迁都于贡噶。1564年，阿旺扎西扎巴死后，他的儿子卓微衮布继续同阿旺扎巴争斗，致使帕竹政权明显地分为两支。

随着朗氏帕竹政权的逐步衰亡，数百年来始终依附于此的琼结家族也开始寻求其他地方僧俗势力的支持。索南达吉曾迎请止贡寺的卸任法台曲嘉仁钦彭措为他说法，同止贡派结成了福田与施主的关系。另外，他还先后同三世达赖喇嘛索南嘉措和噶玛噶举派第八世活佛米觉多吉等建立了关系，又娶吉雪地方首领扎西饶丹的妹妹才旺加莫为妻，同拉萨地区最大的地方势力建立了联系。

索南达吉有三子，长子霍尔·策旺索南多加，次子策旺索南丹增，三子噶玛阿旺扎巴。策旺索南多加曾拜昌果掘藏师协热沃色为师，学习宁玛派教法。之后又倡建了巴日扎仓，并刻印了《般若三百颂》、《莲花遗教》等经籍。后来，他又担任了日沃德庆寺的堪布，并与竹巴活佛白玛噶波结成了供施关系。

策旺索南多加兄弟三人娶吐蕃王族后裔拉嘉里王强巴饶丹之女贡珠嘉莫为妻，生子女五人。长子阿旺索南扎巴出家为僧，次子霍尔·拉旺秀在名存实亡的帕竹政权中供职。

阿旺索南扎巴和拉旺秀二人娶雅郊本钦的女儿萨达年玛为妻，生子霍尔·都杜饶丹，他就是五世达赖喇嘛阿旺罗桑嘉措的父亲。

当时，曾是仁绷家族家臣的辛厦巴才丹多吉已经推翻了仁绷家族的统治，先后控制了后藏的绝大部分地区。而当时的格鲁派，已发展成为藏族社会中一个实力强大的政治集团，成为辛厦巴家族实施称霸全藏计划中的最大障碍。因此，当时前后藏地方势力之间的斗争中心，是围绕格鲁派及其支持者—前藏拉萨河流域、山南等地区的贵族集团为一方，以辛厦巴家族和噶玛噶举派僧侣贵族集团以及萨迦、觉囊等后藏其他教派为一方而展开的争夺全藏统治权的斗争。

四、母系娘舅羊卓万户家

在西藏有这样一种说法，“种姓是父族血统的遗传，家世是母系血统的舅家”。在母系制遗风浓重的西藏社会，人们除了看重父系的门第外，也非常重视母系娘舅家的血统，“阿舅是骨头的主”说的就是这个意思。因此，在叙述了五世达赖喇嘛的父系家族后，我们也有必要提一提他母亲的家族。

五世达赖喇嘛的母亲赤坚公噶拉则出身于西藏著名的羊卓万户家。这个家族的渊源可追溯到元朝忽必烈统治西藏的时期。在毗邻萨迦寺的喇萨卓库那窝栋地方，有一个世袭贵族家族，称为苏图图家族。当时，苏图图家族的掌门人叫苏图阿吉。关于“苏图阿吉”这个名字的来历，还有一段有趣的传说。那时，西藏还没有正式纳入大元帝国的版图，忽必烈还没有在萨迦设置管理西藏地方三路十三万户的行政长官萨迦本钦一职。所以像苏图阿吉这样的贵族，没有哪个政权来管理，按当时的说法，就是“藏王的法规已经废弛，蒙古的王法还未流行”，因此他无拘无束，自由自在，经常高兴地夸口说：“当今的苏图图无人管束，我多么幸福！”因此得名“苏图阿吉”，意思是“自由幸福”。

1268年，元朝为加强西藏地方行政建设及管理，在卫藏地区进行了一次大规模的户口清查，正式在卫藏地区划分十三万户，规定了各万户应纳贡品的种类和数量。确定了在西藏的行政建制。这项工作是在首任萨迦本钦释迦桑波和元朝派往西藏的两名主管官员阿衮和弥林的主持下进行的。据记载，苏图阿吉也参与了这次清查工作，具体负责夏鲁（今日喀则市夏鲁乡）、雅桑（今乃东县亚桑乡）、帕竹（今乃东县泽当镇）、达垅（今林周县）、蔡巴（今拉萨东郊蔡公堂）直到止贡（今墨竹工卡县直孔乡）的户口清查，可见苏图阿吉在当时的萨迦政权中的官职还是不小的。

1287年，苏图阿吉又配合元朝的官员在西藏进行了第二次人口清查。这次采用划分站赤的方法进行，按照人口密度把地区分为大小站赤，阿里后藏各有四个大站赤，每个站赤设有一个头目，以及另外较小的站赤中有一种名叫马站赤，是专为供给兵丁或交纳军赋而划定的。

苏图阿吉的儿子贡噶德吉是一个笃信佛教的居士，曾拜萨迦班智达为师，崇敬供奉。贡噶德吉娶名叫本吉的女子为妻，膝下无子。相传他们有一个女仆，是一个具有空行母特征的女子，一天她出去拾柴，在林中睡着了。梦中有一个长着三只眼睛的黑大汉与她交媾做爱，她觉得无比舒畅。不久，这个女仆有了身孕，她没敢向别人张扬。9个月后的一天，她出去拾柴，一去不返。女主人本吉找遍了荒郊野外，不见她的踪影，只发现一只狗头雕守护着一个肚子，她把那个肚子拣回家剖开一看，只见里面有一个婴儿，长得超乎凡人，犹如仙子。她自己膝下凄凉，就将这个婴儿收养。待那孩子成年后，贡噶德吉将他送到法王八思巴跟前当侍从。

这个绰号阿迦仑的少年聪明伶俐，很得法王八思巴的赏识。传说他的阿迦仑的绰号是这样来的。那时，八思巴法王经常莅临法会，在家俗人、朝拜者、侍从等人在法会结束时，都簇拥在铁梯下，期望八思巴的脚踏在自己头上，赐给福分。有一次，八思巴口中说道："阿迦，仑巴！"（仑巴意为愚人，顽固者）一脚重重地踏在他的头上，因此他得绰号为阿迦仑。还有一种说法，在建造萨迦大佛殿的八柱天窗时，有一次八思巴很高兴地问他那些柱子的情况，他回答说："昂啦！"阿迦仑意为用"昂"回答的人，因此得名为阿迦仑多杰贝。

后来，阿迦仑多杰贝果然不负众望，担任了第九任萨迦本钦。

在他担任萨迦本钦时，止贡派请来上部霍尔的军队向萨迦进攻，元朝皇帝忽必烈也派遣了一支由帖木耳不花带领的蒙古骑兵进藏援助萨迦派，与阿迦仑率领的十三万户的军队配合行动，一举歼灭了上部霍尔的军队。后来又率领大军攻占了甲尔（今隆子县东北部的三安曲宗区和东南的甲域宗区两区的地方）、达布（今加查县和朗县境内）、工布（指西藏东部尼洋河上游的广大地区）、艾地（以今山南专区松县的拉加里宗为中心，包括桑日县南部一带地区）、涅地（在今山南曲松县南，措美县东，即今山南地区隆子县的涅河流经一带地方）、洛若（在今隆子县的南部和错那县的东部，洛若河流经的地区）和洛扎（在西藏南部羊卓雍湖之南，即今洛扎县）等地。在途经涅地的东部地区时，在那里留下了行军宿营举炊用的大锅台，还在岩石上刻下了“阿迦仑曾到此地”的文字。止贡派的官巴温布被正法，头颅被悬挂在集市上示众。上部霍尔人的王子仁钦也被俘虏后正法。八思巴法王为了表彰本钦阿迦仑的战功，授予他“征服三界的缨幢，统治三界的法鼓，速行天使的拂巾，消灭敌军的金刚，独雄大威德的面具”等等称号，并赐给大量财物。皇子帖木耳不花还赏赐给他称为“里杂谢科”的如意宝剑。

阿迦仑多杰贝还同萨迦派的教主达尼钦波桑波贝（1262—1322）有着很深的交往。达尼钦波桑波贝是八思巴法王的异母弟意希迥乃的儿子。八思巴去世后，萨迦昆氏家族的男性成员就只有他和弟弟达玛巴拉。为继承萨迦派教主的地位，兄弟间展开了争斗。尽管他比达玛巴拉年长，但因他的祖母是侍女出身，在等级森严、注重血统的藏族社会里，地位自然不及达玛巴拉。达尼钦波桑波贝在争斗中失势后被元朝皇帝流放到江南的杭州、苏州和普陀山等地。达玛巴拉26岁去世后，萨迦昆氏家族只剩下达尼钦波桑波贝一个人。经过当时担任帝师的扎巴俄色和阿迦仑多杰贝等人的多方申诉，元成宗终于承认了达尼钦波桑波贝的萨迦昆氏家族后裔身份，派人将他从普陀山找回，担任萨迦寺第五代座主，1312年被封为国师。在此期间，为了不使昆氏家族的子嗣绝断，在阿迦仑多杰贝操持下，为达尼钦波桑波贝娶了6个妻子。

传说以前西藏没有木船，是阿迦仑多杰贝从汉地招来能工巧匠，打造了木船。

由于他对萨迦派的贡献十分巨大，萨迦派和元朝皇帝赐给他羊卓万户作分封地，并颁给诰命敕书。从此，苏图图家族就以羊卓万户相称。

直到五世达赖喇嘛的外祖父贡噶扎巴，阿迦仑多杰贝的羊卓万户世系不见记载。贡噶扎巴是一位学识广博、德行高尚的大师。他女儿就是五世达赖喇嘛的母亲赤坚公噶拉则。由于当时的藏巴第悉彭措南杰指示要将公噶拉则嫁给霍尔·都杜饶丹。浪卡子贡噶扎巴一家为这桩婚事派人到达丹活佛处请求卜算。达丹活佛做了婚事妥善吉利的指示，并寄来了一幅五部陀罗尼唐卡，加以祝福。

五世达赖喇嘛阿旺罗桑嘉措的父亲霍尔·都杜饶丹娶羊卓万户的后裔贡噶扎巴之女公噶拉则为妻，是两个著名家族的联姻。在这桩婚姻的背后有着深刻的政治背景。

在此之前，藏巴汗彭措南杰已分别于1605年击败格鲁派的支持者第巴吉雪巴，控制了拉萨地区，1610年又击败雅郊巴，1612年攻占帕竹政权的内邬栋，统治了西藏的大部分地区。而当时的格鲁派，以其强大的经济、政治实力，成为藏巴汗实施称霸全藏计划的最大障碍。在此背景下，藏巴汗彭措南杰亲自出面撮合这两个家族的联姻，是很耐人寻味的。据记载，“当时，第悉藏巴（即藏巴汗彭措南杰）在卫藏声誉大振。足智多谋的地方首领彭措南杰说：‘现在我没有女儿，可以给浪卡子的那位小姐（指公噶拉则）当娘家人，把她嫁出去。’并赐给丰厚的嫁妆，派人送行，将浪卡子巴的女儿嫁给了霍尔·都杜饶丹”。[1]藏巴汗所以能给浪卡子羊卓家族当娘家人，主持将其女出嫁，说明藏巴汗所属的辛厦巴家族同羊卓家族有着密切的联系，而且此举带有明显的政治联姻的意图。当时，琼结家族虽然已处在藏巴汗的统治之下，但由于该家族世代为帕竹政权的重臣，虽然帕竹政权已名存实亡，琼结家族仍同它有着千丝万缕的联系，而且一直只承认该政权是西藏地方的惟一合法统

[1]《五世达赖喇嘛传》，五世达赖喇嘛阿旺罗桑嘉措著，陈庆英、马连龙、马林译，中国藏学出版社1997年10月第1版，第43页。

治者。如很久以后五世达赖喇嘛应邀前往内邬栋时还说："而今乃东的首领（指帕竹政权）虽然势力不振，但他依旧是西藏木门人家的大王，对于我们格鲁派的缘起和外部声望仍然不无益处。"[1]同时，该家族一直对格鲁派抱着同情和支持的态度。因此，藏巴汗彭措南杰的这一措施很明显是对琼结家族和格鲁派的渗透，以图通过联姻来进一步控制琼结家族，壮大自己的势力。

关于霍尔·都杜饶丹的情况，《自传》中几乎没有介绍。根据一些藏文史料记载，都杜饶丹患病后，许多宁玛派僧人议论说第巴琼结巴是持经王的叔父，向第悉藏巴请求准许前去会见都杜饶丹，第悉藏巴对此产生怀疑，未予批准。此事促使都杜饶丹病情加重，很快离开人世，其遗体在桑喀宗水葬，在附近各寺院悄悄地进行了超度。有人设想，都杜饶丹也许是被第悉藏巴害死的。看来都杜饶丹可能是在五世达赖喇嘛被认定不久去世的，其死因还是一个难解之谜。

[1]《五世达赖喇嘛传》，五世达赖喇嘛阿旺罗桑嘉措著，陈庆英、马连龙、马林译，中国藏学出版社1997年10月第1版，第117页。

第二章

灵童转世显奇异

第二章 灵童转世显奇异

一、转世灵童的诞生和寻访

1617年九月二十三日拂晓，五世达赖喇嘛诞生在琼结地方的琼瓦达孜堡。琼瓦达孜堡在今西藏山南地区琼结县达孜山下，琼结河西。琼结藏语的意思是“房角悬起多层”。第八代藏王辞世后被葬在青域，建起第一座藏王墓。吐蕃王朝地贤六王时代，先后在琼结境内的琼瓦地方修建了五所宫寨，即郭孜宫、羊孜宫、赤孜宫、孜莫琼结宫、赤孜邦都宫，连同布德共杰王时所建达孜宫，总称琼瓦六宫。这些古堡，如今已成为遗迹。现在琼结县的旧式宫寨是在帕竹政权第五代第悉扎巴坚赞时琼结巴霍尔·官却仁钦修建的。公元6世纪末，在琼结建立了匹播城，这是西藏最早的城堡。吐蕃王朝时期，琼结属于约如青哇青域区的青隆千户所。公元1268年，萨迦地方政权在琼结县的唐布其乡一带设万户府。14世纪中叶，帕竹地方政权在琼结建宗。

五世达赖喇嘛故居

西藏噶厦政府时期，琼结为一大宗，属于山南基巧管辖。1957年琼结宗改为琼结县。

五世达赖喇嘛诞生的时辰，按照藏历的推算，这一年为火蛇年（1617年），出生的时辰为鬼宿与木星相合之时，拂晓第一个时辰卯时为兔，值日星曜是木星，月在鬼宿，二十八顺中为矛，二十七会合中为所修，月份在老死月，就是太阳在人马宫之月，日子在鼠日。这一时辰被认为是十分吉祥的时辰。五世达赖喇嘛在日后谈起自己出生的时辰时，曾幽默地说并不是他期望在这个时辰来到世间，所以在前一个时辰没有结束前就憋在娘胎里不出来，在这个时辰出生的老翁老叟不知有多少哩！实际上，把自己出生的时辰详细地记载在《自传》中，除了说明天降异人，必在吉时外，也同他自己对天文历算学的爱好有关。五世达赖喇嘛在日后的学术生涯中非常重视天文历算学，他自己在这方面造诣也很深，曾于1651年撰写了《黑白算问答光辉太阳》，是一部很有影响的星算著作。

日沃德庆寺的然坚巴桑杰嘉措是琼结家族日常供养的上师，他在笔记中记述了五世达赖喇嘛出生前后种种奇异的征兆。说在临近投胎之时，有一个自称为香灯师的僧人带来一尊大悲天王的铜像。有人问他这是什么像，他回答说是拉萨大昭寺的五位天成像（十一面观音像）。在公噶拉则夫人临近分娩时，梦见铜像带着她往窗外爬，由于身形高大，爬起来十分吃力。这时，有一位身着艳装的佳人挽住她的手，轻而易举地就把她拉出窗外。又说，当时龙王庙内有一种从来没有见过的花儿在开放，寝殿顶上也是彩虹缤纷，无云的晴空中降下雨点，非亲眼目睹，很难相信会出现这种奇观。一旦亲临其境，就会感悟到一定有非凡的人或者去世，或者诞生，或者证得了道果。

西藏山南的日沃德庆寺同五世达赖喇嘛出生的琼结家族在历史上有很深的渊源。日沃德庆寺位于西藏自治区琼结县琼果区，是15世纪中叶由五世达赖喇嘛的先祖霍尔·多杰才丹做施主，一世班禅克珠杰的弟子聂赤赞巴·洛珠巴桑主持建造的。五世达赖喇嘛的曾祖父霍尔·策旺索南多加曾担任过该寺的最高住持“第开光巴”，意为部落头人或地区首脑，相当于其他寺庙的“堪布”一职。由此，该寺同琼结家族一直保持着密切的联系，然坚巴桑杰嘉措在笔记中对五世达赖喇嘛出生时的种种奇异的征兆着力渲染，也可看出琼结家族同日沃德庆寺非同一般的关系。

但凡有高僧大德或达官贵人降生，必然伴有种种奇异的自然现象，这在藏族的史书或文学作品中已成为惯用的手法，五世达赖喇嘛这位宗教传记作家也是乐此不疲。如他在《三世达赖喇嘛传》中描写三世达赖喇嘛索南嘉措时，就把这种灵异之相描写得淋漓尽致：“尔时，那座神圣的宫殿也变得比以前更加宏敞壮丽。当地几个业缘清净的人曾亲眼看见那天晚上那座楼阁被火光映红，中间清楚地显现一座发出万道光芒的帐幕。在众人共同的见相中，整个空间像被擦洗过一样，格外明净。横空一弯彩虹如孔雀展屏一般绚丽，空中花雨纷飞，徐徐降下。天界的香气四溢，使人疑是天宫降落到人间。”❶

五世达赖喇嘛塑像

十月怀胎，一朝分娩，犹如吸收阳光的白莲，含苞自然开放。呱呱坠地的转世灵童俊美端庄，格外可爱。皮肤白里透红，具有贵人之相。孩子出生后，琼结家族的人欣喜万分，马上派人把这一消息通知了浪卡子羊卓万户家非常信服的上师达丹活佛，请他给婴儿起名，做法事，并请求预言祸福吉凶。在藏族习俗中，给婴儿起名字是一件大事情，所以这一仪式必须做得郑重其事，一般给婴儿命名的是活佛或喇嘛。婴儿降生后父亲要送

❶《达赖喇嘛三世、四世传》，五世达赖喇嘛阿旺罗桑嘉措著，陈庆英、马连龙译，全国图书馆文献缩微复制中心1992年出版，第25页。

给活佛或喇嘛一条哈达和一只瓷碗，请他命名。活佛或喇嘛在问明孩子的属相、生辰后翻阅经典，打卦问卜，才给婴儿起名。给婴儿起的名字基本上与佛教有关，如桑吉杰布（佛陀保佑）、卓玛杰布（度母保佑）、丹增（马头明王）等。达丹活佛为新生儿起名为贡噶米居多嘉旺格嘉布，并用堂皇的言辞隐秘地预示这孩子的出生将会给琼结地方带来变乱，但是后来没有发生任何事变。日后，五世达赖喇嘛断定达丹活佛似乎并不具有佛经中所说的那种预知神通，只是修成了点滴预知的神力。藏巴汗彭措南杰专门派人参加了祝贺诞生的喜宴，表示了善意的庆贺。一些高僧为婴儿做了禳灾祛祸的法事，进行护持。后来，达波仁波且还给他传授了一百嘉栋玛长寿灌顶法和一百种娘派的威猛灌顶法等。传说在接受灌顶时，仅仅几个月的五世达赖喇嘛一直端直坐着，有一个近侍说：看来还得扶着他。达波仁波且很高兴地赞扬道：他不需要依赖别人。据说由于这些护持的法力，五世达赖喇嘛幼年时很少遭受病魔之灾。

五世达赖喇嘛幼年时，琼结家族的宗教信仰还是多元的，“对穷结人来说，旧密教法则如花儿开放的神圣福分，而历辈噶玛巴、红帽活佛和日沃噶当巴（指格鲁派）则是他们的恩人。对噶举其他教派如主巴噶举则并不那么需要”。[1]五世达赖喇嘛3岁时，琼结地方首领又对主巴噶举产生了好感，并很快与主巴噶举派建立了深厚的关系。而以夏仲玛本巴、昂索桑珠为首的一些权贵们又开始信奉噶玛噶举派黑帽一系，并同噶玛噶举派黑帽系第十世法王却英多吉交上了朋友。当时却英多吉虽然在藏巴汗的强权下被后藏各教派和各地方首领“拥戴”为第司，但他并未承认藏巴汗“王”的地位，还两次派遣专人向明朝的万历皇帝朝贡，“向东方的国王寄托希望”。[2]

从这段叙述看，当时五世达赖喇嘛所在的琼结家族的宗教信仰并不是单一的，除了宁玛派是传统的信仰外，同噶玛噶举红帽系及

---

[1][2]《五世达赖喇嘛传》，五世达赖喇嘛阿旺罗桑嘉措著，陈庆英、马连龙、马林译，中国藏学出版社1997年10月第1版，第56页。

格鲁派都有较深的联系。这种多元的宗教信仰环境对五世达赖喇嘛的影响是深刻的。当他日后成为格鲁派的领袖后，对各教派的学说都能够兼收并蓄，对格鲁派以外的其他教派也能够包容，这同他成长的环境影响是分不开的。

却英多吉是噶玛噶举派黑帽系第十世活佛，今青海省果洛藏族自治州班玛县人。自幼认定为噶玛噶举派黑帽系第九世活佛旺秋多吉的转世，迎入西藏粗卜寺坐床。8岁和14岁时，曾两次派专人向明朝万历皇帝朝贡。11岁和17岁时，两次去蒙古地区传教。17世纪初，他积极与藏巴汗政权联系，曾承认藏巴汗彭措南杰“王”的地位，并赠印一颗，1618年，当五世达赖喇嘛一岁时，藏巴汗推翻了帕竹政权，正式宣布噶玛噶举派黑帽系第十世法王却英多吉为第司。1642年，格鲁派在固始汗支持下跃居西藏统治地位，却英多吉一度处境艰难。后因噶尔巴叛乱，被固始汗作为人质囚禁，不久逃往云南丽江木土司处避难。1653年，清朝顺治皇帝鉴于他在藏区的影响，派人邀请他到北京。他迫于处在困境，未能应召入京，仅派人上表朝贡，争取清朝的承认和支持。1660年，顺治帝承认他应有的地位，封赐他为大喇嘛，并颁印信。1673年，五世达赖喇嘛57岁时，经西藏佛教界人士的斡旋，平西王吴三桂派人护送噶玛巴黑帽系活佛返回拉萨。鉴于此前为却英多吉代管噶玛噶举派寺院、庄园的贾曹活佛札巴却央已来拉萨向五世达赖喇嘛和固始汗献礼，请求归还被格鲁派占据的噶玛噶举派的寺院和庄园，这标志着该派承认了格鲁派的统治地位。五世达赖喇嘛同意归还一部分，其余的改宗格鲁派。因此，五世达赖喇嘛按照对待红帽活佛的规格设灶郊迎，并在布达拉宫会见了却英多吉，两派的一段历史恩怨自此画上了一个句号。

琼结地方的一些权贵同却英多吉的密切关系，引起了藏巴汗的疑心，他大为恼火，收回了赐给琼结人的物品。这些权贵对藏巴汗敢怒不敢言，遂迁怒于由藏巴汗主持嫁来琼结的五世达赖喇嘛的母亲公噶拉则夫人，认为她是藏巴汗派来的内奸，向藏巴汗通报了消息。他们在琼瓦达孜堡集会，扬言“今天要把腐烂的肺腑（指内奸）全部掏出来”。[1]为了缓和气氛，琼结夏仲的侍从忙拿出一钱黄金和一条哈达送给他们，说：“今天的征兆不好，等以后再做也可以。”阻止了这些人。这些人还策划阴谋，准备乘琼结夏仲到雅拉香波神山转山之机，对五世达赖喇嘛母子下手。不得已，五世达赖喇嘛母子连夜赶往德吉林寺躲避。在经过山下的十字路口时，同情五世达赖喇嘛母子的人们点燃灯火为他们照亮，还大声悲号，弹撒茶酒供奉神灵，祈祷他们母子平安无事。五世达赖喇嘛描述当时的情景时说：“(供奉神灵的茶酒）洒得我满面淋漓，真不知吉凶如何。”[2]藏巴汗闻讯后，觉得五世达赖喇嘛母子在德吉林寺仍不安全，又指示他们母子到贡噶附近的曲布拉雄居住。

在雅拉香波神山朝山的五世达赖喇嘛的父亲都杜饶丹听到琼结动乱的消息后，取消了原来去多康地区朝拜的打算，也逃离琼结赶到曲布拉雄与他们母子团聚。都杜饶丹原来颇得藏巴汗的信任，只因他与信奉格鲁派的第巴古拉巴私交甚好，引起了藏巴汗的猜疑，藏巴汗命令他单独前往桑珠孜，被软禁了起来。

早在四世达赖喇嘛去世之初，藏巴汗认为这是限制和打击格鲁派势力的绝好时机，可借此断绝格鲁派达赖喇嘛一系的转世，于是下令禁止寻找四世达赖喇嘛的转世。这一决定对在同噶玛噶举派的斗争中已处于劣势的格鲁派来说无疑是雪上加霜，如不对此采取强硬的措施，格鲁派就可能从此一蹶不振。藏巴汗的这一举动同时也引起了崇信达赖喇嘛的蒙古喀尔喀部的不满。于是，1617年四世达赖喇嘛的强佐索南热丹和格鲁派的支持者吉雪第巴措吉多杰联合了拥护格鲁派的前藏各地方首领，并请来了喀尔喀部阿巴岱的弟弟图蒙肯率领的两千蒙古兵围剿藏巴汗。藏巴汗的军队被击败，请求停战，格鲁派由四世班禅罗桑曲杰、甘丹赤巴楚臣群培等人出面，与藏巴汗签定了停战协议。停战协议包括将拉萨河下游的寺院和庄园

[1][2]《五世达赖喇嘛传》，五世达赖喇嘛阿旺罗桑嘉措著，陈庆英、马连龙、马林译，中国藏学出版社1997年10月第1版，第56、57页。

划归格鲁派，退还被藏巴汗抢占的甘丹、色拉、哲蚌三寺的所有寺属庄园，恢复卫藏两地被迫改宗的格鲁派寺院，允许四世达赖喇嘛转世等条款。藏巴汗接受了其他所有条款，惟独坚持不让四世达赖喇嘛转世，可见藏巴汗非常重视达赖喇嘛转世一事。格鲁派对此也束手无策，寻找四世达赖喇嘛转世的事也只好暂时搁置起来。

藏巴汗经过喘息之后重整兵力，于1618年率兵1万攻占了前藏，他攻入内邬栋王宫，彻底推翻了帕竹政权，正式宣布噶玛噶举派黑帽系第十世法王却英多吉为第司，将首府设在日喀则，但实际权力仍控制在藏巴汗手上。七月，藏巴汗的军队攻占了哲蚌、色拉两寺，强迫两寺交纳了大量罚金，蒙古军战败后撤走。这时，藏巴汗突然得了重病，多方求医均不见效。情急之下，不得不请自己的政敌——医术高明的四世班禅罗桑曲结给他治疗。此时格鲁派已在藏巴汗的控制之下，为了稳住藏巴汗，为格鲁派向蒙古人求援争取时间，四世班禅答应为藏巴汗治疗。经过他的精心治疗，藏巴汗终于痊愈。为感谢四世班禅，藏巴汗提出要给札什伦布寺捐献一处庄园。四世班禅觉得这是一个争取藏巴汗同意达赖喇嘛转世的时机，就请求藏巴汗允许四世达赖喇嘛转世。藏巴汗一方面碍于救命恩人的面子，更主要的是觉得此时的格鲁派已完全在自己的控制之下，即使同意转世,也不会对自己的统治构成多大威胁,就同意了四世班禅的请求。格鲁派终于可以公开寻找四世达赖喇嘛的转世灵童了。

四世班禅罗桑曲结在格鲁派乃至其他教派中享有很高的威望，并同前藏哲蚌、色拉一系的上层僧人及各地方领主始终保持着密切的关系。早在四世达赖喇嘛时期，他就同四世达赖喇嘛云丹嘉措过往甚密。四世达赖喇嘛云丹嘉措被正式认定为三世达赖喇嘛的转世灵童后，于1603年由蒙古骑兵护送到达西藏，在热振寺举行了隆重的坐床典礼。之后，经三大寺的僧众共同决定，邀请时任后藏札什伦布寺赤巴的罗桑曲结到拉萨来，为四世达赖喇嘛传授沙弥戒。这是达赖与班禅活佛世系第一次建立师徒关系，年长者为师，年幼者为徒，并成为定例，只有双方都年幼的情况下例外。此后，双方来往不断。罗桑曲结曾多次为四世达赖喇嘛讲经传法，包括宗喀巴的全部著作和“时轮金刚灌顶”等，四世达赖喇嘛也曾专程前往札什伦布寺看望罗桑曲杰。1614年，罗桑曲杰又为四世达赖喇嘛传授了比丘戒。

在同以噶玛噶举和藏巴汗为首的僧俗势力迫害格鲁派的斗争中，四世班禅罗桑曲结也始终坚定不移地把自己的命运同格鲁派紧紧联系在一起，同他展开针锋相对的斗争。当时，噶玛噶举一派势力强大，他们不仅有大量土地和农奴，而且还有他们自己控制的相对强大的军队和地方政权。而格鲁派在这场斗争中所依靠的除了严密的寺院组织和僧侣势力，以及一部分地方小农奴主的支持外，不可否认的是，在很多关键时刻，关键场合下，四世班禅个人的影响力和政治斡旋能力起了很大的作用。同时，为了把四世达赖喇嘛尽快培养为政治上成熟的格鲁派领袖，使格鲁派有一面具有巨大号召力的旗帜，能够把所有的力量团结起来，罗桑曲结也是不遗余力。四世达赖喇嘛圆寂后，哲蚌、色拉两寺的赤巴开缺，格鲁派又失去了能够统领格鲁派的领袖，两寺僧众一致决定，请罗桑曲结担任两寺的赤巴。但罗桑曲结权衡了各方面的利弊，尤其是考虑到格鲁派今后的发展，没有接受这一职位。但是他在四世达赖喇嘛圆寂后一直关注着格鲁派的命运，并寻找争取藏巴汗同意四世达赖喇嘛转世的最佳时机。所以他能够在藏巴汗重病染身，活命心切的情况下，把握时机，忍辱为藏巴汗医病，并不失时机地提出允许四世达赖喇嘛转世的请求。

这一时期，西藏许多地方首领由于藏巴汗的统治而丧失了领地和地位，一些贵族被迫把追求世俗权力的目光转向了追求宗教权力，他们通过各种手段使自己的子弟成为活佛，不少在藏的蒙古贵族的子弟也成了活佛。作为帕竹政权的家臣而失势的琼结家族开始利用这一机会寻找新的发展途径。出生不久的五世达赖喇嘛即成为一个首选的目标，但是在许多势力相当的教派中，琼结家族还不知将筹码押在哪一派上更为有利。“当时人们议论我（指五世达赖喇

嘛）是不是也是一个活佛转世，有的人说我是噶玛噶举派的杰察仲巴活佛或是主巴噶举派的喇嘛拉孜瓦的转世”。❶

正当琼结家族举棋不定的时候，格鲁派也将寻找四世达赖喇嘛转世灵童的目光投向了同情格鲁派，并且同噶玛噶举等教派保持着良好关系的琼结家族。为此，哲蚌寺的总管到桑耶寺向护法神禀告1618年的战事时，请求就达赖喇嘛转世做出预言。护法神说：“在没有善知识的时候，应当把信仰寄托给谁呢？请把希望寄托于雅隆的官府吧！”❷策斯护法仓巴顿托又进一步预言说：“将穷结的金色金刚用红宝石镶饰起来，再用绸缎来包裹，色泽比黄金更鲜亮，与金刚同名更美妙！”❸这些预言都在暗示四世达赖喇嘛的转世灵童应出在雅隆的一个官府家，进一步说就是琼结家族家。有了护法神的预言，格鲁派和琼结人就开始大张旗鼓地宣扬贡噶米居多嘉旺格嘉布为四世达赖喇嘛的转世灵童。当时人们已开始盛传蒙古军队就要开进西藏，所以五世达赖喇嘛的母亲公噶拉则夫人对此又喜又忧，担心自己的儿子在战争中受到伤害。正当她考虑迁居他处时，远在日喀则的藏巴汗也得知了这一消息。为了利用达赖喇嘛的转世灵童控制格鲁派，或是欲将转世灵童当作人质，藏巴汗派人命公噶拉则夫人携幼子迅速赶到后藏。公噶拉则夫人急忙派人向同藏巴汗关系较好的浪卡子娘家求救。五世达赖喇嘛的舅父羊卓夏仲当即派人去后藏请求藏巴汗，在担保他们母子不同格鲁派接触后，藏巴汗才勉强同意他们住在羊卓地方。

格鲁派战败后，强佐索南热丹利用四世班禅给藏巴汗治病稳住藏巴汗的机会，借口去曲科杰寺取前世达赖喇嘛埋藏的财宝交纳罚金，离开哲蚌寺。半路上他摆脱了藏巴汗派去监视的人员，前往青海向驻牧青海的蒙古土默特部求援。1621年，青海土默特部拉尊罗卜藏丹津嘉措和古如洪台吉率领两千多蒙古兵开赴拉萨，在江塘岗与藏巴汗的1万多军队交战。此时藏巴汗已患天花病逝，由他16岁

❶❷❸《五世达赖喇嘛传》，五世达赖喇嘛阿旺罗桑嘉措著，陈庆英、马连龙、马林译，中国藏学出版社1997年10月第1版，第58页。

的儿子丹炯旺布继任藏巴汗，内外事务由内大臣仲尼旺宫瓦和外大臣岗苏克掌握。利用藏巴汗军队军心不稳，蒙古军队以少胜多，大败藏巴汗军，把他们包围在药王山。与此同时，格鲁派派出四世班禅罗桑曲杰、甘丹赤巴楚臣群培等人出面调解。经过谈判达成协议，“在甘丹颇章中重新划定了以拉萨为主的地段归属，归还了藏巴汗所吞并的色拉寺和哲蚌寺的寺属庄园，恢复了格鲁派在前后藏的被迫改宗的寺院和失去的领地。第巴吉雪巴接管了德庆宗地方（今拉萨地区堆龙德庆县），整个彭域喀孜（彭域在今拉萨市北面，彭域年曲河流经地区；喀孜为彭域地区的一个宗，清代属功德林拉章管辖）也纳入其治辖之内”。[1]

二、转世灵童的认定

格鲁派的胜利为公开四世达赖喇嘛的转世灵童彻底扫清了障碍。但此时，格鲁派上层又遇到了一个难题。由于格鲁派的再度得势，许多贵族都想让自己的子弟成为达赖喇嘛的转世灵童。虽然强佐索南热丹等人已私下认定琼结家族的贡噶米居多嘉旺格嘉布为五世达赖喇嘛，但根据桑耶寺护法神的预言，灵童应当转世在“雅隆色玛雄。”琼结虽然属于雅隆范围，可又不属色玛雄管辖，而当时确实出生在雅隆色玛雄，且与贡噶米居多嘉旺格嘉布年岁相当的，还有雅隆曲嘉颇章的第巴之子意云诺布。曲嘉颇章的第巴直截了当地对下密院夏仲嘉央衮乔群培说：“我的这个幼子还在娘胎里时，遍

热振寺

[1]《五世达赖喇嘛传》，五世达赖喇嘛阿旺罗桑嘉措著，陈庆英、马连龙、马林译，中国藏学出版社1997年10月第1版，第61页。

知一切云丹嘉措来到我家，说要借住一宿。”[1]想以此来证明意云诺布是真正的转世灵童。同时，娘布地方的一家人也坚持说他们的儿子是最可信的转世灵童。这样就有了三个转世灵童候选人。为了让转世灵童合法化，格鲁派中资历最深的四世班禅和下密院夏仲嘉央衮乔群培经过商议，决定到藏北热振寺的文殊菩萨像前以糌粑丸抽选。最终确定了贡噶米居多嘉旺格嘉布为四世达赖喇嘛的转世灵童。

活佛转世制度是藏传佛教中实行法位继承的一项宗教制度，也是藏传佛教的重要特点之一。藏传佛教活佛转世制度最早由噶举派的噶玛噶举黑帽系所创立。1283年（元至元二十年），噶玛噶举派的首领噶玛拔希圆寂，其传法弟子乌金巴于1288年（元至元二十五年）确认后藏贡唐地方一5岁幼童为噶玛拔希的转世灵童，取名为让向多吉，称为噶玛噶举第三世活佛，他是藏传佛教史上的第一位转世活佛。自此藏传佛教各教派竞相仿效。格鲁派采用活佛转世制度的时间相对较晚。1546年（明嘉靖二十五年），第二世达赖喇嘛根敦嘉措圆寂后，格鲁派上层当权喇嘛从堆龙德庆地方寻找年仅3岁的索南嘉措作为根敦嘉措的转世灵童，用以保持他们已经取得的权益。这样，格鲁派自其创始人宗喀巴圆寂以后的一个多世纪后才开始了转世制度。

后来，在娘布地方出生，被称为四世达赖喇嘛云丹嘉措转世的那个人又被认为是珠钦那噶瓦的转世，1626年，他来到哲蚌寺，请求五世达赖喇嘛对他的活佛身份给予认定。对此，强佐索南热丹没有认可。他认为这位珠钦那噶瓦的举止与苦行僧米拉日巴很相似，那就不应有转世。经师林麦夏仲认为他可能是一位学者的转世，于是写了一封信，将他打发到达布扎仓经院学经。后来这位珠钦那噶瓦成了一名格西，在西藏各地游学辩经。

当时，藏巴汗虽然在同格鲁派的战争中战败，但他仍掌握着西藏的统治权。因此，转世灵童的最终认定还必须征得他的同意。在

[1]《五世达赖喇嘛传》，五世达赖喇嘛阿旺罗桑嘉措著，陈庆英、马连龙、马林译，中国藏学出版社1997年10月第1版，第61页。

商议派何人去后藏禀告认定达赖喇嘛转世灵童的情况时，格鲁派上层决定软硬兼施,在派出甘丹颇章的察瓦噶居巴桑杰嘉饶的同时,还派出了蒙古拉尊罗卜藏丹津嘉措的代表巴玛库雅台吉和古如洪台吉的代表卓尼曲杰金巴达吉等人,意在借蒙古军队给藏巴汗施加压力。

为了保证转世灵童的安全，察瓦噶居巴桑杰嘉饶等人在前往后藏的途中特意到浪卡子五世达赖喇嘛的舅父家叮嘱五世达赖喇嘛的舅父浪卡子夏仲说：“那末，在（转世灵童）没有确定之前，这位王子即使是伤风感冒，也应由你们主仆负责。”五世达赖喇嘛的舅父开诚布公地对察瓦噶居巴桑杰嘉饶等人说：“这是我的外甥，我当然要爱护。不过，人对人的生命怎能担保呢？”❶这说明当时在转世灵童的认定问题上的斗争还是相当复杂的，就连五世达赖喇嘛的舅父都不能保证他的绝对安全。

派往后藏的代表向藏巴汗政权禀报了转世灵童认定的情况后，当时掌握藏巴汗政权权力的内大臣仲尼旺宫瓦和外大臣岗苏克虽然对灵童本人没有提出疑义，但在转世灵童将驻锡何地的问题上对格鲁派进行了刁难。按照藏巴汗政权的本意，既然不能阻止格鲁派寻找达赖喇嘛的转世灵童，就必须将转世灵童牢牢掌握在藏巴汗政权手中，以此控制格鲁派。因此，他们极力阻止达赖喇嘛转世灵童驻锡前藏，认为“札什伦布寺学风兴盛，也是前辈达赖喇嘛驻锡之所，至于削发出家，可以拜班禅活佛为师，在没有完成学业以前，还是居住在扎什伦布寺为宜”。❷这里提到“札什伦布寺也是前辈达赖喇嘛驻锡之所”，说的是札什伦布寺就是在一世达赖喇嘛根敦珠巴的倡议下修建的，并自任该寺赤巴达27年之久；二世达赖喇嘛也是在该寺出家受戒，后于1512年担任该寺堪布。内大臣仲尼旺宫瓦等人同时还提出一些优待达赖喇嘛转世灵童的条件：“（达赖喇嘛转世灵童）的费用可以由后藏政府供给，前藏方面不必为此费心。转世灵童第一次到来时，可以隆重地欢迎，如噶尔巴师徒光临那样

❶❷《五世达赖喇嘛传》，五世达赖喇嘛阿旺罗桑嘉措著，陈庆英、马连龙、马林译，中国藏学出版社1997年10月第1版，第62页。

给予款待。”[1]对藏巴汗政权提出的条件，格鲁派代表的回答不卑不亢：“在哲蚌寺居住和修业是最为适宜的。如果需要班禅活佛，也可以把他请来。对于我们格鲁派来说，转世灵童受到西藏显贵人物隆重欢迎的事例过去不曾有过，现今也不必去迎接。”[2]在据理力争的同时，格鲁派的代表还打出了蒙古军队这张牌，警告他们：“以巴玛库雅台吉为首的蒙古人驻扎在达那地方（在今西藏谢通门县），对于后藏虎视眈眈，此事若不顺利，不知蒙古人将会怎样。”[3]此时的藏巴汗政权在蒙古军队的打击下还未恢复元气，对蒙古军队噤若寒蝉，担心如不答应格鲁派的请求，可能招致蒙古军队的干涉，无奈之下只得答应了格鲁派的要求。同时，有位同情格鲁派，且同藏巴汗关系不错的大学者曼塘古顿伦珠巴故意贬低达赖喇嘛的转世灵童，以期达到允许转世灵童去前藏的目的，说：“到此地的穷结夏仲（指五世达赖喇嘛的父亲）那个人是个贪酒昏聩之徒，选他的儿子当灵童，会得到什么财物呢？佛陀释迦牟尼和宗喀巴大师也没有转世，这样穷酸的活佛，能给衮吗（指帕竹的首领）当服侍的人，也就够不错了。”[4]这样，内大臣仲尼旺宫瓦等勉强同意了达赖喇嘛转世灵童驻锡在前藏哲蚌寺。

藏巴汗政权的决定引起了噶玛噶举派的不安，他们认为藏巴汗承认了达赖喇嘛的转世灵童，达赖喇嘛就有可能与噶玛噶举派和觉囊派争夺藏巴汗上师的地位，就会像乌鸦与猫头鹰一样互不相容。噶玛噶举红帽系活佛迅速派羊巴井国师赶往后藏，一方面给藏巴汗奉献礼物，一方面贿赂藏巴汗的家臣，说噶玛噶举派同格鲁派的地界划分等重大问题还没有解决，如果让哲蚌寺的活佛成为四世达赖喇嘛的转世，噶玛噶举派的事情就不好办了。企图说服藏巴汗改变主意，否认达赖喇嘛的转世灵童。但藏巴汗迫于蒙古军队的压力，不敢收回成命。羊巴井国师一计不成，转而以对哲蚌寺活佛进行阻挠会受到别人议论为由，劝说藏巴汗让达赖喇嘛转世灵童留在前

[1][2][3][4]《五世达赖喇嘛传》，五世达赖喇嘛阿旺罗桑嘉措著，陈庆英、马连龙、马林译，中国藏学出版社1997年10月第1版，第62、63页。

藏，以免对噶玛噶举派的既得利益构成威胁。这样，五世达赖喇嘛去哲蚌寺的愿望终于可以实现了。

格鲁派的代表回到浪卡子后，在该地为转世灵童举行了庆祝宴会。藏巴汗也派了代表参加。为了在藏巴汗的代表面前进一步确定转世灵童的真实无疑，特意举行了简短的认定仪式。转世灵童在法鼓的伴奏下抛掷酬神的朵玛，人们就议论说：“这是遍知一切索南嘉措（三世达赖喇嘛）和云丹嘉措（四世达赖喇嘛）抛掷酬神食子的习惯动作。”❶五世达赖喇嘛日后谈起此事时曾自嘲说：“如果演此小技者皆为活佛，那么世间的活佛则多不胜数了。”❷接着，噶居巴桑杰嘉饶又拿出前辈达赖喇嘛用过的佛像念珠让转世灵童指认。虽然转世灵童“并没有说认识这些东西的话，但是他出门后说我(指五世达赖喇嘛)都认识,是完全可信的转世”。❸这样一来,完全打消了藏巴汗派来的代表的疑心。后来每当五世达赖喇嘛不用心学经时,噶居巴桑杰嘉饶就悔恨地说:“那时你并没有认出前辈的用品。”❹

临行前的那天晚上，琼结夏仲家族上下笼罩在热烈而喜庆的氛围中。五世达赖喇嘛的乳母固执地认为“如果不给灵童沐浴，就会玷污他的圣洁”，忙着和女仆们为五世达赖喇嘛沐浴。只有五世达赖喇嘛的母亲公噶拉则夫人面露淡淡的忧伤，默默无语地看着乳母和女仆们为他沐浴更衣。乳母想到吃自己的奶水长大的孩子就要离开自己的身边，不禁热泪盈眶，边给洗濯，边唠唠叨叨地嘱咐年幼的五世达赖喇嘛说：“你就要去寺院学经，象僧人那样吃苦了，那是非常辛苦的。我们俗人对于众生无利无害，还是我们幸福。”❺

第二天,五世达赖喇嘛正式起程前往哲蚌寺。仆人们给他戴上银盾、耳环,穿上羊羔皮里子,绿布面的蒙古皮袄,按地方首领的公子那样把他打扮得焕然一新。出发时，夏仲玛钦谆谆告诫五世达赖喇嘛说:“哲蚌寺中很幸福,地位崇高,会很好的。要努力学习知识。”❻

离家不久，幼小的五世达赖喇嘛就开始想家，想念与自己朝夕

❶❷❸❹❺❻《五世达赖喇嘛传》，五世达赖喇嘛阿旺罗桑嘉措著，陈庆英、马连龙、马林译，中国藏学出版社1997年10月第1版，第63、63~64、64页。

哲蚌寺

相处的乳母，想到伤心处，禁不住潸然泪下。诚然，对一个幼年就离开父母，即将孤零零置身于陌生的新环境的孩子来说，确实是一件残酷的事。随从们在马背上跳舞唱歌，想要排解他的忧伤，可是无济于事。不得已，只好派人去接他的乳母。乳母一到，五世达赖喇嘛就转忧为喜，高高兴兴地上路了。

1621年二月二十五日，五世达赖喇嘛一行抵达被称为“雪域——庄严”的哲蚌寺。在这里，“僧众列队，俗人云集”，他受到了僧众和施主们的热烈欢迎。五世达赖喇嘛第一次登上哲蚌寺甘丹颇章喜乐寝殿的宝座，为络绎不绝的僧俗人众摸顶加持。

哲蚌寺藏语全称为“吉祥米聚十方尊胜洲”，简称哲蚌寺。汉语意为“米堆寺”。因寺院建筑以白色为主，并依山而筑，错落重叠，远望犹如一巨大的米堆，故而得名。哲蚌寺位于西藏拉萨市西郊根培乌孜山下，是藏传佛教格鲁派六大寺院中最大的一座，也是西藏地区最大的寺院。1416年由宗喀巴弟子绛央曲结所建。当时建筑不多，后经历代扩建才形成规模巨大的寺院建筑群。整个寺院远望犹如一座城池。僧人最多时曾达万人。主要建筑有措钦大殿、甘丹颇章、四大扎仓和29个康村。甘丹颇章意为兜率宫，该建筑原名“多康恩波”（蓝色的石头房），原是帕竹政权首领在哲蚌寺居住的官邸。1518年（明正德十三年）帕竹第悉阿旺扎西坚赞把它献给二世达赖喇嘛根敦嘉措，根敦嘉措为使众生结下法缘，早日转生兜率天宫，改名为甘丹颇章。此后二世、三世、四世、五世达赖喇嘛都曾以此为住宅。

摩顶加持时还发生了这样有趣的一幕。五世达赖喇嘛稍一疏忽，没有把手放到蒙古僧人格敦嘉措的头上，他便心中犯疑，以为是自己以前伤过四世达赖喇嘛云丹嘉措大师的心，又没有筹备礼物呈献的缘故，于是再没有请求加持，以披单掩面，羞愧而退。后来他逢人便讲，对灵童是四世达赖喇嘛云丹嘉措的转世万分信服。五世达赖喇嘛回忆当时的情况时说："实际上那一天不止格敦嘉措我不认识，在场的人我没有认识的。吉雪夏仲意云请求加持时，说：'我是托果南杰'，企望我会因此认识他，但我只是想：'这个象地方首领样子的人是谁？'并不认识他，看来大喇嘛们的事迹大多数也就是猪头卦师的预知那样。"[1]猪头卦师是藏族民间故事《尸语故事》中的一则，说某人因凑巧或事先碰上别人的隐秘，故能为国王多次算卦皆准，成为著名的卦师。

1621年三月十六日，在哲蚌寺喜乐寝殿中，五世达赖喇嘛在四世班禅罗桑曲结坚赞前削发出家，四世班禅为他起法名为阿旺罗桑嘉措。参加削发仪式的格鲁派高僧们高兴地说："这个孩子天赋聪颖，对请示的话回答十分得体，黑眼珠能明断事理。"认为如果给五世达赖喇嘛传授灌顶法，他的智慧就会像明月一样发出光辉，遂给五世达赖喇嘛传授了"十三尊大威德灌顶法"、"长寿灌顶法"、"马头明王随许法"等格鲁派灌顶大法。在藏传佛教中，灌顶是一种传承方式，也是修习密宗者必须举行的一种宗教仪式。"灌顶"一词的藏文含义是"授权"、"传道"、"培育"等，也就是说，灌顶就是传密戒、传授密法的义理和全部修炼程序，对弟子的身言意进行与本尊三密相应的特殊加持。

五世达赖喇嘛初到哲蚌寺的日子里，他的乳母每天都要抽空来陪伴他。直到他逐渐习惯了哲蚌寺的生活后，才打发她回去。临行

---

[1]《五世达赖喇嘛传》，五世达赖喇嘛阿旺罗桑嘉措著，陈庆英、马连龙、马林译，中国藏学出版社1997年10月第1版，第65页。

前，她无限眷恋地对五世达赖喇嘛的近侍说："如今灵童情绪稳定，我不必住在此处。能不能再来，就要看我的寿数了。"果然，以后，五世达赖喇嘛再也没有见到曾与他相依为命的乳母。

以后，五世达赖喇嘛又先后在浪卡子舅父家和达垅等地居住。日后，他常常以愉快的心情回忆起这段无忧无虑的童年时光："铁猴年（公元1620年）底，我年甫四岁。在此以前的事迹只有听别人的传说，我自己早已忘却了。四岁以后的事情，我仍然记忆犹新……"提起浪卡子舅父的品德和对他的关爱，他总是一往深情："舅父认为我不是那种眼睛长在颈窝里的术士，而是一个与第二佛子没有差别的品行高尚的人，十分嘉许爱惜。俗语中所说的那种'高兴时空中鸟儿流连不去，痛苦时亲生爱子也会逃避'的恶世的行为在他身上根本不存在。兴奋饮酒时，席间我与两个王子按长幼次序同坐一个座垫之上，我并不觉得难为情，也不觉得有什么过失，只感受到欢乐。"❶

五世达赖喇嘛坐床不久，围绕他留在哲蚌寺还是去青海蒙古地方，以强佐索南热丹为首的格鲁派僧侣上层同前藏吉雪地方首领夏仲阿贝为首的世俗贵族产生了矛盾。夏仲阿贝是同后藏藏巴汗政权斗争的中坚力量，还在四世达赖喇嘛时，就同藏巴汗为首的后藏僧俗贵族集团进行着各种斗争。但同时，围绕着格鲁派内部的权力之争，他也同四世达赖喇嘛为首的僧侣贵族集团有着一定的矛盾。他本人同四世达赖喇嘛云丹嘉措及其强佐有隔阂。五世达赖喇嘛身份的确定，使格鲁派的政教权力再度集中在僧侣贵族手中，在五世达赖喇嘛年幼的情况下，实际上也就是集中在强佐索南热丹的手中。他认为"协敖（强佐）索南热丹是自己的部下，如今足下的跳石却击中了额头"，因此"对协敖非常嫉恨，存心进行伤害"。❷五世达赖喇嘛后来在政治上成熟后，对夏仲阿贝的所作所为有着深刻的分析，他认为由于夏仲阿贝同蒙古各部，特别是土默特部的关系，他

❶❷《五世达赖喇嘛传》，五世达赖喇嘛阿旺罗桑嘉措著，陈庆英、马连龙、马林译，中国藏学出版社1997年10月第1版，第60、67页。

深知“格鲁派和藏巴汗如果相安无事，他显不出本事，一旦两派关系恶化，他还可以引来蒙古军队。如果我们一旦去蒙古地方，一定会与藏巴汗结成深仇，就会达到他破坏藏人幸福的企图”。[1]为此，夏仲阿贝极力挑唆蒙古人将五世达赖喇嘛迎请到蒙古地方，他对拉尊罗卜藏丹津嘉措说：“现在如果能把达赖灵童接往蒙古，火洛赤部长一定会很高兴的，对蒙古六大部落来说也是一件很光荣的事。”[2]笃信达赖喇嘛，不了解夏仲阿贝真实意图的拉尊罗卜藏丹津嘉措和古如洪台吉借风使舵，坚决主张要把五世达赖喇嘛立即迎往青海，但强佐索南热丹等人力主五世达赖喇嘛必须留在哲蚌寺，为此双方关系一度十分紧张。年幼的五世达赖喇嘛由于刚刚离开父母，去青海的道路又十分遥远，听到消息后“不禁潸然泪下”。两位蒙古首领认为这是索南热丹和噶居巴桑杰嘉饶教他这样做的，不以为然。当时，四世班禅罗桑曲杰以政治家的敏锐眼光观察到如果五世达赖喇嘛能够到青海蒙古地方住一段时间，这对进一步加强同青海蒙古部落的联系，争取他们对格鲁派的支持，发展格鲁派的势力有很大好处，因此他同意了夏仲阿贝的建议，对拉尊罗卜藏丹津和古如洪台吉也没有劝导，认为当时各地方比较安定，各地方首领也都很谨慎，如果五世达赖喇嘛经过康区去青海，路上不会有什么问题。还提出自己正要到曲科杰寺（位于今西藏加查县境内）去接受那里的寺院和属民，可以与五世达赖喇嘛同行，但索南热丹没有采纳四世班禅的意见。最后，索南热丹等考虑到如果不能和平地迎请五世达赖喇嘛去青海，蒙古军队有可能动用武力，因此，决定将五世达赖喇嘛秘密送往艾日果地方避难。1621年五月二十五日晚，由临时任命的强佐桑仲然坚巴负责，五世达赖喇嘛一行秘密逃往艾日果宗避难。

五世达赖喇嘛一行离开拉萨后的第三天，古如洪台吉和第巴吉雪巴率领800名蒙古骑兵就赶到了拉萨。因打听不到五世达赖喇嘛等人的行踪，很快返回藏北。后来他们得知住在艾日果后，在既成

---

[1][2]《五世达赖喇嘛传》，五世达赖喇嘛阿旺罗桑嘉措著，陈庆英、马连龙、马林译，中国藏学出版社1997年10月第1版，第67页。

事实面前，也不便再追究。于是，他们又派人到艾日果去，向强佐索南热丹表达了应该进一步密切福田施主双方的关系，不愿因此事产生嫌隙的意愿。

为了避免藏巴汗对五世达赖喇嘛移居山南艾日果宗一事的猜疑，强佐索南热丹还派人去后藏请藏巴汗派代表前来查看。藏巴汗遂派定本南喀珠来艾日果宗。实际上，定本南喀珠的任务就是来监视格鲁派的动向和五世达赖喇嘛的行动。在他的监控下，五世达赖喇嘛的行动很不自由，不经他的手，连一张字条也传不进来，正如俗语所说的“送来一碗炒面，也要用竹签查一遍”。

在艾日果宗，五世达赖喇嘛开始了他的学经生涯。

三、佛灯经卷伴童年

学经，对尚处懵懂之年的五世达赖喇嘛来说，还只是一个模糊的概念。他自己也承认那时对佛经一无所知。他回忆说：“当时，我对各教派不甚了解，更谈不上对各派崇敬与否。我们只是虔诚地信仰教法，经常祭祀鬼神，供奉上师，举行酬补仪轨，口中念诵一些片段偈句，用剩饭做成供神食子，击鼓作法，模拟作态。我除了对世间的事情感兴趣外，对法相师、咒师和本教师的事迹以及神鬼的故事都很喜欢听，特别喜欢佐格教徒等印度人的语言。由此看来，我似乎是一个老成的推理者或者是持密咒者，或者是一个寻求黄金和麝香的乞食行者的转世，因此染上了他们的习气。”[1]

尽管这个年龄的孩子童心无忌，更喜欢整日游玩嬉戏，但转世活佛和精神领袖的身份注定了五世达赖喇嘛在宗教方面必须按照藏传佛教高僧大德们所走过的历程，沿着寻师求法——艰苦修持——获得成就——收徒传法——著书立说这样的路子走下去。

同藏传佛教的其他教派相比较，宗喀巴创立的格鲁派不仅有一

[1]《五世达赖喇嘛传》，五世达赖喇嘛阿旺罗桑嘉措著，陈庆英、马连龙、马林译，中国藏学出版社1997年10月第1版，第60页。

套完整、健全的学经制度，而且理论体系完整。在学经方面，规定先学习显宗，后修习密宗，恪守戒律，戒、定、慧三学并习。在显宗方面，规定必修五部大论，认为五部大论较全面地反映了佛教思想。这五部大论即法称的《释量论》、慈氏的《现观庄严论》、月称的《入中论》、功德光的《戒律本论》和世亲的《俱舍论》。除学习五部大论之外，一般还要根据不同寺院归属对学僧的不同要求，学习大小五明。大五明即工艺学、医学、声律学、正理学和佛学；小五明包括修辞学、辞藻学、韵律学、戏剧学和星象学。密宗修行方面，格鲁派规定了先修事续，次修行续部，再修瑜伽部，最后修无上瑜伽部。修习密宗的学僧必须先有菩提心，这是修习密法的基础。学僧在修习密法时，必须遵守严格的生活制度，注重苦修。必须选择作风正派、学识渊博的高僧，受圆满灌顶，遍求多闻，循序渐进，如理思维。

五世达赖喇嘛坐床后不久，哲蚌寺就给他指定了一位老师格隆阿旺曲杰，他秉性和蔼，举止适度，使五世达赖喇嘛的心情十分愉快，亲切地称他为知心朋友。但避居艾日果宗期间，格隆阿旺曲杰没有随行，只能由一位同行的比丘给他教习佛典。作为一名年幼的学童，这一时期五世达赖喇嘛学习的内容还只是练习藏文文法、书法，背诵一些简短的佛经，如吉祥天女退敌施食仪轨、酬神礼赞等。除早中晚三时诵读佛经外，其余时间都在玩要。以五世达赖喇嘛的聪颖好学，他在这样一个月内就学会了诵读佛经，并能诵读中观派的各种重要经典。

1625年二月初三日，在森穷喜乐寝殿中，由四世班禅罗桑曲结坚赞担任亲教师，嘉央衮乔群培担任轨范师，果芒协敖桑杰扎西担任报时师，7岁的五世达赖喇嘛接受了沙弥戒，正式出家为僧。

1625年夏秋季，格隆卓波昂巴开始给五世达赖喇嘛传授《噶当书》。《噶当书》是藏传佛教噶当派的著名典籍，格鲁派是在噶当派教义的基础上发展起来的，所以《噶当书》也是格鲁派僧人必修的典籍。《噶当书》由《祖师问道语录》和《弟子问道语录》两部分组成。前者由噶当派开山祖师仲·杰瓦穷乃向阿底峡问道语录、广本和略本《阿底峡传》、《噶当十六明点传承师别传》等汇编而成；后者是阿底峡和仲敦巴的弟子鄂·勒巴协饶请问阿底峡所说仲敦巴历代身世传，以及阿底峡死后仲敦巴创立噶当派的情况等的汇编，又名《幻书》。格隆卓波昂巴只是一个粗通佛典的比丘，五世达赖喇嘛说他心底纯良，“是可以长期相处的朋友，但不是见闻广博学识高深之辈”。❶所以教授的方法只是由他念诵《噶当书》，五世达赖喇嘛跟读，没有对内容进行详细讲解。这使得五世达赖喇嘛不得要领，不能完全领会其意义，也没有熟记心中。其结果是在很长一段时间里，五世达赖喇嘛都不能熟记诸佛名号等，因此而不能独立地参加拉萨祈愿大法会。另外，出于7岁孩童的好奇，五世达赖喇嘛更希望学习文法、历算以及舞蹈、弹线、歌赞等密宗方面的仪轨，可惜当时没有合适的老师，只好作罢。这期间，五世达赖喇嘛阅读了《玛尼遗教》、《贤愚经》、《报恩经》等书。《玛尼遗教》这部典籍相传为吐蕃时期松赞干布所著，内容为有关大悲观世音修行法、藏族历史、遗教等。在初步接触了佛学经典后，五世达赖喇嘛懂得了善恶有报的道理，兴趣大增，对净地空门的生活前景产生了朦朦胧胧的希冀和想望，“只是念念不忘皈依佛法，别无企望”。❷同时，也对佛教所说的生老病死的浊世间产生了一种恐惧感，认为必须经常检点自己的所作所为，不然就会变成一个奸诈的教徒。

从1626年起，开始由林麦夏仲讲授《现观庄严论》。《现观庄严论》是佛教大乘弥勒学的代表作，主要内容为论述三智及八事七十义，也就是叙述从一个普通的凡夫循序修持以达到成佛境地的过程。按照格鲁派对学经的要求，学习必须由浅入深，循序渐进，在五部大论中，先学习《释量论》，掌握佛家的逻辑学和认识论，然后才开始学《现观庄严论》。在格鲁派各寺院，学习《现观庄严论》的班次称为般若部，学习内容是着重阐明证得解脱次第的方法，研

❶❷《五世达赖喇嘛传》，五世达赖喇嘛阿旺罗桑嘉措著，陈庆英、马连龙、马林译，中国藏学出版社1997年10月第1版，第80、81页。

究般若的理义。由于般若部包括的内容多、难度大，所以学习时间最长，一般需要7年。就一般学僧而言，在这7年中每年都要进行几次大规模的答辩会和诵读测试。答辩和背诵测试的内容随学经的进程而变化，往往是先背诵下一步要学的经文，然后由各寺院的堪布在春、夏、秋、冬四季的大法会上进行通讲。背诵测试至少要背诵50页的经文，多时要背上千页，若通不过测试则要被处罚为寺院干劳役，或者当着众僧的面请求宽恕。

这样艰深的学习内容使幼年的五世达赖喇嘛苦不堪言，由于学不进去，寺院指派了一名比丘专门督促，但收效甚微，“只背会了两首偈颂，荒废了学业”。[1]但随着他对显宗教法的深入了解，他的兴趣也在慢慢增加。《现观庄严论》他断断续续学了好几年，到1630年终于全部学完，并能够十分娴熟地在法会上讲授了。

1627年拉萨祈愿大法会结束后，甘丹赤巴嘉央衮乔群培等人商议后，决定开始让五世达赖喇嘛学习因明，由嘉央衮乔群培亲自讲授。因明学包括逻辑学和认识论两部分。逻辑部分研究逻辑规则和逻辑错误，认识论部分主要研究现量和比量。宋代、元代以后，因明学在西藏十分盛行，被认为是藏传佛教教育系统的根本。一些高僧大德翻译了不少梵文本因明类著作，又作了大量注疏，对因明学有所发展，许多重要因明著作依赖藏译本而流传至今。

起先，五世达赖喇嘛根本不想学习因明学。在11岁孩童的心目中，掌握密宗的几种经典，能够主持举行类似生起次第和圆满次第这样的仪轨，这才像个大学者。而只学因明诵偈，“除了临时吟诵几句外，最终没有什么用途”，[2]因此很想学习密法。尽管他是格鲁派的最高领袖，但是严格的学经制度不容他想入非非，只能按照老师的训示学习。因明的学习由林麦夏仲教授，另外还安排了两个人陪读。在因明学方面，五世达赖喇嘛似乎很有悟性。林麦夏仲刚教了他：“若是补罗特伽，非是天神，佛陀释迦有法；若是补罗特

[1][2]《五世达赖喇嘛传》，五世达赖喇嘛阿旺罗桑嘉措著，陈庆英、马连龙、马林译，中国藏学出版社1997年10月第1版，第84、86页。

伽，而非是人，报身有法。”这两句偈颂，他略一思考，就接上了下一句：“若是天神，而非欲界天神，色界天神有法。”林麦夏仲感叹说：“您在先世班钦根敦珠巴之时就已经学通了这种知识。”❶

学了一段时间后，五世达赖喇嘛似乎对因明学产生了浓厚的兴趣，他的情绪开始稳定下来，暗下决心要学通五部大论和单行经典，做一个讲说浩瀚教法的大师，“将来的成绩并不比众生怙主八思巴小”。他回忆那时的情景时说：“我虽然只有十一岁，却与年长者没有区别，能自觉勤奋地学经”，“每逢更深夜半，我反复诵习，刻苦强记。在经堂里，那些护法殿的香灯师得知我在复习，高兴地说：‘看，他多么勤奋啊！’”❷看到五世达赖喇嘛如此刻苦，他的老师林麦夏仲由衷地感到欣慰，不时地鼓励他，及时提供参考的经典。在学习期间，还经常从曲科杰等寺招来学僧同五世达赖喇嘛辩论。辩论，或称辩经，是藏传佛教经院教育的一种非常重要的学习方法。辩经时，争辩双方轮流提出问题，质询者在提出问题的同时，要摆出规定的姿势——右手高举过头，伸出左手，在击掌的同时，左脚跺地，手指指向对方的头部。被质询的人往往出于被动

僧人们正在辩经

❶❷《五世达赖喇嘛传》，五世达赖喇嘛阿旺罗桑嘉措著，陈庆英、马连龙、马林译，中国藏学出版社1997年10月第1版，第87页。

的地位，他必须神情专注，不仅要回答问题，还要驳倒对方。在辩论中，如果能以机智、幽默的方法将对方的主张化为已有，可得高分。五世达赖喇嘛认为这种方法对学习大有裨益，可以加深对学习内容的理解，使思路大为开阔。由于学习方法得当,仅用了几个月的时间,他就基本掌握了因明学中的论轨、应成、因果、正理等内容。

1628年新年过后，四世班禅罗桑曲结从后藏札什伦布寺来到拉萨主持一年一度的祈愿大法会，会后被迎请到甘丹颇章为五世达赖喇嘛传授《修习百法》、《纳塘百法》等20多种常用的随许法以及二世达赖喇嘛根敦嘉措的文集等。像五世达赖喇嘛这样年龄的学僧，一般对枯燥的佛教经典不感兴趣，在学经时常常打瞌睡，但五世达赖喇嘛在学经时根本没有瞌睡，这让班禅大师很高兴。而且此时由于逻辑思辨能力的提高，他改变了原来热衷学习密法的想法，认为密法是一种荒诞的教法，失去了学习密法的兴趣。

作为格鲁派最高领袖的五世达赖喇嘛，他并不想摆出一副地位尊贵的高傲姿态，把自己封闭在上层僧人的狭小圈子里，而更希望毫不造作地只穿披单，自带茶碗，席地而坐，置身于僧众之中，与普通僧人一同学习，一同辩论。但由于地位的原因，他身不由己。除每年的夏季法会期间他可以置身于僧众之中外，其他时间不得不高坐于经堂之上，“象悬崖上的猫头鹰那样躲藏”。

由于林麦夏仲等人的悉心教授，到十二三岁时，五世达赖喇嘛已经能够十分熟练地在各种法会上说法了。他回忆说：“从此以后，每当我讲经说法，就信心倍增，不管经文有多难，不管经会上有多少听众，只要我在屋内稍加预习，便会通晓经义，然后一到经院，这种感觉愈加明显。”[1]功夫不负有心人，1631年五世达赖喇嘛主持了当年的拉萨祈愿大法会，他的助手十分担心他会怯场而忘了经文，坐立不安。可他十分完整、熟练地诵读了经文，让大家都松了一口气，五世达赖喇嘛把自己能够在较短时间里掌握大量经典，

---

[1]《五世达赖喇嘛传》，五世达赖喇嘛阿旺罗桑嘉措著，陈庆英、马连龙、马林译，中国藏学出版社1997年10月第1版，第104~105页。

并能在各种场合流畅地讲授各种经文归功于林麦夏仲，认为就是用布满世界的黄金也难以报答林麦夏仲的大恩大德。应当说，林麦夏仲等人对五世达赖喇嘛在学习方面的要求是相当严格的，没有因为他是格鲁派的最高领袖而迁就他。有一次，林麦夏仲给他教授《现观庄严论》第五品的注疏时，五世达赖喇嘛因为身体不适而没有复读出来，在场的林麦夏仲、索南热丹等人当时就责备他，如果有求学的决心和愿望，就不应该像那些身居高位，披着大氅招摇过市的大喇嘛那样，而应该像前两辈达赖喇嘛那样像一个普通僧人那样刻苦学习。

还有一位对五世达赖喇嘛的学习产生过重要影响的高僧，他就是帕旺卡巴活佛。帕旺卡巴是帕旺卡寺的住持，亦称帕旺卡活佛。帕旺卡为西藏最早的有名胜地，别名菩提树山林，在拉萨北郊色拉寺附近的帕旺卡山腰上。松赞干布曾在此修道居住过，后建有一座宫堡，称为玛如宫堡。赤松德赞时预度七人亦住过此地。后弘期时格西扎噶瓦在此第一次建立僧伽组织，以后则由活佛转世住持该寺。这一世的帕旺卡巴活佛是一位精通显密经典，博学多才的高僧。他曾多次应五世达赖喇嘛的邀请为其传授各种教法，五世达赖喇嘛对他十分崇拜。在《自传》中，五世达赖喇嘛多次用十分崇敬的心情谈起这位大师："谈论起各教派的教法，他对此非常精通。他具备三律仪，丝毫也不违犯。一听到有情众生的痛苦，他就潸然泪下。他才识精湛，德行谨严，心地善良。在密法的修习方面，他象一个内行说本行话那样熟悉，与那些高谈空话的人毫无共同之处，可谓大彻大悟矣。他当机卜算，就能通晓一切事理。由于这些缘故，获得了人们的信仰。从前，我是一个凭着想象力，对佛陀了不虔诚，即使是蒜汗入眼也不流泪的人。从此以后，追求纯正教法的欲望自然而然地产生了，消除了教法方面所积的罪孽。此恩此德，难以报答。"❶"一接近他进行观察时，这位喇嘛日夜闻习教

❶《五世达赖喇嘛传》，五世达赖喇嘛阿旺罗桑嘉措著，陈庆英、马连龙、马林译，中国藏学出版社1997年10月第1版，第138页。

法，博览群书，不禁油然而生敬仰之意，使人感到他的一切教导和训示都是鼓励人们去学法行善。过去的那些闻思佛法者大部分是为了沽名钓誉，其思想境界如一片荒漠。从此以后，我决心要闻习一种求得解脱脱胎换骨的教法，思想发生了转变。这是得到了这位金刚持尊师的恩德的结果。”[1]帕旺卡巴去世后，五世达赖喇嘛曾长久地在其灵塔前虔诚祈祷，后又用诗歌体写成《金刚持帕旺卡巴传》以表达对这位恩师的怀念之情。

随着年龄的增长，五世达赖喇嘛对格鲁派严格的学经制度产生了疑问。他认为只要能够自觉读经学法，就没有必要拘泥于各种规矩，不能动不动就拿头压石帽，背负砖瓦来处罚不用心学习的僧人，而应该有一个可以抒发己见，近则心安，远则心洁的学习坏境，使学僧能够自觉地融入学经的氛围中去，当听到诵经和辩经的声音时，能够产生心旷神怡的感觉，这样才能更好地掌握学习内容。

此后的三四年间，五世达赖喇嘛系统地学完了显宗的基本经典，又学习了四五年的密法。这样，作为藏传佛教僧人所应学习的基本显密经典他都掌握了。

[1]《五世达赖喇嘛传》，五世达赖喇嘛阿旺罗桑嘉措著，陈庆英、马连龙、马林译，中国藏学出版社1997年10月第1版，第127页。

第三章

力挽狂澜奠基业

第三章　力挽狂澜奠基业

一、五世达赖喇嘛转世前的西藏形势

众所周知，到16世纪中叶，格鲁派作为西藏社会中的一个独立的政治实体，已发展成为一个实力强大的政治集团，随着其经济、政治势力的不断增长，它必然要更深地卷入到当时西藏各教派和政治势力之间的错综复杂的斗争中去。到16世纪下半叶，辛厦巴家族取代了后藏仁蚌巴家族，成为敌视格鲁派的噶玛噶举派的支持者。随着辛厦巴家族势力的迅速膨胀，以及同噶玛噶举派的进一步联合，它已成为格鲁派的劲敌。

四世达赖喇嘛时期，辛厦巴·丹松旺波父子先后控制了后藏的大部分地区，包括以前不属格鲁派的传统支持者——帕竹政权管辖的拉堆绛和羊卓雍湖东南的洛扎地区，并在萨迦、觉囊以及后藏的其他小教派的呼应下一步步推行着他们的霸权计划。

与此同时，虽然格鲁派赖以生存和发展的寺院经济由于第悉藏巴的武力扩充和帕竹政权的衰微而有所衰微，但它的根基并没有动摇。一些大寺院所拥有的庄园、牧场并没有受到冲击，实力依然雄厚，加上格鲁派内部因为有了统一的、比较稳定的领袖人物，内部斗争趋于缓和。其宗教势力仍在不断扩大，格鲁派教义日益深入人心。另外，由三世达赖喇嘛建立、四世达赖喇嘛维系和发展了的格鲁派同蒙古土默特、鄂尔多斯等部的联盟正在不断巩固。在拉萨，

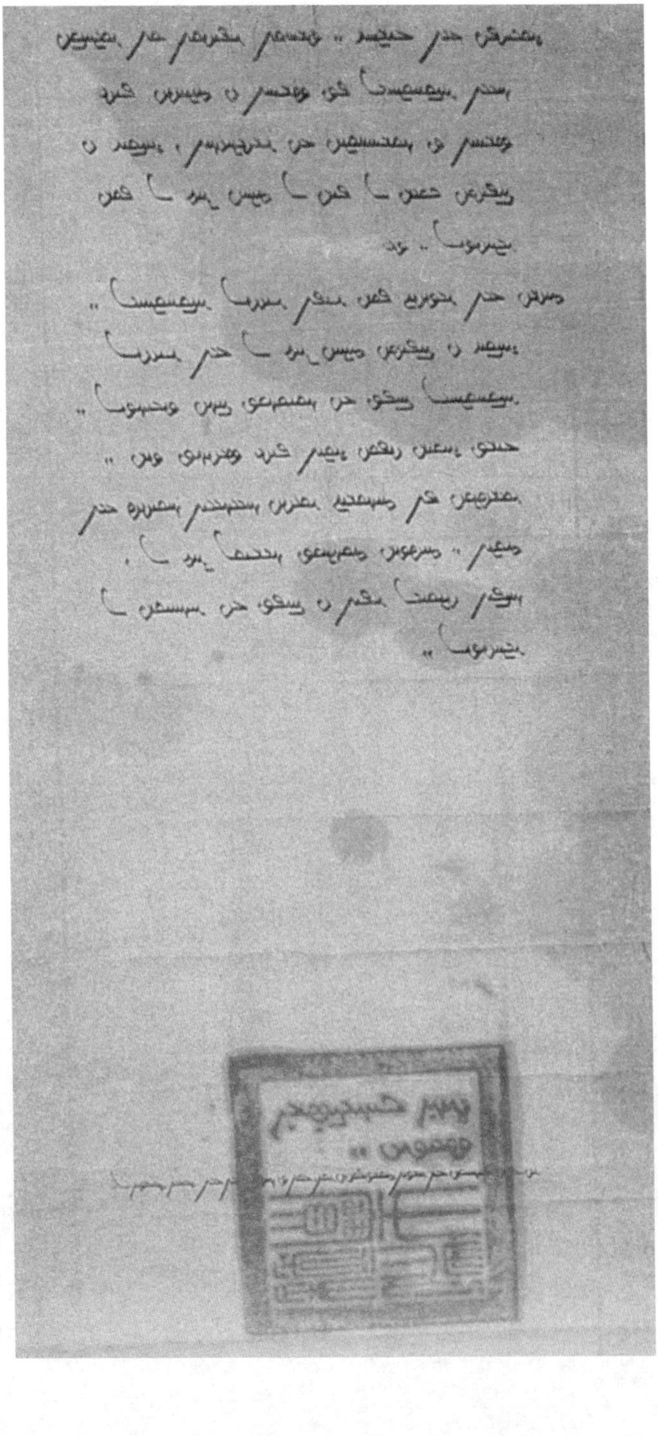

顺治皇帝给五世达赖喇嘛的敕谕

有蒙古的军队和僧侣贵族常住，蒙古族地区寺院上层僧人都到拉萨三大寺学经，一些蒙古贵族的后代转生为格鲁派的活佛。蒙古王公也经常到西藏晋谒达赖和班禅。在与西藏毗邻的青海地区，还有蒙古火落赤部的策应，随时“准备与后藏及其他势力展开一场决战”。[1]这种政治、经济和宗教实力的综合，使格鲁派具备了同军事力量强大的第悉藏巴抗衡的条件。

鉴于上述形势，辛厦巴·丹松旺波和他的继承者彭措南杰避开同格鲁派的正面冲突，采用了迂回曲折的斗争策略。他们尽可能地利用噶玛噶举派同格鲁派在宗教上的分歧，将教派之争引向政治的轨道，以争取舆论的支持，达到限制格鲁派宗教势力的发展，削弱格鲁派在藏族社会的影响的目的。

1603年，在四世班禅罗桑曲杰和甘丹赤巴根敦坚赞给四世达赖喇嘛剃度授戒时，同第悉藏巴关系密切，同时也是许多排斥格鲁派图谋的重要策划人的噶玛噶举红帽系第六世活佛曲吉旺秋给四世达赖喇嘛献上一封贺信。意大利学者杜齐认为此信“成了红黄教间不久猛烈爆发冲突的原因”。[2]尽管五世达赖喇嘛在他的《四世达赖喇嘛云丹嘉措传》中认为“这封信的中心意思是敦促（四世）达赖喇嘛深入闻思五明知识，措辞是诚恳的”，[3]但是，如果我们仔细研究一下，发现此信后一段的中心意思是宣扬噶举派教义，也暗含贬低格鲁派教法之义。如“正如黄金从铁沙中淘出，应从芜杂中提取出精华，修习佛法如用筛子取宝，怎能让泥沙与宝石同下”[4]一句，明显地将噶举派教义比作宝石，格鲁派教义则是泥沙。这样，在同噶举派红帽系的摩擦日渐尖锐的格鲁派僧人看来，无疑是一种公开的挑衅，感情受到伤害的格鲁派僧人，为了维护他们的信仰，维护达赖喇嘛的尊严，严辞回复是理所当然的。

---

❶❸❹《达赖喇嘛三世、四世传》，五世达赖喇嘛阿旺罗桑嘉措著，陈庆英、马连龙译，全国图书馆文献微缩复制中心1992年出版，第307、274页。

❷《西藏中世纪史》（意大利），杜齐著，李有义、邓锐龄译中国社会科学院民族研究所1980年出版，第93页。

此后不久，第悉藏巴丹松旺波支持下的噶玛噶举红帽系僧人对格鲁派的舆论攻击又进一步升级。红帽系活佛曲吉旺秋指责四世达赖喇嘛是“引起争端的孩子”。❶同时，又借贺信事件向格鲁派发难。曲吉旺秋和他的秘书来到拉萨，在献给佛像的哈达上面题诗，攻击格鲁派，诗中写道：“在扎底秀松城中，山羊成群头角锐利，野兽出没于法界中。角逐竞争到底为甚？其中底蕴唯佛自知。”❷诗中的“扎底秀松”暗指格鲁派色拉、哲蚌、甘丹三大寺，而把格鲁派则喻为闯入法界的野兽。诗中还认为“噶玛派和格鲁派的矛盾现在到了不可调和的境地，任其发展，其结果即使遍入天神来撮合也无济于事”。❸

当时，支持格鲁派的有拉萨河流域的领主第巴吉雪巴、山南地区的第巴拉嘉里等。其中，以吉雪巴的势力最为强大，其政治、经济利益同格鲁派休戚相关，支持格鲁派也最为卖力。五世达赖喇嘛曾这样评论第巴吉雪巴叔侄：“这位经常取得胜利的吉雪夏仲（指吉雪巴·索南朗杰）和他的叔父扎西饶丹以及仁蚌·阿旺久扎等人在佛法方面可以与文殊菩萨相比，在世俗间摧毁敌军方面，虽然他们不象蒙古人那样英勇无敌，但是也绝不是那种为了眼前的一餐饭食而甘心戴上枷锁的庸俗人。他们坚定沉毅，犹如古代吐蕃之王松赞干布。和以前那些尊贵的地方掌权者一样，他们敬信三宝，护持地方，办事有方，成为当时灵童(指四世达赖喇嘛)最可信赖之人。”❹这样，在第悉藏巴推行霸权计划的道路上，吉雪巴无疑是最大的障碍。因此，当上述讽刺激怒了格鲁派僧人后，吉雪巴·索南朗杰力主使用武力。他们鼓动护送四世达赖喇嘛入藏的蒙古骑兵袭击了噶举巴的马厩，丹松旺波乘机纠合噶举派的支持者于1605年带领大批军队开到了吉雪的中心地带，“攻陷了各地的城堡和庄园”，❺而“蒙古军队象劫末之风，刮得虽然很猛，却象胆小的咒师放火，立

❶❷❸❹❺《达赖喇嘛三世、四世传》，五世达赖喇嘛阿旺罗桑嘉措著，陈庆英、马连龙译，全国图书馆文献微缩复制中心1992年出版，第300、294、295、260~261、296页。

刻逃回故土。使福田施主处于艰难的境地”。[1]

1611年，第悉丹松旺波去世后，他的儿子彭措南杰继任。他步其父之后尘，“带领后藏的军队首先进攻雅郊，雅郊巴王臣投降，俯首听命，其名字也被改为图多嘉措（原名为多堆扎巴）”。[2]他的军队也“好似风吹蜜蜂势难敌”，[3]又于1612年至1613年征服了彭波和柳吾谿卡等地，几乎统治了西藏全境，使格鲁派的根据地处于重重包围之下。

在这种形势下，第悉彭措南杰以胜利者的身份来到拉萨，要求在四世达赖喇嘛身前领受“长寿灌顶法”和“八支近住戒”。他的意图很明显，就是企图通过宗教的形式订立“城下之盟”，让四世达赖喇嘛承认他的霸主地位，使格鲁派依附于辛厦巴家族，进而彻底消灭格鲁派。由于遭到四世达赖喇嘛的随从索南扎巴等人的阻挠，他未能如愿，这导致了日后对格鲁派的更大报复，索南扎巴也因此受到第悉藏巴的惩办。

在这场以后藏辛厦巴家族和噶玛噶举派为一方，以格鲁派及其支持者为一方的政治、经济、军事力量的大较量中，格鲁派一方为了求得自身的生存和发展，从各方面同对手展开了针锋相对的斗争。其中广泛联合地方僧俗势力，利用一切可以利用的力量，是格鲁派在这场斗争中的基本方针之一。

四世达赖喇嘛云丹嘉措塑像

四世达赖喇嘛云丹嘉措在其短暂的一生中，除学经和其他宗教活动外，主要是秉承二世、三

[1][2][3]《达赖喇嘛三世、四世传》，五世达赖喇嘛阿旺罗桑嘉措著，陈庆英、马连龙译，全国图书馆文献微缩复制中心1992年出版，第299页。

世达赖喇嘛的方法，以周游卫藏各地，发展宗教势力，加强格鲁派寺院集团的基础为手段。他的足迹遍及前后藏各地，甚至深入到第悉藏巴的大本营日喀则去，为包括噶举派在内的各教派僧人和各地的贵族百姓讲经传法，接受他们布施的财物、庄园和土地，许多在噶举派和格鲁派的斗争中持中立、观望态度，甚至在舆论上同情噶举派的寺院和贵族，在四世达赖喇嘛的游说下，纷纷倒向格鲁派一方。如原来信奉萨迦派的山南地区的领主雅郊巴在四世达赖喇嘛访问该地时，“将嘉钦林的有围墙的庄园等处献给达赖喇嘛，态度十分恭敬”。❶

如果说四世达赖喇嘛时期格鲁派在同后藏僧俗势力的斗争中采取广泛联合前后藏各种势力的策略是主动的和不遗余力的话，那么，在借助于蒙古族的军事力量来对付敌对势力这一点上，则是被动和有节制的。

我们知道，格鲁派寺院集团在其形成和发展的初步阶段，就其政治、经济力量而言，都不足以同各方面相对成熟、强盛的第悉藏巴相抗衡。因此，他们一直在寻求外部力量的支持。自16世纪80年代三世达赖喇嘛与蒙古土默特部的俺答汗建立关系以来，利用蒙古族的军事力量来对付敌对势力，通过“佩箭之族”的武力确立格鲁派在藏族社会中的地位，已成为格鲁派的既定方针。但是，他们也清醒地认识到，蒙古各部的统治者之所以不远万里来到藏族地区为格鲁派打天下，这决不是单纯为了宗教信仰的原因，究其实质，仍然是为了乘此机会将自己的军事势力延伸到西藏，藉树立格鲁派的政教统治而获得自身的政治、经济利益，进而利用格鲁派的宗教影响力而去号令蒙古社会。四世达赖喇嘛时期，面对第悉藏巴的咄咄逼人之势，即使是蒙古族出身的四世达赖喇嘛，也没有将格鲁派的命运完全交给蜂拥而至的蒙古各部首领，而只是有选择、有节制、有戒备地利用了一些格鲁派可以左右，能够按照四世达赖喇嘛的号令而进退的蒙古军事力量去同第悉藏巴抗衡。此外，四世达赖喇嘛

❶《达赖喇嘛三世、四世传》，五世达赖喇嘛阿旺罗桑嘉措著，陈庆英、马连龙译，全国图书馆文献微缩复制中心1992年出版，第285页。

还利用自己在蒙古各部中的影响力和号召力，遏制了一部分蒙古首领企图染指西藏的野心。五世达赖喇嘛曾这样记述：“在（四世）达赖喇嘛健在时，青海蒙古首领火落赤的两个儿子曾多次带领大批蒙古军队来到西藏，准备与后藏以及其他势力展开一场决战。当他们临近西藏时，达赖喇嘛专门派人去联系，晓以大义，因此一场迫近的战乱被平息下来了。在四世达赖喇嘛活着的时候，西藏没有发生外族军队进行破坏的战事，这也是他的一件最大的功绩。”❶四世达赖喇嘛自己也说：“当今之世，边兵屡犯藏境，是我给镇伏住了。现在我的身体还好，使蒙古人不会危害西藏。”❷

由于上述原因，在整个四世达赖喇嘛时期，蒙古人始终未能真正介入到格鲁派与后藏僧俗势力的斗争中去，格鲁派也因此始终未能改变在这场斗争中的被动局面。不过，这样做的结果也避免了藏族社会内部两大政治势力之间的斗争演化为异族间大规模武装冲突的可能性。

在同后藏僧俗势力的斗争中，格鲁派内部也分为主战和主和两派。当格鲁派同后藏僧俗势力的矛盾冲突日益尖锐，“到了必须解决的时候”，以四世达赖喇嘛、夏仲玉杰诺布、古东仁波且等为首的一方“试图象世间慈祥老人那样用和平方式解决”，而以吉雪第巴索南朗杰为首，包括一些达赖喇嘛的随从在内的一方“则竭力主张使用武力会更有效”。❸主和派一直试图寻找一条和平解决双方冲突的途径，至少要把这种冲突限制在教派之争的范围内。在四世达赖喇嘛驻锡后藏期间，“第巴噶玛丹松旺波等很多偏私的人对他不甚恭敬，这使达赖喇嘛很不愉快”，但他也只是私下“口呼藏巴协敖们的名字”，❹进行诅咒，而没有使矛盾进一步公开化。在贡噶期间，他还试图通过会见住在丹萨替寺的噶玛噶举派红帽系活佛，来缓和两派之间的矛盾。红帽系活佛指责四世达赖喇嘛是“引起争端的孩子”，对此，四世达赖喇嘛告诫曲科杰寺的引经师“对他不必

❶❷❸❹《达赖喇嘛三世、四世传》，五世达赖喇嘛阿旺罗桑嘉措著，陈庆英、马连龙译，全国图书馆文献微缩复制中心1992年出版，第307、300、295、289页。

进行报复”。[1]第悉藏巴兴兵攻入前藏，一场决战不可避免时，索南热丹和格鲁派寺院集团的决策性人物四世班禅罗桑曲杰仍在商议和平解决事态的可能性，索南热丹认为应该“吸取第巴们的战事一旦掀起，首先波及到我们的教训”，[2]希望找到维持安定的法宝。

但是，在当时的格鲁派内部，主战派似乎更活跃，并占有更大的优势。他们不顾四世达赖喇嘛“渴望太平”和“不喜欢动乱”[3]的意愿，在格鲁派和后藏僧俗势力之间制造矛盾，扩大事态。上文提到当四世达赖喇嘛提出安排一次同红帽系活佛的会见，认为“这将对整个佛教及各自的教派乃至全体藏民大有好处”，而且红帽系活佛也有“这样强烈的愿望”，“两位喇嘛互相交换准备会见的信件”时，主战派给四世达赖喇嘛进言：“前辈尊师想与噶玛巴相会时，他们对尊师不崇敬，况且现在的红帽系活佛秉性刁钻，依然如故，虽然呈进了信件，但是并不信守诺言。”从而使会见一事“如春旱时的云烟化为乌有。”[4]他们还在四世达赖喇嘛周围设置重重障碍，使红帽系活佛联系会见事务的信使“要进入达赖喇嘛的寓所比洛扎玛尔巴去印度还要困难得多”。[5]当然，主战派的这种强硬态度，也在一定程度上遏制了第悉藏巴的野心，使他称霸全藏的计划不得不推迟至四世达赖喇嘛逝世后才得以全面展开。

1616年十二月十五日，年仅28岁的四世达赖喇嘛云丹嘉措在哲蚌寺暴亡。他的去世，给格鲁派寺院集团和后藏僧俗势力之间的斗争带来了新的冲击。这种冲击波及到很多方面：

首先，面对格鲁派群龙无首的局面，第悉藏巴彭措南杰认为这是进一步限制、分化对方的绝好时机，遂下令禁止寻找四世达赖喇嘛的转世灵童，企图致格鲁派寺院集团于一盘散沙的境地，然后各个击破，最终彻底消灭格鲁派。

对此，格鲁派一方也采取了应急措施。经哲蚌、色拉两寺的僧众商议，决定请能够承担起团结、领导格鲁派重任的四世班禅罗桑

[1][2][3][4][5]《达赖喇嘛三世、四世传》，五世达赖喇嘛阿旺罗桑嘉措著，陈庆英、马连龙译，全国图书馆文献微缩复制中心1992年出版，第300、308、292、294。

曲结担任两寺的赤巴即法台，领导格鲁派度过这一困难时期。但是，出于多方考虑，四世班禅谢绝了这一请求，他的这一决定在现在看来似乎有置格鲁派群体利益于不顾之嫌，但在当时的情况下，确实是不得已而为之的。究其原因，是当时四世班禅仅为札什伦布寺的寺主，而该寺地处第悉藏巴的统治中心日喀则，是格鲁派的前沿阵地。在过去很长一段时间里，一直处在第悉藏巴的重重包围之下。四世班禅本人也曾多次提到自己“身陷桑珠孜（即今日喀则）的嘴底下”，[1]一举一动都受到第悉藏巴的制约，稍有不慎，就会招来灭顶之灾，并危及整个格鲁派。如果他出任哲蚌、色拉二寺的赤巴，成为格鲁派事实上的领袖，实际上等于公开宣布与第悉藏巴为敌，这样，势必激化同第悉藏巴的矛盾。再者，在同后藏僧俗势力的斗争中，四世班禅不仅是格鲁派一方的决策性人物，同时也常常在双方矛盾激化时代表格鲁派出面斡旋、调停。在当时，也只有老练成熟，政治经验丰富，且有一定号召力的四世班禅才能担此重任。所以，应该说四世班禅固辞未就，仍是忍辱负重，以格鲁派大局为重的。

二、少年活佛的政治智慧与却图汗的败北

公元17世纪30年代初，在与藏传佛教噶玛噶举派及其支持者藏巴汗和一些地方领主的政治斗争中，格鲁派及其同盟者的政教势力有所扩大，改善了原来的被动地位，逐步进入了西藏地方政治生活的主流。与此同时，格鲁派同西藏以外的蒙古土默特、喀尔喀、卫拉特各部的关系也越来越密切，大批蒙古人，特别是贵族、首领们开始涌入西藏。以1631年下半年为例，陆续进藏的就有“以喀尔喀阿克岱青为首的近千名喀尔喀人，墨尔根诺颜率领的三百多名厄鲁特人，护送卓尼达尔罕曲杰和札德曲果额木齐等许多青海朝圣香客

[1]《达赖喇嘛三世、四世传》，五世达赖喇嘛阿旺罗桑嘉措著，陈庆英、马连龙译，全国图书馆文献微缩复制中心1992年出版，第296页。

的以拉尊穷瓦和古如洪台吉弥桑为首的三百多名土默特人”。❶这些蒙古人进藏的目的各不相同：有的是以朝觐，与藏传佛教各教派建立供施关系，迎请高僧到蒙古地方传教为目的，如上引喀尔喀部的阿克岱青和厄鲁特部的墨尔根诺颜就是来迎请五世达赖喇嘛到蒙古地方去传教的；有的则是在蒙古各部间的争斗中失势或败北而流入西藏，以图宗教的庇护和支持，再谋发展的，如“(1632年）蒙古永邵卜的四位首领迁移到恰达木地方，其原因是察哈尔王林丹汗毁掉了他们的统治”。❷

大批蒙古人的到来，对西藏两大敌对势力产生了不同的影响。对格鲁派一方来说，自从其最有力的支持者青海土默特部的拉尊穷瓦和古如洪台吉撤回青海后，一度增强的政治势力相对削弱，处处受到藏巴汗和噶玛噶举派的威胁和限制，因此，他们一直在寻找新的政治力量的支持。蒙古各部首领的到来，无疑为他们提供了比较和选择的机会。就藏巴汗一方来说，以往的研究普遍认为在格鲁派积极寻求外部力量支持的同时，他们也在试图同蒙古各部建立联系。但是我们认为对此藏巴汗的态度是消极和被动的，至少在30年代初期是如此。因为这一时期虽然格鲁派的政治势力有所增强，但随着支持格鲁派的青海土默特的返回，其军事实力还是衰落了，对其统治已经构不成太大的威胁。加上这一时期藏巴汗励精图治，极力整顿内部事务，加强政权建设，积极联络藏内敌视格鲁派的教派和地方势力，使其统治不断巩固，仍能左右西藏的政局。因此，藏巴汗的主导思想仍是不希望外部势力介入西藏事务，对蒙古人的大量涌入和与格鲁派的密切接触怀有戒心。《自传》中多次提及大批蒙古人涌入藏北达木地方，使藏巴汗感到惶惶不安。❸

这一时期，五世达赖喇嘛还年少，他的精力主要放在学习和讲经说法上，主持格鲁派政教事务的主要有四世班禅罗桑曲杰、他的

❶❷❸《五世达赖喇嘛传》，五世达赖喇嘛阿旺罗桑嘉措著，陈庆英、马连龙、马林译，中国藏学出版社1997年10月第一版，第119、125、119页。

强佐（协敖）索南热丹和前藏第巴吉雪巴措吉多杰等人。但是，格鲁派领袖的地位和周围纷繁复杂的政治局势，不容他置身事外，潜心于讲经说法，按部就班地积累政治经验。严峻的局势使他时刻处在政治斗争的旋涡之中，促使他在政治上早熟起来，加上他敏锐的政治洞察力，使他对当时的局势有着一定的认识。根据四世班禅和强佐索南热丹的建议，他在对待蒙古人的问题上，提出了自己的建议，并采取了相应的对策。总的来说，他想通过传教、建立供施关系同蒙古各部建立并逐步加强宗教上的联系，在观察他们宗教倾向、军事实力的同时，政治上也保持一种若即若离的关系，注意不让蒙古人过多地干预格鲁派和西藏内部的事务，以便能在关键的时候有求必应，且能招之即来，挥之即去。如1632年，在管理大昭寺的问题上，格鲁派内部发生矛盾，内部嫌隙、纠纷愈演愈烈，一些仲科尔们提出要借助蒙古人阿克岱青的力量将管理大昭寺的然坚巴曲贝驱赶出去，甘丹赤巴则提出应试着依靠藏巴汗的力量来驱逐他。但五世达赖喇嘛最终听从了强佐索南热丹的意见，既未依靠蒙古人，也未通过藏巴汗，而是借助四世班禅的力量解决了这一争端。此外，他对蒙古各部保持了不偏不倚的态度，应他们的邀请参加熬茶斋僧的集会，主持发放布施，讲授各种教法。对他们邀请自己去蒙古地区传教的请求也采取了不置可否的态度。

1632年，喀尔喀蒙古的朝克图台吉在喀尔喀部的一场动乱中被逐，为寻求立足与发展之地，他看中了势力已渐衰落的青海土默特部，遂率部南下青海，打败了土默特部，统治了青海湖周围的广大地区，自称为汗，史称“却图汗”。[1]关于却图汗其人的宗教信仰，各类史料有不同的记载。以往的研究普遍认为却图汗在入驻青海前已经是噶玛噶举派的信徒，“他到青海后，就和前藏的噶玛噶举派有联系”，“杀死大批在青海地区的黄教僧人，或把他们监禁起

[1]关于“却图汗”这一称谓的来历，参见樊保良《蒙藏关系史研究》，青海人民出版社1992年8月第一版，第171~172、173~174页。

来”。《安多政教史》记载他到青海之初，曾邀请格鲁派的第巴曲结到青海湖畔传教，诡称他对于各教派不会偏袒，对所讲的经法极为喜欢，说：“看到喇嘛您，虽使我产生信仰，但一见这种帽子，使我心中火起！”同时又让自己的幼子同第巴曲结结成法缘，似乎他更信奉格鲁派。[1]但同时他又在萨迦派、主巴噶举派、噶玛噶举派等教派僧人那里听受了许多秘法。《自传》说：“却图汗伪称信奉噶居派，其实信仰汉地的道教，是一个想把佛教改变为外道的狂徒。”[2]可见此人在宗教信仰上并无定见，不过随政治需要的变化而改变。

却图汗占据青海后，又开始进一步觊觎西藏。他与在同皇太极的争斗中败北，率残部西走的察哈尔部林丹汗联络，邀他来青海，共图西藏。林丹汗在前往青海的途中病卒，使却图汗争取同盟力量的图谋未果，但他仍没有放弃对西藏的野心，1632年六七月间，他的兵力已达到藏北边境，击败了霍尔上部等，对整个西藏构成了严重的威胁。应当指出的是，此时却图汗虽然在青海大肆迫害格鲁派，但还未与藏巴汗和噶玛噶举派结成同盟，而且以后的种种迹象表明，在西藏的格鲁派上层中的一些人，还同他保持着一定的联系。却图汗的兵锋所及，对藏巴汗和格鲁派双方都带来了危机。共同的利益使敌对的双方暂时联合起来，抵御外辱。藏巴汗在召集十三万户的军队，准备与之对抗的同时，派人指示四世班禅和强佐索南热丹前往蒙古军驻地进行调解。当时班禅罗桑曲杰正在前藏，接到指示后火速来到拉萨，想同强佐索南热丹一同前去调解。但老于世故的索南热丹认为藏巴汗的指示没有具体意见，无法同蒙古人谈判，所以称病告假休息，没有与班禅罗桑曲杰同行。直到接到藏巴汗的具体指示后，才匆匆赶往藏北。这一危机最终在四世班禅和索

---

[1]《安多政教史》，智观巴·贡却乎丹巴绕吉著，吴均、毛继祖、马世林译，甘肃民族出版社1989年4月出版，第39页。

[2]《五世达赖喇嘛传》，五世达赖喇嘛阿旺罗桑嘉措著，陈庆英、马连龙、马林译，中国藏学出版社1997年10月第一版，第148页。

南热丹的出面调停下化解，喀尔喀蒙古人退回故地，后藏军队各自解散，“藏巴第悉及其臣僚们也都笑逐言开了”[1]。另外，藏巴汗还授意噶玛噶举派黑帽系第十世活佛却英多吉摈弃前嫌，主动到拉萨会见达赖喇嘛，以求在大敌当前之时与格鲁派达成暂时的谅解。五世达赖喇嘛虽然会见了却英多吉，但态度极为冷淡。因双方没有共同的语言，无话可说，“我们只是彼此斟茶，仅此而已”。[2]

迫使五世达赖喇嘛及格鲁派上层在是否依靠某一蒙古部落作为外部支持力量和选择哪个蒙古部落的问题上做出最终抉择的，是喀尔喀部却图汗的咄咄逼人之势和藏巴汗、却图汗及康区白利土司几大势力逐渐对格鲁派形成的合围之势。

1635年秋，却图汗之子阿尔斯兰率1万多蒙古兵进入藏北。在当雄，他一举消灭了近百年前被鄂尔多斯吉囊追杀逃至藏北定居的原右翼蒙古永邵卜的后裔永邵卜四部。此举使藏巴汗惊恐万状，他当即改变了对蒙古人的态度，决定采取主动联合的策略，企图在保全自己实力的同时，借阿尔斯兰的兵力消灭格鲁派。噶玛噶举派红帽系活佛却吉旺秋作为藏巴汗一方的代表赶到当雄，与阿尔斯兰达成了一项协议，“决定由萨当巴占据拉萨、拔绒巴占据热振，彻底消灭格鲁派，做噶玛巴和主巴噶举派的施主”。[3]

与藏巴汗的反应截然不同，格鲁派一方对这一事件表现得极为冷静。当时，五世达赖喇嘛正在哲蚌寺附近的格培寺闭关修行，当有人向强佐索南热丹报告了这一“惊天动地的事件”后，五世达赖喇嘛冷静地分析了形势，认为“蒙古人不会即时来到拉萨”，[4]仍然坚持闭关修行。事件的发展果然如五世达赖喇嘛所料，阿尔斯兰的军队直到1636年初才进驻拉萨。

有资料表明，在此期间，格鲁派同阿尔斯兰进行过多次接触，并达成了一定的默契。《自传》中提到1635年六七月至十月间，“我们（指格鲁派）与蒙古人（指阿尔斯兰）互派信使，建立了较

[1][2][3][4]《五世达赖喇嘛传》，五世达赖喇嘛阿旺罗桑嘉措著，陈庆英、马连龙、马林译，中国藏学出版社1997年10月第一版，第122、136、140页。

深的关系”。❶此举加上1635年固始汗在通天河上游遇阿尔斯兰后对他的劝说，使得阿尔斯兰逐渐改变了对格鲁派的态度。到了十月，阿尔斯兰对噶玛噶举派红帽系活佛却吉旺秋的态度变得极为冷淡，原订的协议也成为一纸空文，“红帽然坚巴的策划象彩虹那样消散了”，❷形势变得对格鲁派更加有利了。

1635年末，阿尔斯兰的兵锋一转，分兵三路，左翼进军止贡，右翼前往后藏北部，阿尔斯兰率领的主力直趋羊卓雍措地区，兵锋所到之处，大肆杀戮，战乱风烟四起，前后藏的人们如遇天崩地裂，惶惶不安。藏巴汗惊慌失措，准备放弃日喀则、江孜远逃。后阿尔斯兰听信塔朗喇嘛散布的流言，以为后藏各处布满了伏兵，恐藏兵截断后路，于是收兵进驻拉萨。

在拉萨，阿尔斯兰与五世达赖喇嘛的关系发生了戏剧性的变化。1636年新年，阿尔斯兰写信要求五世达赖喇嘛去拉萨见面，当时，他颁布了谁都不准向五世达赖喇嘛磕拜的命令。可是第二天会见时，阿尔斯兰“嗔怒立即冰消”，不但向五世达赖喇嘛磕头礼拜，请求给予加持，还下令不准伤害格鲁派。当塔布囊乌金罗本拉质问他时，他断然回答：“是我自己改变了主意。”❸这一举动，除印证上文所说阿尔斯兰父子在宗教信仰上并无定见的同时，也充分说明阿尔斯兰在西藏期间，已看到了格鲁派的实力和可利用的价值，政治和经济利益的驱动使他转而倾向了格鲁派。宗教和政治立场的改变使他转而向藏巴汗的军队发起了进攻。

与此同时，藏巴汗的军队虽然已经开到了前线，但他自知兵力不敌蒙古军队，仍希望通过谈判来解决，遂指派噶尔巴师徒、达垅夏仲和五世达赖喇嘛同阿尔斯兰谈判，以期达成停战协议。噶尔巴师徒和达垅夏仲害怕染上天花，不敢到蒙古人那里去，只有五世达赖喇嘛等人毫不畏惧地毅然前往。当时，却图汗的大本营青海湖地区天花流行，并开始在藏北草原的蒙古军队中蔓延，阿尔斯兰本人

❶❷❸《五世达赖喇嘛传》，五世达赖喇嘛阿旺罗桑嘉措著，陈庆英、马连龙、马林译，中国藏学出版社1997年10月第一版，第140、142页。

也卧病在床。考虑到自己的身体不适宜带兵打仗，加上五世达赖喇嘛等人居中调节，通力说和，他终于放弃了进攻后藏的打算，于1636年六月间在白朗（今西藏自治区日喀则专区的白朗县，距日喀则约50公里），由班禅罗桑曲杰充当中间人，与藏巴汗达成了停战协议。

但是，藏巴汗一方的噶玛噶举派红帽系活佛却吉旺秋和伦布台吉等人不甘心他们在蒙古人那里的失势，遂派人前往青海却图汗那里状告阿尔斯兰不遵父命，和格鲁派结为一体："你的儿子阿尔斯兰他没有按照父亲您的指示行事，怎么办？"[1]却图汗为了稳住他们，下令诱杀阿尔斯兰。结果阿尔斯兰因征讨白利土司沿途劫掠的财物分配上与其部下岱青发生纠纷，被岱青杀害。随着阿尔斯兰部众的溃散，蒙古却图汗部控制西藏的企图化为云烟。同时，西藏内部格鲁派和藏巴汗的斗争态势也开始转入新的格局。

三、蒙藏政治联盟的建立与藏巴汗的覆灭

早在却图汗大兵压境之初，以五世达赖喇嘛为首的格鲁派上层集团为解燃眉之急，不得不求助于同格鲁派关系密切的额鲁特蒙古和硕特部固始汗。

固始汗（又作顾实汗，1582—1654），本名图鲁拜琥。据记载，他是成吉思汗的弟弟哈布图哈萨尔的第十九世孙。固始汗少年时期就以勇武而著称。他13岁时，就担任了有1万人军队的统帅，曾统帅军队击败俄伽浩特的4万军队，因而"威名大震，所向无敌"。[2]1606年，固始汗25岁时，额鲁特蒙古与喀尔喀蒙古发生了一场战争。这场战争给双方人民带来了极大灾难。在这紧要关头，他不畏艰险，毅然来到喀尔喀部，经过艰苦的斡旋与调解，平息了战争，

❶《安多政教史》，智观巴·贡却乎丹巴绕吉著，吴均、毛继祖、马世林译，甘肃民族出版社1989年4月出版，第40页。

❷《续藏史鉴》，刘立千译，华西大学华西边疆研究所1946年出版，第74页。

固始汗像

给双方赢得了和平。因此代表格鲁派与蒙古诸部联系的东科尔活佛和喀尔喀蒙古的首领们对他非常敬重，赠给他“大国师”的称号，从此，他就以“固始汗”（“固始”为“国师”的译音)的称号闻名于世。

大约在1635年春天，五世达赖喇嘛的强佐索南热丹和吉雪第巴派人经青海前往额鲁特部，请求固始汗出兵救援。当时，固始汗正面临着内忧外患的景况，为谋求本部的生存和发展，摆脱战乱不息的处境，他开始筹划率部外迁，另图发展。西藏格鲁派的求援，给了他一个千载难逢的机会，促使他下决心南下青海，在青藏高原再图发展。他的决定得到了曾长期与他为敌的准噶尔部巴图尔浑台吉的支持，因为固始汗的率部南迁不仅可以减少额鲁特各部因争夺牧场而产生的纠纷，而且可以携手共同向外扩张，所以在后来进军青海的行动中，巴图尔浑台吉成了固始汗有力的同盟者。当时，他对却图汗的实力究竟有多大心中没有底，对西藏各派的力量对比也不甚了解，以他遇事谨慎，长于谋略的性格，不可能贸然出兵。为了摸清青海和西藏方面的情况，选择最有利的路线和时机，也为了进一步同格鲁派上层商讨共谋发展的大计，他决定亲自到青海和西藏了解情况。就在这一年，他以普通香客的身份带领本部及土尔扈特的1 000多名香客浩浩荡荡经新疆、青海前往西藏“朝佛”。

当固始汗一行到达青海通天河上游时，正好与准备向西藏进发援助藏巴汗消灭格鲁派的阿尔斯兰率领的1万蒙古兵相遇。他为了劝说阿尔斯兰，与其同行了一程，因势利导地劝说后者审时度势，放弃帮助藏巴汗迫害格鲁派的打算。从以后事态的发展看，阿尔斯兰或多或少地听从了固始汗的劝告。

1636年秋天，固始汗一行抵达拉萨。在拉萨，他同格鲁派的上层进行了广泛、密切的接触。他给五世达赖喇嘛赠送了白银4 000两，给班禅罗桑曲杰赠送了白银2 000两。五世达赖喇嘛给固始汗等人传授了长寿灌顶百法、马头明王密修法等，并按他们的心愿建立了法缘。固始汗对格鲁派的虔诚给五世达赖喇嘛留下了深刻的印象，他认为固始汗的到来是格鲁派教法众生的利乐事业蒸蒸日上的吉兆。他借用一位资深活佛的预言，表达了他期望用固始汗的力量使格鲁派摆脱困境的决心："外敌入寇共七次，末次是金刚手化现的王者，他使西藏立刻得到了安定。"❶为了进一步密切同固始汗的关系，五世达赖喇嘛将固始汗请到大昭寺，在释迦牟尼像前陈设高高的宝座让固始汗坐在上面，赠给他"丹津曲吉嘉布"（持教法王）的称号和印章，还送给他一尊精美的宗喀巴大师的金像和大批财物。固始汗也给索南热丹等五世达赖喇嘛身边的格鲁派上层僧人赠予了各种称号，并邀请五世达赖喇嘛到蒙古地方传教，五世达赖喇嘛欣然接受了邀请。为了从大局出发，暂时缓和格鲁派同噶玛噶举派的矛盾，固始汗也给噶玛噶举派红帽系活佛却吉旺秋等人捐赠了大量财物。

历来的研究认为，固始汗在拉萨期间同格鲁派首领共商大事时，已决定由固始汗进兵青海，消灭对格鲁派威胁最大的却图汗部，然后消灭康区的白利土司，最后摧毁藏巴汗地方政权。此说最早见于意大利藏学家杜齐所著的《西藏中世纪史》，❷以后的研究基本上沿用此说。但是我们认为待固始汗抵达拉萨时，西藏的形势已与格鲁派请求他出兵救援的1635年有了很大不同，格鲁派对他的求助已不是那么太迫切。随着阿尔斯兰的被杀，却图汗部对西藏的威胁相对减弱，共同的利益又使藏巴汗一方和格鲁派一方的斗争暂趋

---

❶《西藏王臣记》，五世达赖喇嘛著、郭和卿译，民族出版社1983年版，第177页。

❷《西藏中世纪史》（意大利）杜齐著意，李有义、邓锐龄译，中国社会科学院民族研究所1980年出版，第114页。

缓和，并从明争转为暗斗。同时，格鲁派内部也存在着主战和主和的分歧。作为格鲁派宗教领袖的五世达赖喇嘛，对当时格鲁派在西藏的势力和地位有着清醒的认识，他只想保住格鲁派目前的地位。消灭藏巴汗地方政权，确立格鲁派在西藏的统治还只是一个长远的战略目标。这样，当有人提议“夏仲仁波且（指五世达赖喇嘛）你要效法众生怙主八思巴的故事去汉地做应供上师，协敖（指索南热丹）会成为西藏的官长”时，他对林麦夏仲“当今之世，后藏的势力伸及天上，协敖哪能成为官长”的看法表示赞同，认为这只是一种戏言。❶所以他对借助固始汗的武力解决西藏问题慎之又慎，只希望借此解决西藏外围如青海却图汗的压力，而不想让固始汗直接插手西藏。他认为：“现今我们格鲁派的有些人和蒙古军队都期望发生一场大动乱，但是这对宗喀巴大师的讲修教法没有益处。以拉萨为主的其他地方的首领都寄希望于甘丹颇章政权，还是遵照佛陀的教导，三思而后行为妙！”❷在同固始汗的交往中，更多的是利用这一机会巩固、发展在三世达赖时期就建立起来的同蒙古额鲁特部的供施关系，利用固始汗的武力清除西藏外围敌对势力的同时，在政治上对藏巴汗形成一种强大的威慑力。他的这一主导思想在日后固始汗消灭却图汗、白利土司后是否进攻藏巴汗的问题上表现得尤为突出。因此，我们认为双方在商议时，只是在消灭却图汗、白利土司一事上达成了共识，而固始汗后来入藏消灭藏巴汗则是这一事件的必然结局。

固始汗回额鲁特后，按照与格鲁派达成的协议，于1636年初冬乘河流、沼泽封冻期间率领和硕特部部众，在准噶尔巴图尔浑台吉的配合下自新疆伊犁、塔城顺利到达青海的布伦格尔。艰苦的行军使固始汗的军队人马疲乏，粮草不继。在布伦格尔休整期间，固始汗的部众靠猎取石羊等野物维持生存，其艰苦程度可想而知。后来把该地一座石羊出没的地方起名为“官雅玛图尔”。1637年初，固

❶❷《五世达赖喇嘛传》，五世达赖喇嘛阿旺罗桑嘉措著，陈庆英、马连龙、马林译，中国藏学出版社1997年10月第一版，第138、149页。

始汗在今青海海北藏族自治州境内的两山之间以1万兵力与却图汗的4万多军队展开激战，固始汗以少胜多，大破却图汗的军队，鲜血染红了峡谷。以后蒙古语就把这里叫做“大小乌兰和硕”，意为“大小红峡”。激战中却图汗仓皇逃窜，钻入一个旱獭洞中，被固始汗的儿子达延台吉活捉后处死。却图汗一部从此覆灭。

这次战役以后，固始汗将和硕特部陆续移牧青海，将青海置于自己的统治之下。对战争中的同盟者巴图尔浑台吉，固始汗则赠予了许多战利品，并将自己的女儿嫁给了巴图尔浑台吉，然后将他及其部众送归了准噶尔。

却图汗的覆灭和固始汗的占据青海，引起了藏巴汗和地处青海、西藏侧翼的格鲁派的另一敌对势力——康区白利土司顿月多吉的惶恐。这位占据着德格、昌都、类乌齐等康区大部分地区的地方首领崇信苯教，一度大肆迫害格鲁派僧人，并封锁了由康区通往西藏的道路，“阻断了黄金之桥”，不准格鲁派派往萨丹木（今云南丽江）征收茶税的人通行，使云南、康区等地的“各个高僧和施主的成千上万的礼品只有很少一部分能寄过来”[1]，以此要挟格鲁派保证不让蒙古人进攻康区。五世达赖喇嘛对此人深恶痛绝，认为他“十恶不赦”，“是应进行诛灭的主要对象”。[2]格鲁派强有力的支持者固始汗的得势，使白利土司预感到下一个要消灭的对象就是自己。于是，他积极同后藏藏巴汗联络，于1639年底写信给藏巴汗，信中说：“由于甘丹颇章没有保证蒙古人不进攻康区，明年我将带兵来到卫藏。那座称为觉卧仁波且的铜像是招致战争的根源，应当扔到河里去。把色拉、哲蚌和甘丹三大寺破坏以后，应在其废墟上各垒筑起一座灵塔。藏巴汗应当与我亲善起来，一同供养卫藏和康区的佛教徒和本教信徒。”[3]有资料表明，这封信半路上被格鲁派的人截获，转送到固始汗手中。但《自传》中提到藏巴汗收到了这封信，并通过商人扎拉坚答复了。[4]无论如何，白利土司欲联合藏巴

[1][2][3][4]《五世达赖喇嘛传》，五世达赖喇嘛阿旺罗桑嘉措著，陈庆英、马连龙、马林译，中国藏学出版社1997年10月第1版，第137、171页。

汗、分兵合围格鲁派的企图更促使固始汗下决心及早消灭他，为攻打藏巴汗解除后顾之忧。1639年，固始汗领兵攻入康区。经过将近一年的战斗，最终击溃白利土司，占领了其统治下的全部地区，白利土司被处死，并释放了被白利土司监禁的萨迦、噶当、噶玛、主巴、止贡等教派的喇嘛和土官等。

固始汗消灭白利土司后，迅疾派格年顿珠和大王妃到拉萨报捷，并派色钦乌巴西率大批蒙古人去给五世达赖喇嘛请安问候。1640年正月祈愿大法会期间，五世达赖喇嘛得知固始汗胜利的消息后，十分高兴，他在哈达上题词酬谢神灵。

早在1638年固始汗派出的代表噶居喜饶在西藏时，就目睹了藏巴汗对格鲁派的迫害。当时的藏巴汗在后藏正大兴土木，修建大寺院。他派出的乌拉们在札什伦布寺的后山上采石，巨大的石头从山上滚滚而下，砸坏了札什伦布寺的不少僧舍，班禅大师终日惶惶不安，但又无可奈何。代表们回到青海后将所见所闻报告了固始汗，固始汗大怒，遂下决心征讨藏巴汗。

1639年夏末，固始汗即将征服白利土司时，就派侍卫什底巴图尔给五世达赖喇嘛送去一封密信。信中对消灭白利土司后如何进攻藏巴汗做了周密部署。这封信在格鲁派的主战派和主和派之间引起了激烈的争论。主和派一方的五世达赖喇嘛主张要固始汗消灭白利土司后返回青海，不必领兵来攻打藏巴汗。他这样做主要出于三个方面的考虑：一是在固始汗消灭却图汗后，藏巴汗已经感觉到形势对自己很不利，于是表面上改变了对格鲁派的态度，对格鲁派的迫害有所收敛。在此期间他曾将几所庄园献给札什伦布寺，以此讨好四世班禅。五世达赖喇嘛认为此时藏巴汗“既不作恶，也不为善”，“如今藏巴汗学会了自重自爱，对于寻求格鲁派寺院为供养对象的法见产生了兴趣”。[1]主动挑起战争是盲目行事，只会失去民心，招人耻笑；二是对格鲁派目前的状况还比较满意，同时担心战争的结

[1]《五世达赖喇嘛传》，五世达赖喇嘛阿旺罗桑嘉措著，陈庆英、马连龙、马林译，中国藏学出版社1997年10月第1版，第167~168页。

局反而对格鲁派不利，认为“现在，格鲁派的威信和甘丹颇章的势力已经足够了，如果还不满足，过去发生的那些事情现在又将重演，我们很可能会遭到同样的困境”；❶第三，也是最主要的原因，是他感到藏巴汗的实力很强，即使借助固始汗的武力，要战胜他也没有十分的把握。这种担心在他劝说索南热丹时表露得很明显：“一旦与藏巴汗为仇，……遍知一切的法座上肯定会连一个还俗的僧人都不会存在。”❷

但是，以强佐索南热丹为首的主战派对固始汗要来攻打藏巴汗的消息感到兴奋不已。在同五世达赖喇嘛商议此事时，他极力劝说五世达赖喇嘛“为了圣教，您应该准备斗争，新派的敌人（指藏巴汗等）就算它不错，但是，从它过去作为来看，对于彼方大大有利，而对于我方，没有合乎情理之处”。❸坚决主张：“就按汗王的指示行事吧！”❹当五世达赖喇嘛反复说明了目前召请固始汗的军队来西藏攻打藏巴汗对己不利的原因后，索南热丹表面上表示听从，实际上仍然坚持主战。在罗布林卡为固始汗的信使格年顿珠送行时，索南热丹当着五世达赖喇嘛的面反复叮咛说：“我们要求彻底消灭白利土司，然后汗王自己回青海去，派来以两位王妃为首的香客建立善缘，在西藏这里不应发生战乱。”❺但是第二天索南热丹借口给信使格年顿珠赠送礼品，去噶丹康萨同格年顿珠密谋后，自作主张，带密信给固始汗，请他来消灭藏巴汗。五世达赖喇嘛得知此事后只能感慨道：“我没想到笛声（象征和平）变成了箭声（象征战争）。”❻

有了格鲁派的默许和内应，固始汗立即行动起来。固始汗此人老谋深算，既有战略眼光，又能灵活运用战术。在进军之前，他到

❶❷❹❺❻《五世达赖喇嘛传》，五世达赖喇嘛阿旺罗桑嘉措著，陈庆英、马连龙、马林译，中国藏学出版社1997年10月第1版，第168、167、168页。

❸《安多政教史》，智观巴·贡却乎丹巴绕吉著，吴均、毛继祖、马世林译，甘肃民族出版社1989年4月出版，第41页。

处散布消息，佯装从康区经玛尔康返回青海，以迷惑藏巴汗，但他将要进军卫藏的消息还是不胫而走。一时间，卫藏上下流言四起，五世达赖喇嘛此时知悉索南热丹已请固始汗出兵，索南热丹也不得不摊牌说："现在我们向藏巴汗及其臣僚无论说些什么都是下策，而且只能使其心生疑惑。现在我们不依靠固始汗的恩德从藏巴汗的法度下解放出来，以后就不可能有得到解脱的机会。因此，在派出信使格年顿珠的时候，我就提出了固始汗应当用兵后藏的请求。"❶但五世达赖喇嘛仍想劝说固始汗回青海，他对索南热丹施加压力说："此举显然失当，如果把固始汗从达木地方劝说回去，还是能成功的。假如你因不久前作了诺言而不便劝说固始汗，那么我可以去达木地方见固始汗，晓之以理，动之以情，这样对我们的声誉和利益会大有好处。"❷对此，双方各持己见，僵持不下，最后只得在吉祥退敌天女像前占卦决定。占卦的结果是"(请固始汗进兵）暂时不失为善策，但长远的结果不好"。❸索南热丹坚持说："暂时有好处就可以了，长远来说所有的人都是要死的。"❹在索南热丹的极力劝说下，五世达赖喇嘛终于对此予以默许。

还在运筹攻打藏巴汗之初，为了保证五世达赖喇嘛的安全，固始汗两次以弘扬佛法的名义邀请五世达赖喇嘛去蒙古地方，都因索南热丹和藏巴汗的阻挠而未果。此次他的进军目标为后藏，为确保四世班禅的安全，他写信给五世达赖喇嘛，以大王妃上了年纪，不能到后藏朝拜为名，要求五世达赖喇嘛将四世班禅接到前藏。五世达赖喇嘛按此口径派噶居益希嘉措去迎请四世班禅。固始汗和格鲁派的活动引起了藏巴汗的高度警觉。当班禅行至仁蚌地方时，固始汗没有回青海的消息由达垅寺的喇嘛报告给了藏巴汗，四世班禅被迫暂时留在喀日丁地方。

1642年，固始汗开始进军后藏后，格鲁派中的以索南热丹为首的主战派给予了多方积极配合。固始汗到达达木后，索南热丹赶往

❶❷❸❹《五世达赖喇嘛传》，五世达赖喇嘛阿旺罗桑嘉措著，陈庆英、马连龙、马林译，中国藏学出版社1997年10月第1版，第173、173~174、174页。

军营，同固始汗对战争作了统一部署。为解除固始汗的后顾之忧，将他的两个王妃接到拉萨，并留下达东乃充当固始汗军队的向导，领兵直趋后藏。同时，还派色布饶丹担任军需官，为蒙古军队供应粮草。他还动员了很多格鲁派僧人去前后藏各地广泛联络各地方首领和各大寺院僧人，组织地方联军在各地配合固始汗的军队，分化、拉拢了许多倾向藏巴汗的地方首领支持格鲁派。当战事吃紧时，索南热丹还亲自组织哲蚌寺和色拉寺的青壮年僧人及寺属庄园所辖武装攻打东噶宗，并逼迫德庆宗、乃乌宗等地的守军投降。

与主战派不同，五世达赖喇嘛在战事刚开始时一直是处于被动配合的境地，以便根据战事的发展决定进退。只是当战争进入关键时刻，格鲁派已无退路时，才一改初衷，下决心配合固始汗消灭藏巴汗。固始汗的军队进攻日喀则时遭到了藏巴汗的顽强抵抗。他调集了所有守军固守，使蒙古军队久攻不下，给养接济困难。面对这一局面，一向强硬的索南热丹束手无策，只好请求五世达赖喇嘛出面调停。他说："我原来以为固始汗所到之处，敌方会闻风归附。现在军队损失不少，出乎意料。目前只有你去后藏进行调停，似乎比较合适。"❶此时的五世达赖喇嘛临危不乱，挽狂澜于即倒，他首先斥责索南热丹说："我对你向来是和颜悦色的，从未说过一句粗话，但是这次确实搅乱了我的心神。我说与后藏人为敌只有吃亏，不会占到便宜。对这些劝告你不乐意也听不进去。"❷接着，他冷静地分析了形势，认为："现在人们都耳闻目睹我们甘丹颇章背叛了藏巴汗，而且派达东巴（即达东乃）领着蒙古军队去攻打后藏，这叫我怎么出面调停呢？藏巴汗君臣老谋深算，就算一时高兴接受了调解，也会在蒙古兵回去后进行报复。"❸此时他终于放弃了同藏巴汗和解的打算，下决心打下去。他鼓励索南热丹说："从固始汗派信使说他将进兵后藏的时候起，就应下定决心要与后藏打仗，不能脚踩两只船。只有从教法和世间法两方面去尽力。不论胜败如何，

❶❷❸《五世达赖喇嘛传》，五世达赖喇嘛阿旺罗桑嘉措著，陈庆英、马连龙、马林译，中国藏学出版社1997年10月第1版，第175页。

我们再不能在藏巴汗统治下生活，这是肯定无疑的。”[1]五世达赖喇嘛果断而坚定的态度促使索南热丹继续组织战斗，最终使格鲁派取得了胜利。

藏巴汗在固始汗蒙古军队和格鲁派的强大攻势下节节败退，许多宗城失守。当固始汗的军队逼近日喀则，败局已定的情况下，他不得不主动提出和解。他多次致函四世班禅、达垅夏仲和嘉察仲巴，请求他们充当调解人。此时他已经把五世达赖喇嘛看成是“魔鬼的元凶”，排除在调解人之外。四世班禅罗桑曲杰亲赴蒙古军营，委婉地劝说固始汗接受藏巴汗的调解请求。但固始汗开出的条件是他要占领西藏全境，不允许藏巴汗的政权存在，但只要藏巴汗交出军政大权，可以保证他的生命安全，并给他一个庄园以度晚年。藏巴汗开始不接受这个条件，于是双方的战争又在后藏的一些地方继续进行。后藏巴汗连续战败，在走投无路的情况下，只好又请四世班禅出面调解。固始汗仍然坚持以前的条件。经过四世班禅的一再劝说，藏巴汗最终接受了固始汗的条件，在固始汗面前认罪投降，并向固始汗交纳了茶叶、酥油、糌粑以及金银珠宝等一千余驮。五世达赖喇嘛得知藏巴汗投降的消息后，同固始汗互相献礼祝贺。在如何处理藏巴汗的问题上，五世达赖喇嘛从稳定西藏的大局出发，和固始汗达成共识，决定赐给藏巴汗少量的庄园，以度晚年。但此时支持藏巴汗和噶玛噶举派的一些地方贵族在后藏地区不断发动叛乱，并企图营救藏巴汗，为铲除动乱的根源，固始汗不得不下决心处死藏巴汗。

四、蒙藏联合统治政治格局的建立

以五世达赖喇嘛罗桑嘉措为首的藏传佛教格鲁派上层集团，联合蒙古和硕特部固始汗，消灭了以藏巴汗丹迥旺布为首的，敌视格

[1]《五世达赖喇嘛传》，五世达赖喇嘛阿旺罗桑嘉措著，陈庆英、马连龙、马林译，中国藏学出版社1997年10月第1版，第175~176页。

鲁派的各地方势力和宗教势力组成的联合集团后，西藏结束了一个时期来四分五裂的局面，进入一个新的历史时期。这时，如何保持西藏社会的稳定，维护蒙藏双方的共同利益，成为当务之急。以五世达赖喇嘛为首的格鲁派上层集团和固始汗从时局和双方共同的利益出发，建立了一种在西藏历史上独一无二的以供施关系为表象，以联合统治为实质的与外族联合统治西藏地方的政治格局。此后，无论是权力中心的数次转移，还是人事的几度变更，其联合统治的形式一直维持了75年之久。

当五世达赖喇嘛罗桑嘉措等格鲁派上层人士开始思考西藏将何去何从时，固始汗已将西藏的善后事宜做了周密部署。

固始汗以格鲁派的施主和保护者的身份进入藏族地区，介入藏族事务已历时7载。此时他已经成为青海、康区等西藏周边地区的统治者，在这些地区行使着统治权。如果将西藏也纳入自己的统治之下，实际上他就控制了整个青藏高原，成了名副其实的“青藏高原王”。这是固始汗当初进军西藏的最终目的。接受格鲁派的请求，入藏对藏巴汗作战师出有名，他无所顾忌；战争的胜利，又给了他实现这一初衷的机会。坐镇拉萨，遥控整个青藏高原的美好前景，更使他的权力欲无限膨胀。此时，他考虑的已不是应不应该将西藏的统治权交给格鲁派，而是如何在不得罪格鲁派上层，特别是五世达赖喇嘛的情况下，利用格鲁派的宗教势力使自己的世俗统治合法化。因为固始汗深知，自己当初毕竟是以保护格鲁派的名义进驻西藏的，抛弃了格鲁派这面旗帜，就等于放弃了自己的统治基础。同时，在西藏本土，政教两权始终是紧密结合在一起的，脱离宗教权力的政权必然是短命的。再进一步，他还想利用格鲁派的宗教势力，特别是五世达赖喇嘛的宗教威望进一步扩大他在蒙古族社会，特别是额鲁特蒙古各部中的影响，恢复自己日渐衰落的额鲁特蒙古四部的盟主地位。

出于以上诸方面的考虑，固始汗在名义和实际权力的选择上作出了正确的抉择。他决定效法元朝忽必烈对帝师八思巴的供奉，将

桑珠孜城堡

卫藏十三万户献给五世达赖喇嘛。1642年三月，他将五世达赖喇嘛迎请到后藏日喀则，举行了隆重的献礼仪式。《自传》对此有详细的描述：

“我（指五世达赖喇嘛）到达日喀则后的首次集会是在桑珠孜的大厅中举行的。难以数计的蒙藏人士聚集在那里，当大家就坐之时，按忽必烈向八思巴奉献三次大布施之例，固始汗向我奉献了阿阇世王的所依圣物即供奉在江喀孜的那件世尊释迦牟尼的舍利子、八思巴曾经来亲自交给益希巴的有名的垂罗宝饰……、以仁蚌巴·阿旺久典旺秋吩咐制作的那顶精美的帐幔为主的内供物品、喇嘛身像、铜像以及汉地所造的许多供品。然后，汗王宣布他将包括日喀则在内的西藏十三万户全部献给我。”❶

这里赘言引用这段原文，意在强调这样一个事实：固始汗在向五世达赖喇嘛奉献卫藏十三万户这件事上做足了文章。首先，当时

❶《五世达赖喇嘛传》，五世达赖喇嘛阿旺罗桑嘉措著，陈庆英、马连龙、马林译，中国藏学出版社1997年10月第1版，第185页。

的所谓十三万户已经名存实亡，奉献十三万户不过是一种象征意义。有一事例很能说明问题，当那塘普巴瓦向固始汗请求收回被藏巴汗夺走的一处庄园或另赐一所庄园时，固始汗对他的请求置若罔闻，五世达赖喇嘛也毫无办法地感叹说："而我这个西藏的僧众首领连一所扎仓的一点香火地也无力提供帮助，真像死人的大嗓门和香獐的门牙一样（比喻无用处）。"❶其次，他特意安排曾代明朝中央政府承认的帕竹政权实施统治达130年之久的仁蚌家族的后代仁蚌巴·阿旺久典旺秋参加献礼大典并向五世达赖喇嘛敬献礼品，意在表明五世达赖喇嘛所代表的格鲁派政权已合法地继承了帕竹地方政权的"正统"统治地位，使格鲁派的政权名正言顺。

对于是否借助额鲁特蒙古固始汗部解决西藏问题，是否承认固始汗的统治地位这一问题上，五世达赖喇嘛的态度经历了几次变化。如前所述，早在1636年固始汗来拉萨了解西藏的情况，与格鲁派上层共商大计时，他对格鲁派上层提出的借固始汗的兵力消灭西藏外围的却图汗、白利土司等表示积极赞同，但对借助固始汗的武力解决西藏本土问题慎之又慎，他只想保住格鲁派当时的地位，消灭藏巴汗地方政权，确立格鲁派在西藏的统治还是一个长远的战略目标，所以他只希望借此解决西藏外围的压力，而不想让固始汗直接插手西藏。战争结束后，在固始汗的去留问题上，五世达赖喇嘛审时度势，认为在大局刚刚稳定的情况下，以格鲁派自身的实力，还不足以左右西藏局势，"在西藏这块土地上如果有一个领袖，时局才会安定，萨迦、噶居、宁玛等其他教派四分五裂的局面才可能有所改观"。❷因此他当即表示："根据汗王的善良秉性，没有任何迹象可以表明他这样做是为了消除暂时的违碍或者为了以后的利益，因此这真是恩重如山，永世难以报答。"❸对固始汗的统治权予以认同。此时发生的一件事，充分说明了五世达赖喇嘛对于固始汗的信任和尊敬。当时，第巴索南热丹不听五世达赖喇嘛的劝告，擅

❶❷❸《五世达赖喇嘛传》，五世达赖喇嘛阿旺罗桑嘉措著，陈庆英、马连龙、马林译，中国藏学出版社1997年10月第1版，第185、189页。

自做主将日喀则、协噶(即今日喀则地区定日县所在地)和拉孜(今日喀则地区拉孜县)三个地方交给吉雪巴叔侄管理。对此,固始汗十分生气,提出要返回家乡。五世达赖喇嘛极力劝说,“请求他为了宗喀巴大师的教法而留下来,根据商议他又不得不留在西藏。这位汗王有胆识,有毅力,信仰坚定,那点小矛盾犹如狗爪上粘了青稞粒,他并不介意”。[1]由于五世达赖喇嘛的极力斡旋,保证了政权的平稳过渡,避免了西藏地方由于外族的统治而再次陷入动荡和危机。

在这种两厢情愿的情况下,格鲁派僧俗贵族集团与蒙古和硕特军事部落联合统治西藏的格局终于形成。在统治方式上,是由固始汗本人坐镇西藏,以汗王的身份君临于甘丹颇章政权,直接控制着西藏的权力中心。这样,既可以指挥、参与格鲁派政权所有的内外重大事务,又可以以五世达赖喇嘛的名义和佛教保护者的身份号令额鲁特四部,实现自己做额鲁特四部盟主的梦想,同时,还可以进一步影响其他蒙古部落。另外,他对作为和硕特部大本营的青海湖地区也作了精心安排。青海湖地区有着广袤的天然牧场,水草丰茂,有些地方益耕益牧。自1638年和硕特部众陆续移牧这里后,已将这里作为他们的第二故乡而全力经营。因此,他让10个儿子继续率部驻牧,同时他还用康区的赋税收入作为补充,使得青海湖地区成了和硕特部众衣食无虞的富庶之乡。再有,青海地区独特的地理位置,也使它成为西藏地区的天然屏障,可以阻挡来自北方的其他蒙古军事力量,从而防止他在西藏的统治地位被觊觎。

甘丹颇章

[1]《五世达赖喇嘛传》,五世达赖喇嘛阿旺罗桑嘉措著,陈庆英、马连龙、马林译,中国藏学出版社1997年10月第1版,第204页。

在格鲁派政权内部的人事制度上，固始汗也作出了极富政治策略的安排。首先,他绕开了五世达赖喇嘛的宗教领袖地位,将甘丹颇章政权权力的实际行使者第巴一职的任命权掌握在自己手中。联合政权建立后的首任第巴索南热丹,就是他正式任命的。虽然索南热丹在四世达赖喇嘛时就曾出任强佐一职，五世达赖喇嘛时也一直担任第巴,并在格鲁派同藏巴汗的战争中立下过汗马功劳,他担任联合政权的首任第巴,是顺理成章的事,但这一职务由蒙古汗王而不是由作为宗教领袖的五世达赖喇嘛来正式任命,其中的深意自不必说。顺便说一下,第巴索南热丹在政治态度上可以说一直是亲蒙古派,在格鲁派夺取政权的过程中，他同蒙古和硕特部在政治上的联系要比五世达赖喇嘛密切得多。担任格鲁派政权的第巴后,因有和硕特部汗王作靠山,索南热丹将自己的权力运用到了极限。在一些重大问题上,他甚至不经五世达赖喇嘛的同意而独断专行，最终导致五世达赖喇嘛在掌握了格鲁派的实权后下决心削弱第巴一职的权力。

五、平息噶尔巴叛乱

藏巴汗政权被蒙藏联军消灭后，引起了一直在该政权的支持和保护之下的噶玛噶举派和一些地方贵族等反对格鲁派的地方僧俗势力的极大恐慌。他们乘固始汗立足未稳，格鲁派政权尚未巩固之机，在后藏和工布等地举兵反抗。为首的是噶玛噶举派除黑、红帽两系活佛之外势力最大的噶尔巴师徒。“噶尔巴”原是康区类乌齐一带的一个家族名，15至16世纪曾代帕竹地方政权摄政的仁蚌巴就出自这个家族。该家族历史上一直和噶玛噶举派关系密切。1642年六月间，当藏巴汗在固始汗和格鲁派的强大攻势下败局已定时，噶尔巴师徒为了保存噶玛噶举派的实力，向五世达赖喇嘛请求“给予一份保持噶举派地位权利的盖印文书”。[1]当时五世达赖喇嘛正在计

[1]《五世达赖喇嘛传》，五世达赖喇嘛阿旺罗桑嘉措著，陈庆英、马连龙、马林译，中国藏学出版社1997年10月第1版，第178页。

划战后如何收复以前被噶玛噶举派占据的寺院、庄园等，他认为噶尔巴在这种情况下提出这样的要求显然不合时宜。在征求了固始汗的意见后，只答应对文书进行修改后再盖章。此举深深激怒了噶尔巴，并为日后的叛乱埋下了伏笔。

噶尔巴等人暗中策划在前藏、后藏和工布地方同时发动大规模的叛乱，并制定了周密的计划。这个计划包括"……杀掉固始汗等，将班禅大师和我（指五世达赖喇嘛）二人投进工布的监牢，摧毁格鲁派的所有寺院，按照铁猴年之乱以前的情况将宗谿交还给贵族们，将琼结、日果和沃卡移交给孜、苏尔和肖喀家族，贡噶交由噶尔巴的管家管理。甲巴由于背叛了噶玛派，现在虽立有功，故仅保留原来的权利。涅地和沃噶、达布等地都应交给其他的贵族。把仁蚌巴、洛堆巴等对抗者监禁起来，藏巴汗被关在内邬庄园内，应该把他解救出来。你（指藏巴汗）要作为萨迦派和觉囊派的施主，并非专门为了噶玛巴。必须把日喀则、香南林、白朗三个地方拿下来，第巴吉雪巴没有倾向于彼方，善识时务，应给以德庆蔡的领地，等等"。❶

得知叛乱的消息后，五世达赖喇嘛急忙召集喀尔喀蒙古右翼的温布额尔德尼珲台吉等人，密商平息叛乱的办法，最后决定由固始汗亲自出马。

这次反叛，噶尔巴师徒以洛扎（今山南地区洛扎县）为大本营，分别在工布地区的桑日（今山南地区桑日县）、沃卡（今山南地区桑日县沃卡乡）和后藏的仁布（今江孜地区仁布县）、江孜（今江孜地区江孜县）、白朗（今江孜地区白朗县）、南木林（今日喀则地区南木林县）等地举兵，对拉萨形成了扇形包围圈，严重威胁到固始汗和格鲁派的统治。

叛乱开始不久，后藏的形势就已经岌岌可危。南木林宗最先失守。仁蚌曲贝在叛军的强大攻势下不堪一击，拱手让出了仁蚌宗。

❶《五世达赖喇嘛传》，五世达赖喇嘛阿旺罗桑嘉措著，陈庆英、马连龙、马林译，中国藏学出版社1997年10月第1版，第197~198页。

离日喀则较近的白朗宗也被叛军包围，以达那沃兰巴为首的叛军在日喀则周围骚扰，对四世班禅构成严重威胁。江孜宗的昂索诺尔布放弃了宗城，仓皇逃命。后藏所有的地方几乎都被叛军控制。在工布地方，以工布噶悉的主帅雪喀瓦为首的居巴、普、孜、苏等反对格鲁派的地方首领组成的八千多叛军也展开了大规模的骚乱。

面对这样的严重局面，固始汗和五世达赖喇嘛不得不改变原来只推翻藏巴汗的统治，对其支持者一般不予追究的初衷，下决心彻底打击噶玛噶举派及其支持者。首先，固始汗看到囚禁中的藏巴汗仍然对格鲁派构成威胁，还有可能死灰复燃，于是下令把藏巴汗用牛皮包裹，抛入拉萨河，以绝后患。对于战争，经商议，固始汗和五世达赖喇嘛作了如下部署：由固始汗率军经墨竹工卡、沃卡、达布一线消灭工布的叛军；喀尔喀蒙古达颜诺延的300骑兵和固始汗的大王妃所属的蒙古兵在孜重木会合，开往后藏平叛。两地战事进展十分顺利，“雪喀巴统帅的五六千叛军象烈火烧干柴一样被歼灭”，[1]后藏的叛军在蒙古兵的打击下也土崩瓦解。此后，工布地方又陆续发生了一些小规模的叛乱，但都已成强弩之末，很快被镇压下去了。固始汗的军队准备乘胜追击，直捣噶尔巴的大本营。噶尔巴兵败后自知不能在洛扎立足，他一方面派达垅夏仲出面调停，一方面设计逃脱，跑到康区去了。噶尔巴的厨师曲央被俘虏后关在狱中，从他的护身盒中搜出了上面提到的那份密谕，这深深激怒了固始汗，他立即下令进一步打击噶举派。平叛的最终胜利，使固始汗和五世达赖喇嘛的联合统治政权度过了一场危机。

六、格鲁派政治地位的巩固与经济实力的增强

固始汗在攻灭藏巴汗地方政权以及后来平息噶尔巴的叛乱中，对其支持者和后盾噶玛噶举派一直采取极为强硬的措施，意在彻底

[1] 《五世达赖喇嘛传》，五世达赖喇嘛阿旺罗桑嘉措著，陈庆英、马连龙、马林译中国藏学出版社1997年10月第1版，第197页。

打击噶玛噶举派的势力，摧毁藏巴汗政权的宗教基础，同时扶植格鲁派成为全藏的首席教派，让五世达赖喇嘛正式取代噶玛噶举派黑帽系十世法王却英多吉，登上西藏佛教教主的宝座。在元代，萨迦派领袖八思巴被元世祖忽必烈封为“大宝法王”，成为藏传佛教的教主。到了明代，历代噶玛噶举派黑帽系活佛取代萨迦派宗教领袖的地位，被封为“大宝法王”，成为藏传佛教的教主。而固始汗的这一举措对后来清朝政府承认五世达赖喇嘛为全藏宗教领袖，联合政权为统治全藏的合法政权起了决定性的作用。

固始汗在占领日喀则后，下令拆除藏巴汗为挟制格鲁派而在札什伦布寺附近修建的噶玛噶举派寺院扎什日伦，将全部木料运到拉萨，用以翻新大昭寺走廊，并将该寺的佛像和供器送给布达拉宫的南杰扎仓。固始汗还不断清除藏巴汗势力范围内以及后来叛乱地区的反对派寺院，强迫原来支持藏巴汗的噶玛噶举等教派的寺院改宗格鲁派，在噶玛噶举派僧人的手上打上印记交给格鲁派寺院管辖。此外，固始汗还下令今后各地的头人之间不准往来通信，一经查出，立即严惩不贷，对过去反对过格鲁派的人一律处以高额罚金。这一命令后经四世班禅的劝说而取消。

被推翻的噶玛噶举派在各地发动武装叛乱的同时，还在舆论上大造声势，攻击格鲁派，损害达赖喇嘛和班禅大师的威信。如当时有一个噶玛噶举派的喇嘛名叫札巴谢热仁钦，他撰写了许多系统地反对宗喀巴创立的格鲁派的文章，刻印成书，在各寺院和社会上广为散发。针对噶玛噶举派攻击格鲁派的言论，五世达赖喇嘛和固始汗组织四世班禅等高僧著书立说，驳斥反对派的言论，他们引经据典，利用《教法秘要》中“九年之内卫藏聚集于前藏的卫如”[1]的预言为格鲁派成为首席教派大造舆论。

在固始汗的多方打击下，噶玛噶举派教主黑帽系十世法王被迫逃亡，原来支持噶玛噶举派和藏巴汗的一些教派有的转而依附格鲁

[1]《五世达赖喇嘛传》，五世达赖喇嘛阿旺罗桑嘉措著，陈庆英、马连龙、马林译，中国藏学出版社1997年10月第1版，第188页。

札什伦布寺

派，其余的也作鸟兽散，噶玛噶举派和格鲁派旷日持久的斗争基本上宣告结束。

同固始汗咄咄逼人的态度不同，作为联合政府中格鲁派一方代表人物的五世达赖喇嘛，在同噶玛噶举派的斗争中始终采取了一种怀柔的政策和分化瓦解的策略。他的主导思想是，“如果所有的教派都相安无事,对于自他双方皆有好处”。[1]初时，对固始汗攻灭藏巴汗后对噶玛噶举派及其支持者采取的强硬措施表示不赞同。当已担任第巴的索南热丹提出要五世达赖喇嘛下令打击萨迦、止贡噶举、帕竹噶举等教派，让他们彻底消亡时，他明确表示反对，“对萨迦、止贡、帕竹和达垅等教派不保留其名分是不行的,……我从身心两方面实在无能为力，请不要让我去行文传令”。[2]噶尔巴叛乱兵败，派达垅夏仲阿旺扎西贝珠来同五世达赖喇嘛缔结噶玛噶举派同格鲁派的和约时,提出要向五世达赖喇嘛作揖敬礼,表示承认五世达赖喇嘛的教主地位。五世达赖喇嘛没有接受,他委婉地驳斥了噶玛噶举派取代萨迦派的教主地位，仁蚌巴家族篡夺帕竹地方政权这种不重法统的做法后，提出按照以往的惯例同达垅夏仲交换见面哈达即可。他的这种做法表示了格鲁派日后即便登上教主的宝座,也将包容其他教派的姿态，对其他教派承认格鲁派的首席教派地位起到了积极作用。

虽然在同噶玛噶举派的斗争结束后格鲁派已成为全藏的首席教派，五世达赖喇嘛的威望也在不断提高，但是，噶玛噶举派的势力

[1][2]《五世达赖喇嘛传》，五世达赖喇嘛阿旺罗桑嘉措著，陈庆英、马连龙、马林译，中国藏学出版社1997年10月第1版，第188、191页。

四世班禅罗桑曲结坚赞像

和影响依然很大，尤其是在藏巴汗曾经盘踞过的后藏地方，仍然是噶玛噶举派的一统天下，格鲁派依然打不开局面。为此，固始汗决定在后藏另树一个格鲁派宗教领袖,统领后藏各教派以便与噶玛噶举派分庭抗礼。他选中他的老师,格鲁派寺院集团中另一个决策性人物四世班禅罗桑曲结坚赞。此人有着很高的宗教威望,五世达赖喇嘛年幼时,格鲁派的许多内外重大事务都是由他来决策的。另外,他主持的寺院札什伦布寺又处在后藏的中心日喀则,可以和前藏的达赖喇嘛一系呼应,从而控制全藏。1645年,固始汗给罗桑曲结坚赞赠以“班禅博克多”的尊号,“班”是“班智达”的简称,是梵语智慧的意思。“禅”是藏语“钦波”的简称,大的意思。“博克多”是蒙语,意为睿智英武之人。这是班禅转世系统获得名号之始。除了赠给封号外,固始汗还把后藏的几十个谿卡捐献给札什伦布寺,作为僧众的供养。到了1713年(清康熙五十二年),康熙皇帝又封五世班禅为“班禅额尔德尼”,并赐金印,从此“班禅额尔德尼”成为班禅活佛转世系统的正式名号。有研究者认为固始汗在统治西藏后不久赠给罗桑曲结坚赞以“班禅博克多”的尊号,从而在格鲁派中又建立起一个班禅活佛转世系统,这是他想借此分掉达赖喇嘛的权势,使达赖和班禅之间互相牵制,以便维护自己的统治。此说也可能是固始汗的动机之一,但我认为他的主要目的还是如上所述。

五世达赖喇嘛在借助固始汗的武力和自己的威望树立了格鲁派的宗教权威后，又转而开始巩固和扩大格鲁派的经济实力。

众所周知，还在格鲁派掌握西藏地方政权的前一个世纪，格鲁派已逐步形成了一个有强大经济实力的寺院集团，从而成为西藏社会寺院农奴主阶级的一分子。作为一个统治集团，它既有土地，又有农奴，在若干个寺属庄园和豁卡上进行着封建农奴制的统治。同时，为了增强自己的经济实力，还不断把自己的势力扩展到其他地方势力集团的属区之内。17世纪初藏巴汗地方政权建立后，在借助噶玛噶举派的宗教势力不断扩充自己的政治势力的同时，还同格鲁派在经济上进行了残酷的角逐。在藏巴汗地方政权的全盛时期，许多格鲁派的寺属庄园被藏巴汗政权没收，交给噶玛噶举等其他教派的寺院管理，格鲁派的经济实力一度被大幅度削弱。固始汗消灭了藏巴汗地方政权，为格鲁派清除了各种敌对势力后，为确立格鲁派在西藏各教派中的统治地位，首先将卫藏地方的十三万户赐给五世达赖喇嘛，用这些地方的赋税来供养达赖喇嘛为首的格鲁派政权，另外还授予五世达赖喇嘛封赐土地的权力，这就奠定了格鲁派统治的经济基础。政治是经济的集中表现，作为联合政府中格鲁派一方代表的五世达赖喇嘛，也深知只有掌握了经济命脉，才能具备在政治上发展的基础。为此，他拟定了一个两步走的计划。第一步，首先收复以往被藏巴汗及其他教派夺去的格鲁派的寺属庄园。在同固始汗商议联合政权今后的方针大计时，他提出："我认为必须收回我们格鲁派以前失去的寺院和领地。这并不是为圣教事业而争面子，也不是互相攻讦丢人之事。"[1]第二步就是接管战败一方的辖地，交给格鲁派中同藏巴汗斗争时的有功者及其同盟者管理。藏巴汗被攻灭后，五世达赖喇嘛的强佐索南热丹提出要将原由藏巴汗统辖的仁蚌和喀孜两地交给吉雪第巴管理，五世达赖喇嘛虽然对此有疑义，但仍然颁发了命令文书。随后，索南热丹又擅自做主将日喀则、协噶、拉孜三地交给吉雪第巴管理，五世达赖喇嘛出于扩大格鲁派经济实力的考虑，也予以默认。噶尔巴叛乱发生后，固始汗率军队去工布平叛，五世达赖喇嘛认为这是扩大格鲁派辖地，增强格鲁派

---

[1]《五世达赖喇嘛传》，五世达赖喇嘛阿旺罗桑嘉措著，陈庆英、马连龙、马林译，中国藏学出版社1997年10月第1版，第187~188页。

经济实力的好时机,“因此特意派出使者去(固始汗处)要求在上下工布各划出三个宗,由政府(指格鲁派的甘丹颇章政权)管辖”。[1]通过以上各项措施，格鲁派的经济实力大增，首席教派的地位因经济实力的增强而日趋巩固。

经过了同藏巴汗和噶玛噶举派等政敌经年累月的斗争磨练和与蒙古各部首领长期斡旋后，五世达赖喇嘛逐渐在政治上成熟起来。政治地位的改变使他不再以一个普通僧人的视角来看待这个世界，也不再以成为学富五车的高僧大德作为自己的终极目标。他开始从厌倦世俗事务的情绪中解脱出来，逐步增强了参与政事的勇气。格鲁派甘丹颇章政权的建立，为他提供了更为广阔的政治空间，此后的数十年中，他更多的是以政教合一地方政权领袖的身份活跃在西藏历史舞台上。

[1]《五世达赖喇嘛传》，五世达赖喇嘛阿旺罗桑嘉措著，陈庆英、马连龙、马林译，中国藏学出版社1997年10月第1版，第198页。

第四章

东进觐见成一统

第四章　东进觐见成一统

一、迎请五世达赖喇嘛进京的由来

满族统治者在入关以前就开始尊崇和利用藏传佛教，这实际上是为他们完成统一全国的大业所作的意识形态领域的铺垫。有了藏传佛教这杆大旗，满族统治者就可以借此安定信奉藏传佛教的蒙古各部，并将蒙古各部统一于自己的麾下，壮大自己的势力，以图时机成熟后进军中原，统一全国。出于上述目的，早在努尔哈赤时期，满族统治者就对藏传佛教产生了兴趣，藏传佛教僧人就得到了满族王室的扶植和利用。皇太极即位后，利用藏传佛教的政策又有了进一步发展。1634年，蒙古察哈尔部的墨尔根喇嘛把该部珍藏的护法金佛“嘛哈噶喇”献给皇太极。这尊金佛是元代帝师八思巴用千两黄金铸成后供奉在五台山的。后来又移到蒙古察哈尔部。墨尔根喇嘛迎请金佛到盛京后，皇太极下令在盛京城西三里外修建一座寺院，用来供奉护法金佛。1638年，寺院建成，皇太极赐名为实胜寺，并率领文武官员前往寺院叩拜。他亲自向金佛行三跪九叩之礼，以表示对藏传佛教的信奉，并将金佛作为军队的护法战神。

西藏格鲁派的崛起和达赖喇嘛宗教地位的不断巩固，同样引起了皇太极的极大关注。早在1637年，皇太极就有迎请达赖喇嘛到盛京的愿望和动议。为此事，他还广泛征求了蒙古喀尔喀车臣汗、土谢图汗等人的意见，得到了蒙古各部的一致赞同，认为“闻圣主有拟迎聘达赖喇嘛之圣意，甚善也”，“卑等认为大汗拟迎聘达赖喇嘛之举，当也”。[1]另外，车臣汗、土谢图汗等人还请求遣使一同去西藏迎请五世达赖喇嘛，并请达赖喇嘛进京时途经喀尔喀部。另据蒙文旧有档案的记载，就在这一年的十一月，皇太极已经派车臣、顾实、绰尔济等使臣前往西藏，同藏巴汗商议迎请达赖喇嘛之事。[2] 1639年十一月，皇太极正式派出以察汉喇嘛为首的使团去西藏，带信给当时还统治着西藏地方的藏巴汗和“掌佛法大喇嘛”，要求延请高僧到满州传教，表示了在满州地方发展佛教的愿望。有关皇太极给藏巴汗和“掌佛法大喇嘛”的信，一般都引用《清实录》的记载，但从新近发现的满文老档的记载看，皇太极所表达的迎请达赖喇嘛的愿望更加迫切，言辞更加恳切：

是日（1639年十月初七日）遣查罕喇嘛（察汉喇嘛）等赍敕往谕土伯特部汗曰：

大清国宽温仁圣汗敕谕土伯特部汗：

古帝所制经典，不欲其泯绝，今遣人遗书土伯特部汗，特为延请圣贤者也。尔为土伯特部之主，倘即敦请能传扬佛教于天下之贤能者前来，朕心喜悦。其笃切延请之意，俱令所遣额尔德尼达尔汉格隆、查罕格隆、玉噶扎里格隆、盆绰克额木齐、巴喇衮噶尔格隆、拉克巴格隆、伊斯谈巴达尔寨、春磊俄木布、根敦班弟等使臣口述。

大清国宽温仁圣汗敕谕：

今遗书佛教至尊大喇嘛等，特为古帝所制经典，不欲其泯绝，遣使延请圣贤，若思传扬佛教于众生，必得其益，惟尔等所愿耳。其笃切延请之意，俱令所遣额尔德尼达尔汉格隆、查罕格隆、玉噶扎里格隆、盆绰克额木齐、巴喇衮噶尔格隆、拉克巴格隆、伊斯谈巴达尔寨、春磊俄木布、根敦班弟等使臣口述。[3]

---

[1][2][3]《元以来西藏地方与中央政府关系档案史料汇编（2）》，中国藏学出版社1994年第1版，第213~214、第214~215、第218页。

有研究者认为皇太极致书的“佛教至尊大喇嘛”究竟是谁，信中没有说明，有可能指达赖喇嘛，也有可能指当时的藏传佛教的教主噶玛噶举黑帽系十世却英多吉。但从上引蒙古各部为同意迎请达赖喇嘛事给皇太极的复信中明确提到迎请的对象是“达赖喇嘛”看，这个“佛教至尊大喇嘛”定是五世达赖喇嘛无疑。

与此同时，满族统治者在东北地方的崛起并逐步强大也引起了当时西藏地方的统治者藏巴汗和包括格鲁派在内的藏传佛教各大教派上层的极大关注。值得一提的是，有关满族统治者势力强盛的信息很有可能源于固始汗。据《皇朝藩部要略》记载：“我太宗文皇帝崇德二年（1637年），顾实汗遣使通贡，阅岁乃至。是为厄鲁特通贡我朝之始。”[1]可知早在1637年，固始汗作为额鲁特四部中的一个首领，就开始和满族王室遣使通贡。在同满族王室的广泛接触中，固始汗看好这一日后必将逐鹿中原的地方势力的发展潜力和后劲。他实施统治青藏高原的战略计划后，在同格鲁派上层广泛而频繁的交往中，也将这一信息传达给了他们。格鲁派上层中最早接受这一信息，对满族统治者的兴起表示了极大关注的当属他的老师，格鲁派决策人物之一的四世班禅。几乎与皇太极派使团来西藏的同时，四世班禅就对色钦曲杰提议：“居尔济特（女真）汗王势力强盛，你去看一下能否担任我们的施主！”[2]此时的固始汗正在康区攻打白利土司，经过同五世达赖喇嘛、四世班禅的商议，决定共同派出伊拉古克三呼图克图、色钦曲杰（即汉文史料所载戴青绰尔济）等人去盛京同满族统治者结纳关系。当时掌管西藏地方政权的还是藏巴汗，他也有意同满族统治者通好，在伊拉古克三等人去盛京时，他也带信给皇太极。另外，噶玛噶举派中的红帽系活佛也将书信交给使团转呈皇太极。这说明满族统治者的强盛已引起了西藏各地方势力和教派的普遍关注，虽然此时他们还不能预见到满族统治

[1]《皇朝藩部要略》卷九。

[2]《五世达赖喇嘛传》，五世达赖喇嘛阿旺罗桑嘉措著，陈庆英、马连龙、马林译，中国藏学出版社1997年10月第1版，第213页。

者有朝一日会入主中原，但明王朝的衰落和满族统治者对藏传佛教产生的兴趣使他们萌发了向满州扩展宗教势力的念头。

五世达赖喇嘛、四世班禅等人之所以选择伊拉古克三为西藏使团的首席代表，是因为此人具有双重身份：他是固始汗之侄鄂齐尔图的第三子，是当然的和硕特部固始汗的代表，同时他又是来往于满蒙藏之间的具有特殊身份的和硕特部喇嘛，自然也是固始汗支持的以达赖喇嘛为首的格鲁派寺院集团的代表。

伊拉古克三一行于1642年十月抵达盛京，受到了皇太极的隆重接待。皇太极亲自率领诸王、贝勒、大臣们出门至怀远门迎接。在伊拉古克三一行下榻的驿馆前，皇太极还亲自对天行三跪九叩之礼，对上天为护佑满清，送来“佛教至尊大喇嘛”表示感谢。当伊拉古克三等人朝见皇太极，呈递达赖喇嘛等的信件时，皇太极又破例起身接受，并将伊拉古克三和戴青绰尔济的坐榻安排在御座的右侧。这些破格的礼仪除说明皇太极本人对藏传佛教的信奉和对“佛教至尊大喇嘛”的敬重外，主要意在传达这样一种信息，即尊崇、信奉藏传佛教，将成为满清王朝的一项基本国策。

皇太极画像

伊拉古克三一行在此停留了8个月，受到了皇太极的盛情款待。除他本人在崇政殿设宴宴请伊拉古克三一行外，还命八旗诸王、贝勒轮流，每5天宴请一次。1643年五月，皇太极派察汉喇嘛等随西藏使团进藏，给五世达赖喇嘛、四世班禅、固始汗、藏巴汗、萨迦法王、达垅法王、不丹法王、噶玛法王等分别带去了书信和大批礼品。启程时，皇太极亲率王公贝勒送至演武场，举行了盛大的宴会为伊拉古克三一行饯行，还命令和硕睿亲王多尔衮等率领梅勒章京以上的官员送至永定桥。

伊拉古克三和察汉喇嘛一行抵达西藏时，西藏的情势已与使团出发前的1640年发生了很大变化，藏巴汗已被消灭，以五世达赖喇嘛为首的格鲁派上层集团同固始汗的联合统治已初步形成。正积极为入关做准备的皇太极注意到了这一点。在他给各教派首领的信函中虽大致上保持了一种不偏不倚的态度，还要求使臣察汉格隆等到西藏后“不分服色红黄，随处咨访”。但是，格鲁派的首席教派地位的确立，五世达赖喇嘛宗教威望的不断提高以及格鲁派与固始汗联合统治全藏局面的形成仍然引起了皇太极的高度重视，他通过礼品的多少、赞誉程度的高低婉转地表达了对格鲁派的偏重和希望。

在给达赖喇嘛的信中称：

大清国宽温仁圣皇帝致书于大持金刚达赖喇嘛：今承喇嘛以拯济众生之念，欲兴扶佛法，遣使通书，朕心甚悦！兹特恭候安吉，凡所欲言，俱令察汗格隆、巴喇衮噶尔格隆、诺木齐格隆、诺莫干格隆、衮格垂尔扎尔格隆等口悉。附奉金碗一、银盆二、银茶桶三、玛瑙杯一、水晶杯一、玉杯六、玉壶一、镀金甲二、玲珑撒袋二、雕鞍二、金镶玉带一、镀金银带一、玲珑刀二、锦缎四、特以侑缄。

给固始汗的信中说：

大清国宽温仁圣皇帝致书于顾实汗，朕闻有违道悖法而行者，尔已惩创之矣。朕思自古圣王致治，佛法未尝断绝。今欲与图白忒部落敦礼高僧，故遣使与伊拉古克三胡图克图偕行，不分服色红黄，随处咨访，以宏佛教，以护国祚，尔其知之。附具甲胄全副，特以侑缄。

给藏巴汗的信中说：

大清国宽温仁圣皇帝谕臧霸汗：尔书云“佛法裨益我国，遣使致书。”近闻尔为厄鲁特部落顾实贝勒所败，未详其实，因遗一函相询。自此以后修好勿绝，凡尔应用之物，自当饷遗。今赐银一百两、锦缎三匹。[1]

[1]《清实录—太宗实录》崇德八年五月丁酉条。载《清实录藏族实录(一)》，西藏人民出版社1982年9月第1版，第7、9页。

在给固始汗和藏巴汗的信中，对固始汗在西藏的用兵用“朕闻有违道悖法而行者，尔已惩创之矣”一句带过，既没有表示反对，也没有公开支持；对藏巴汗的失败没有表示同情，也没有公开指责。对西藏教派之间的复杂斗争也保持了中立的立场。同时我们也注意到，皇太极在给固始汗和藏巴汗的信中分别用了“致书”和“谕”两个不同的词，说明他此时仍将藏巴汗作为统治西藏地方的首领，他与藏巴汗仍然是君主与臣属的关系。

五世达赖喇嘛和固始汗也意识到了由于皇太极对西藏的局势没有充分的了解，因而对支持格鲁派和固始汗的联合统治还举棋不定，没有信心，因此对满族统治者的动向给予了更大的关注。1643年八月皇太极去世，九月，固始汗即派人向清朝奏报：“达赖喇嘛功德甚大，请延至京师，令其讽诵经文，以资福佑。”[1]通过达赖喇嘛的宗教活动进一步密切同满族统治者的关系，争取清朝政府的承认和支持。

1644年，清军大举入关，击败了李自成农民起义军，攻占了北京，时年6岁的顺治登上皇位，开始了满清王朝对中国的统治。当时掌握清王朝实权的睿亲王多尔衮为长期保持自己摄政王的地位，也想通过藏传佛教的高僧来稳定北方蒙古各部，以便集中力量对付南方抗清势力。另外，他也了解到五世达赖喇嘛和固始汗建立的联合政权已在西藏占绝对统治地位。因此，上述固始汗的奏报正中下怀，他于1644年正月十五日以顺治皇帝的名义给五世达赖喇嘛送去敕谕，邀请五世达赖喇嘛来京。敕谕说：“闻尔高僧呼图克图，为嗣承古王创立之政教大统不致中断，扫除叛逆，扶助生灵，并竭诚应邀，不胜喜悦。兹念两利，特遣伊拉古克三呼图克图往迎。今朕之威势至盛，安定皇朝，平息暴乱，救民涂炭，是赖稽古之荫，三宝之启佑，乃圣灵所赐也。”[2]这一敕谕，在邀请五世达赖喇嘛的同

---

❶《清实录—世祖实录》崇德八年九月戊申条。载《清实录藏族实录（一）》，西藏人民出版社1982年9月第1版，第10页。

❷《元以来西藏地方与中央政府关系档案史料汇编（2）》，中国藏学出版社1994年第1版，第222~223页。

时，以继古王创立之政教大统的说辞，承认了格鲁派同固始汗对西藏的联合统治，同时，对藏巴汗地方政权以“叛逆”的罪名予以否定。此后，清朝政府又分别于1648年、1650年和1651年三次派遣专使进藏，敦促五世达赖喇嘛前来内地。

满清统治者入主中原的信息反馈到西藏，联合统治的双方迅速作出反映。据《自传》1645年三月的记载，“木猴年（1644年）底，东方汉地发生大动乱，李自成夺取了明朝的皇位，但是没有保住江山，旋即丧失于居尔济特（后金）之手。当我们（指五世达赖喇嘛和固始汗）听到顺治皇帝登上众敬之王的皇位的消息后，便派乌巴什科雅台吉前去敬献祝贺的信件及方物”。[1]至此，积极修好清朝中央政府，接受清政府的统治已成为联合政权的一项既定方针。这一既定方针的确立，同五世达赖喇嘛在与中央政府的关系问题上的指导思想是分不开的。在《西藏王臣记》中，年轻的五世达赖喇嘛就表露出这样一种思想：“受持帝命统政权，增上荣华，如同堡垒坚。”[2]他还举例说：“这正如《司徒遗教录》中所说的‘那时的上师是敬安大师及贡巴·释迦仁青，但是在只缺皇帝赐封的那颗印信的时候，那你始终不算在喇嘛的领导行数中，至于皇帝之师所谓‘帝师’之位，更是作不到了’。”[3]说明他在那时就已经意识到，要取得宗教和世俗的统治地位，没有中央政权的赐封和支持是根本不可能的。

据统计，从1644年至1652年五世达赖喇嘛动身朝清的8年间，达赖喇嘛、固始汗二人或以个人名义，或联合给清朝皇帝上表请安、敬献礼品等多达14次，清朝皇帝也多次遣使向达赖喇嘛和固始汗问安，敦请达赖喇嘛进京。一时间，汉藏两地之间信使往来络绎不绝。这充分反映了这一时期清朝中央政府同西藏地方政权的密切

---

[1]《五世达赖喇嘛传》，五世达赖喇嘛阿旺罗桑嘉措著，陈庆英、马连龙、马林译，中国藏学出版社1997年10月第1版，第225页。

[2][3]《西藏王臣记》，五世达赖喇嘛阿旺罗桑嘉措著，郭和卿译，民族出版社1983年出版，第113、107页。

关系。这种关系以1652年五世达赖喇嘛进京觐见清朝皇帝，清顺治帝正式册封五世达赖喇嘛为“西天大善自在佛所领天下释教普通瓦赤喇怛喇达赖喇嘛”和册封固始汗为“遵行文义敏慧固始汗”而达到了顶点。需要特别指出的是，这里所说的“顶点”，是相对此后清政府对西藏实施的直接统治来说的。就当时的情况来说，清政府还顾不上直接统治西藏，对固始汗和五世达赖喇嘛建立的联合政权只能采取承认既成事实的态度，就这种间接的统治而言，此时西藏地方政权同清政府的关系确实达到了顶点。

二、接受顺治皇帝的邀请准备进京

从1644年正月清朝政府派伊拉古克三等到西藏正式迎请五世达赖喇嘛，到1652年正月五世达赖喇嘛成行，其间经过了整整8年的时间。在这8年中，清朝政府多次敦请五世达赖喇嘛来京，并数次敕谕固始汗、四世班禅、第巴索南热丹等人，要求他们劝请五世达赖喇嘛尽早动身。如1648年五月，清朝政府再次派以席喇布喇嘛为首的使者到西藏，敦请五世达赖喇嘛来京。顺治帝给五世达赖喇嘛的敕谕中说：“古来佛法无边，教化众生，贵于行善，安居乐业。为此，敦请高僧喇嘛来京，祈祷永久幸福，指导真理之路，是为至盼。”❶言辞恳切，心情迫切。同时，为敦促五世达赖喇嘛早下决心，顺治帝还敕谕四世班禅：“为普渡众生，已赉书敦请达赖喇嘛进京。尔其劝伊来京是盼。”❷1651年，清朝政府再次派人分别给达赖喇嘛、四世班禅、第巴索南热丹和诺门罕等人带信，劝请五世达赖喇嘛尽早成行。

1648年，在清朝政府的一再催促和固始汗、四世班禅等人的劝请下，五世达赖喇嘛勉强同意赴京觐见，但他将行期定在5年以后，

❶❷《元以来西藏地方与中央政府关系档案史料汇编（2）》，中国藏学出版社1994年第1版，第224、224~225页。

五世达赖喇嘛为绘制布达拉宫地图举行开光仪式

他对清朝的使臣说："我今不往，然我必欲往，当于卯年（1651年）送马匹，辰年(1652年)前来。"[1]

对清朝政府的邀请，五世达赖喇嘛一再推拖，迟迟不能成行，其原因是多方面的，但主要有以下几点：

满清统治者入关后，清朝政府同西藏地方的来往日渐增多，格鲁派政权的首脑人物固始汗、五世达赖喇嘛、四世班禅、第巴索南热丹等通过各种渠道，对内地形势有着足够的了解。他们审时度势，认为从当时的形势看，还未完全具备五世达赖喇嘛出行的条件，必须等待和观望。

首先，清朝统治集团内部的斗争还在激烈进行。在皇太极去世后，年幼的福临虽然即位当了皇帝，但实权仍然掌握在皇太极的弟弟，努尔哈赤第十四子睿亲王多尔衮手中。他为了长期保持自己的权势，独揽大权，故意不立皇太极的长子肃亲王豪格，而将年方6岁的福临立为皇帝，由他自己做摄政王。多尔衮位高权重，曾一度操纵着满清政府的统治权。直到1650年多尔衮去世，满清统治者之间的斗争才趋于明朗化。在胜负未定的情况下，格鲁派统治集团对争斗的各方都保持着一定的距离。如每次固始汗和五世达赖喇嘛派人进京献礼奏表时，都

布达拉宫

[1]《清史稿·藩部八》，卷五二五。

要同时给“衮伦阿玛王”（即摄政睿亲王多尔衮）带去书信和礼物。在此期间，他们是不会让五世达赖喇嘛贸然成行的。

其次，顺治初年明朝诸王还在南方抗清，形成南明割据政权；其他明朝旧臣，如郑成功等人的反清势力还遍及南方各省，李自成、张献忠的旧部还在西南活动，有的还和南明联合对清作战。清军虽已入关，但统一全国的事业尚待付出艰巨的努力。形势将如何发展，有无异常变故，亦难预料。

第三，额鲁特蒙古四部尚未正式归属清朝，其中对清朝持怀疑以至对立情绪的领袖人物也不乏其人。额鲁特四部一向以信奉格鲁派相标榜，是格鲁派寺院集团的重要支持者。五世达赖喇嘛是否进京觐见，不仅关系到格鲁派的利益，同时也关系到额鲁特各部封建主的利益，因此这一重大问题在很大程度上取决于额鲁特四部领袖们的态度，在没有取得一致意见以前，五世达赖喇嘛也难以成行。

从当时西藏方面的形势来看，格鲁派和和硕特部固始汗联合统治西藏的局面刚刚形成，联合政权并未稳固，百废待兴，仍面临着诸多的困难和矛盾。在这种情况下，作为联合政权首脑人物的五世达赖喇嘛也不可能放下政务进京觐见。

首先,在政权建设方面,联合政权急需解决的是建立一个政权中心,这是五世达赖喇嘛执政后的最大愿望,也是格鲁派的当务之急。早在1643年三月，格鲁派决策人物之一的林麦夏仲就提出应在拉萨的布达拉山修建一座红色和白色相间的规模巨大的城堡，将格鲁派的色拉寺和哲蚌寺连成一线,使格鲁派在拉萨的防御稳固可靠。对此五世达赖喇嘛表示极大的赞同,并倾注了大量的心血。在布达拉宫从破土动工的1645年四月至竣工的1649年的5年间,五世达赖喇嘛始终关注着工程的进程。他除亲自主持工程的奠基和竣工仪式外，还多次巡视施工现场，提出了许多建设性的意见。这一工程占用了五世达赖喇嘛大量的时间和精力，不得不一再推迟进京的时间。

其次，格鲁派同噶玛噶举派的斗争刚刚结束，虽然噶玛噶举派已承认了格鲁派对它的管辖权，但立足未稳的联合政权仍面临着噶玛噶举派及其支持者们的反抗和叛乱。1644年夏，固始汗和格鲁派的西藏地方政权又开始了同支持噶举派的不丹之间的战争。这场战争持续了近4年，格鲁派经常处于战败的地位，五世达赖喇嘛必须随时处理应急事务，无暇旁顾。

第三，固始汗和格鲁派结成的政治联盟内部在权力和利益的分配上，也充满了矛盾和斗争。如藏巴汗战败后，在第巴索南热丹的默许下，第巴吉雪巴控制了后藏的大部分地区，对此固始汗极为不满。五世达赖喇嘛不得不出面调停，让吉雪巴将后藏的管理权交给固始汗认可的第巴诺尔布。类似的矛盾和斗争也只有具有至高宗教权威的五世达赖喇嘛才能够出面调解。在格鲁派内部矛盾和斗争趋于缓和，权力和利益分配基本平衡之前，五世达赖喇嘛无论如何也不能离开西藏。

1649年，布达拉宫的建设基本竣工，同不丹的战争也已平息，西藏局势渐趋稳定，“而今从阿里到汉地打箭炉之间的疆域内，真如老媪可以负金而行,一片宁谧之景象”。❶五世达赖喇嘛开始认真考虑进京觐见一事。经过同格鲁派上层人物的反复商议,终于决定给清朝政府正式答复,同意于辰年(1651年)赴内地觐见。五世达赖喇嘛答复清朝使臣说:为了不违背皇帝的圣旨,我答应去北京。此时五世达赖喇嘛已经在考虑赴内地的一些具体事宜。他认为不能在北京久留，原因是“中原地域辽阔,我担心会染上天花和热病”。❷

1649年十月，顺治帝得知达赖喇嘛同意于1651年进京觐见的消息后，“甚为喜悦”。经过一段时间的筹备，1651年四月，顺治帝派出了一个以喜饶喇嘛、噶居喇嘛、察罕达尔汉曲杰等为首的200多人的使团前往拉萨迎请五世达赖喇嘛。使团除携有顺治帝给达赖喇嘛的敕谕外，还分别带有给四世班禅、第巴索南热丹、固始汗的长子鄂齐尔台吉等人的敕谕，让他们敦促五世达赖喇嘛尽早起程。

此时，五世达赖喇嘛已了解到随着多尔衮的去世，顺治帝在王

❶❷《五世达赖喇嘛传》，五世达赖喇嘛阿旺罗桑嘉措著，陈庆英、马连龙、马林译，中国藏学出版社1997年10月第1版，第249页。

室斗争中已取得决定性的胜利，牢牢掌握了对全国的统治权。因此，在进京觐见一事上不再犹豫，而是开始积极筹备。

1651年五六月间，五世达赖喇嘛和第巴索南热丹已在私下为进京做了一些准备。七月，顺治帝在200人使团之前派出的使者色钦温布、波若才让等到达拉萨。接到顺治帝的诏书后，索南热丹才将五世达赖喇嘛准备进京觐见的事正式通告全藏各地，并建立了一批制作旅途所需物品的作坊，开始大张旗鼓地为进京做准备。

消息传出后，西藏僧俗奔走相告，一时间，五世达赖喇嘛进京觐见一事成为全藏区的头等大事。在格鲁派上层集团内部，对五世达赖喇嘛的出行有赞成的，也有反对的。以拉萨三大寺的上师、执事僧为首的上层僧侣们坚决反对达赖喇嘛去汉地。他们极力劝阻五世达赖喇嘛，但五世达赖喇嘛决心已定。在劝阻无效的情况下，他们又提出要五世达赖喇嘛在尽早返藏的保证书上画押。为了征得三大寺僧众对进京一事的认可，五世达赖喇嘛最终还是画了押。

1651年八月二十九日，以喜饶喇嘛、噶居喇嘛、察罕达尔汉曲杰等为首的200多人的使团到达拉萨。他们宣读了圣旨，转交了金银、绸缎等大批赏赐物品，催请五世达赖喇嘛进京。顺治帝还特别赐给第巴索南热丹白银2万两，作为为祈祷五世达赖喇嘛旅途平安念诵《太平经》的布施。

进京日程确定后，为了了却朝礼山南各名寺圣地的心愿，从1651年九月至十二月，五世达赖喇嘛又在固始汗、第巴索南饶丹的陪同下，前往山南各地巡礼。

1652年新年过后，五世达赖喇嘛开始做行前的准备工作，从卫藏各地赶来为他送行的僧俗民众也络绎不绝。为这次内地之行，格鲁派政权为五世达赖喇嘛安排了铺张堂皇的随行队伍。为了使这种高规格的职司随行制度合理化，格鲁派政权还搬出了当年萨迦法王八思巴仿照蒙古的殿帐制度中关于封建领主有怯薛职司（侍从警卫）的制度，为自己建立的侍从官员系统，在随行队伍中安排了索本、森本、却本、知宾、司书、管家、厨师、引灶、管坐垫官、管车辆官、管牛只官、管马匹官和管犬官等十三种职司。除以上十三种侍从官员外，人众多达3000人的随行队伍中的绝大多数是武装保卫人员。这是为了确保五世达赖喇嘛的安全而采取的措施，也多少反映出格鲁派上层集团对五世达赖喇嘛朝觐一事的不安心情。

1652年三月十五日，按藏历的说法，这一天是太阳与轸宿相合之日，是个吉祥的日子，五世达赖喇嘛一行正式起程，开始了漫长的内地之行。包括三大寺僧众在内的浩浩荡荡的送行队伍一直送至距拉萨120多里的伦珠布总和屯才返回，但固始汗、拉嘉里、吉雪巴等格鲁派政权的一些关键人物仍继续送行。

三、进京线路及沿途各地的活动

三月二十三日，五世达赖喇嘛一行行至噶摩，在那里设帐住宿。四世班禅大师从后藏的札什伦布寺赶往这里，用6天的时间同五世达赖喇嘛就政教两方面的事进行了详谈。

四月初二日，五世达赖喇嘛一行行抵桑珠德庆。固始汗因水土不服患病，无法继续送行，只好返回拉萨。在这里，五世达赖喇嘛停留了20天，完成了1646年所写的《遍知一切索南嘉措传》的修改和校对工作。

四月二十一日，五世达赖喇嘛一行离开桑珠德庆，途经夹堪藏、羊拉、巴布隆（拉萨河上游）、克屯西里，于五月初一日行抵藏北重镇那曲。此后，又渐次经过了仲杂、夏克、噶嘉等一些地方。沿途各地都有大批藏族、蒙古族僧俗民众迎接，五世达赖喇嘛为他们摸顶赐福，并接受了马匹、骆驼、牛羊、茶叶等大量布施。在黑河渡口宿营时，五世达赖喇嘛亲自拟定了一份规范旅途衣食住行的规章。

行至藏北无人区后，自然环境的恶劣、旅途的艰辛，加上对汉地的情况不了解而产生的恐惧，使不少人萌发了为难和悲观的情绪，“外出的和在家的人彼此思念，大家满面愁容，更无言以对。

尤其是仲尼仲巴和达尔罕囊素等几位软心肠的人，更是眼泪横流，以披单蒙头而坐”。❶

经过近4个月的艰苦跋涉，在通过藏北无人区，翻越唐古拉山后，七月十一日，五世达赖喇嘛一行终于到达位于青海湖西边的切吉滩（在今青海省海南藏族自治州石乃亥乡境内）。在这里，同清朝政府派来迎接的以理藩院侍郎沙齐达喇昆坚会合。这次清朝政府派出的迎请队伍阵容庞大，规格也很高，除理藩院侍郎沙齐达喇昆坚外，还有户部理事官、礼部理事官、兵部理事官、工部理事官等20多名官员，足见清政府对此次五世达赖喇嘛进京觐见的重视。五世达赖喇嘛接受了顺治帝赏赐的袍服、珍珠、念珠、靴帽、雕金鞍辔、8匹黄骠马、马鞭等赏赐物。

顺治帝在邀请五世达赖喇嘛之初，并未确定觐见的地点。五世达赖喇嘛行至青海湖附近时，也才开始认真考虑觐见地点。五世达赖喇嘛首先担心的是内地的天花、热病等，也可能本来就没有到北京的打算，因此，八月初一日，五世达赖喇嘛向顺治帝奏表，首先提出将觐见地点改在蒙古地方的归化城（今内蒙古呼和浩特市）或岱噶（今内蒙古凉城县）。八月十一日，又经诺门罕向顺治帝奏表，提出了觐见的具体步骤：“奏请皇帝派遣使臣于藏边迎接达赖喇嘛，其后由诸王出迎，皇帝于岱噶相见为宜。”❷

在接到五世达赖喇嘛的奏表后，顺治帝一开始并未同意出边迎接。他在给五世达赖喇嘛的敕谕中说：“朕欲于边外迎迓，迩因西南用兵，羽书来往频繁，皆系军国重务，难以轻置，用是不克出边相见。俟寇靖无事，便可亲行。特遣亲王、大臣前往，此时只于边内近地相迎迓可乎。”❸表示不准备出边迎接。经过反复权衡后，顺

❶《五世达赖喇嘛传》，五世达赖喇嘛阿旺罗桑嘉措著，陈庆英、马连龙、马林译，中国藏学出版社1997年10月第1版，第295页。

❷❸《元以来西藏地方与中央政府关系档案史料汇编（2）》，中国藏学出版社1994年第1版，第229页。

治帝又改变初衷，于八月二十九日敕谕达赖喇嘛，同意到岱噶地方迎接："尔奏书言，因内地多疫疾，请于边外相见。朕准于边外代噶地方迎汝。"❶

顺治帝的这一决定基于以下三方面的考虑：一是在边外岱噶地方接见达赖喇嘛，可以同时让五世达赖喇嘛就近会晤蒙古各部首领，免去大批蒙古王公进京拜见五世达赖喇嘛带来的诸多不便；二是清朝政府多年征战，国库不充裕，加上当年又歉收，五世达赖喇嘛一行队伍庞大，3000人的花费也会给朝廷带来不小的负担；三是担心自己一再迎请，到头来又不去亲自迎接，恐达赖喇嘛产生其他想法，中途而返，这样，不但从皇太极时就已开始筹措的迎请之举前功尽弃，还有可能影响到喀尔喀等部的归附。

但顺治帝对自己的这一决定是否得当也没有十分的把握。于是，九月初三日，顺治帝临朝就此事听取众大臣们的意见。满族大臣们大都同意顺治帝的决定，认为："我等往请，喇嘛即来。上亲至边外迎之，令喇嘛住于边外。喇嘛欲入内地，可令少带随从入内；如欲在外，听喇嘛自便。上若亲往迎之，喀尔喀亦从之来归，大有裨益也。若请而不迎，恐于理未当。我以礼敬喇嘛，而不入喇嘛之教，又何妨乎？"❷但汉族大臣们却持不同意见，认为："皇上为国家天下之主，不当往迎喇嘛。喇嘛从者三千余人，又遇岁歉，不可令入内地。若以特请之故，可于诸王大臣中遣一人代迎。其喇嘛令住边外，遗之金银等物，亦所以敬喇嘛也。"❸既不同意顺治帝出迎边外，也不同意达赖喇嘛一行全体进京。由于意见不一致，顺治帝也一直举棋不定。九月二十九日，内阁大学士洪承畴、陈之遴又进一步进言，劝阻顺治帝出边迎接。他们以星相不好为由，以社稷之重极力劝说顺治帝："臣等阅钦天监奏云：昨太白星与日争光，流星入紫微宫。窃思日者人君之象，太白敢于争明；紫微宫者

❶❷❸《元以来西藏地方与中央政府关系档案史料汇编（2）》，中国藏学出版社1994年第1版，第229、230页。

人君之位，流星敢于突入。上天垂象，诚宜警惕！且今年南方苦旱，北方苦涝，岁饥寇警，处处入告，宗社重大，非圣躬远幸之时。虽百神呵护，六军扈从，自无他虞，然边外不如宫中为固，游幸不若静息为安。达赖喇嘛自远方来，遣一大臣迎接，已足见优待之意，亦可服蒙古之心，又何劳圣驾亲往为也。天道深远，固非臣等所能测度，但乘舆将驾，而星变适彰，此诚上苍仁爱陛下之意，不可不深思而省戒也。”❶顺治帝最终采纳了汉族大臣们的意见，决定派遣和硕承泽亲王和内大臣代迎。十月十三日，顺治帝又敕谕五世达赖喇嘛，婉转说明了改变原来的决定，不能亲自出边迎接的原因："前者朕降谕旨，欲亲往迎迓。近以盗贼间发，羽檄时闻，国家重务难以轻置，是以不能亲往，特遣和硕承泽亲王及内大臣代迎。当悉朕不能亲往之意。"❷

塔尔寺全景

八月十七日，五世达赖喇嘛一行从博罗充克克（即今青海省湟中县水峡）起程继续东进。对从水峡到塔尔寺沿途赏心悦目的自然景色，五世达赖喇嘛表示了由衷的赞叹："由此至西宁的沿途，大部分高山平川都绿草如茵，象用绿宝石装扮起来一样令人神往，城镇和村庄的布局，完全可与阿弥陀境相媲美。"❸可见当时这一带的自然环境还是相当好的。次日，五世达赖喇嘛一行在塔尔寺僧众的迎接下，到达黄教创始人宗喀巴的诞生地塔尔寺，驻锡在该寺西北角山腰上的"吉祥新宫"内。这座宫殿始建于1650年，是由蒙古额鲁特部首领才旺丹津出资兴建的。

❶❷《元以来西藏地方与中央政府关系档案史料汇编（2）》，中国藏学出版社1994年第1版，第231~232、232页。

❸《五世达赖喇嘛传》，五世达赖喇嘛阿旺罗桑嘉措著，陈庆英、马连龙、马林译，中国藏学出版社1997年10月第1版，第307页。

在塔尔寺期间，五世达赖喇嘛在三世达赖喇嘛索南嘉措曾经登台说法的台座上给汉族、藏族、土族、蒙古族等5 000多名信徒宣讲了宗喀巴的《菩提道次第广论》。关于这座台座的来历，史书上是这样记载的：1583年，三世达赖喇嘛索南嘉措行经青海前往土默特部参加俺答汗葬礼时，应青海湟中一带的申中囊素之请到塔尔寺地方，申中囊素为他修建了一座称为“森康贡玛”的寝宫供他住宿，并修建了一个土台座。三世达赖喇嘛按照格鲁派的惯例，于当年正月在塔尔寺召集了祈愿大法会，并登台说法。五世达赖喇嘛在这里给信徒们说法，表明是秉承了前辈达赖喇嘛的衣钵。

两天后，五世达赖喇嘛一行在朝廷驻西北重镇西宁的大臣的迎接下前往西宁。五世达赖喇嘛的到来，成了轰动一时的大事，“行至西宁城墙附近时，有无数人聚集在那里，但是有手持贴有官方告示的木牌和铁鞭的人在前面开道，所以这些人只能从远处观望，不能到我们近前来”。[1]从西宁开始，进京队伍的粮草改用木车运送。在西宁期间还发生了这样一件事，有个汉族百姓因偷了府库的400两银子而被官府铁镣加身投入牢房。这事被五世达赖喇嘛知道后，用300两银子和马匹等将他赎出。五世达赖喇嘛的慈悲之心给当地百姓留下了深刻的影响。

二十三日，五世达赖喇嘛一行起程继续沿湟水南岸东行。出小峡口，当天抵达平戎驿，在牧场安营。平戎驿，即今青海省平安县治平安驿。对平戎驿，五世达赖喇嘛似乎有一定的了解，他特意提到了距此不远有供奉喇勤·贡巴饶赛的殿堂。这里指位于今青海省化隆县境内的丹斗寺。该寺为藏传佛教“后弘期”的发祥地，在藏传佛教史上占有重要位置。

二十四日离开平戎驿，卓仓囊素的僧人和当地的汉、藏族百姓手持经幡、伞盖、幢，吹奏着小钹、唢呐等乐器夹道欢迎。五世达赖喇嘛一行经大峡（在今乐都县境内）由吊桥过湟水抵达碾伯城。

[1]《五世达赖喇嘛传》，五世达赖喇嘛阿旺罗桑嘉措著，陈庆英、马连龙、马林译，中国藏学出版社1997年10月第1版，第308页。

据《秦边纪略》记载："碾伯城或作碾北，南凉之乐都县也。明洪武十一年（1378年），置碾伯卫指挥使司、仓、学、所、驿。"❶即今青海省乐都县碾伯镇。在碾伯镇，当地的官员以茶、冰糖、水果、肉、酥油等盛情款待五世达赖喇嘛。瞿坛寺、佑宁寺的僧人们奉献了茶叶、绸缎、马匹等物。五世达赖喇嘛回忆说那里的百姓虔诚得近乎固执，所以为他们念诵了六字真言并做了加持法事。由此我们可以推断，当时这里的很多汉族百姓也信奉藏传佛教。

二十五日，五世达赖喇嘛一行"经过有座长桥的碾伯城外的集市大道后"❷抵达老鸦城。据《秦边纪略》记载："老鸦城，庄浪之驿递也，汉土之所杂居。东接上川口，北连卓子山，西抵瞿坛寺，南临河而北负山，……"❸即今乐都县老鸦村。

二十六日从老鸦城起程，转向东北，"通过又长又深的隘口"，❹在冰沟用午餐。冰沟，地在乐都县老鸦村东北20公里处，清代为冰沟堡。当天到达距离西大通堡一里处的大通河西岸，未渡河。西大通堡，即今甘肃省永登县河桥驿。二十七日渡过大通河。

二十七日行至庄浪城附近，道路两旁有许多手持小旗的百姓夹道欢迎，还有手持各种乐器的汉族百姓骑马作前导。庄浪城的官员在城外扎下一顶白色的大帐篷设灶郊迎。当地的官员还送来许多鸡、猪等，五世达赖喇嘛将这些家禽家畜统统放生。庄浪城，即今永登县治。元代置庄浪县，明代改为庄浪卫，清代改置平番县，1929年改永登县。该城地处长城要冲，为当时的军事要地。

二十八日行抵"平定城"（第hgngtingchang)。音译似为"平定城"，但清代庄浪东北、松山堡西南之间并无此城。查六世班禅洛桑贝丹意希于1780年进京时也由庄浪过"平城堡"趋松山堡。故此"平定城"就是平城堡。其地即今永登东北的平城。

---

❶❸《秦边纪略》，梁份著，赵盛世、王子贞、陈希夷校注，青海人民出版社1987年出版，第62、61页。

❷❹《五世达赖喇嘛传》，五世达赖喇嘛阿旺罗桑嘉措著，陈庆英、马连龙、马林译，中国藏学出版社1997年10月第1版，第309页。

五世达赖喇嘛一行在平城堡歇宿数天后，转向东北直趋地近边城的三眼井堡。据《秦边纪略》记载：“三眼井堡，地极空旷，堡近新边。其东永宁堡，……其南由狼沟口而至沙井堡，路极崎岖，盖趋兰州之大道也。”[1]即今宁夏回族自治区的三眼井乡。五世达赖喇嘛记述说这是一座城墙环绕的大城镇,可见当时三眼井堡相当繁华。

九月初三日，五世达赖喇嘛一行经景泰城，次日越长城出关。景泰城，在今甘肃省天祝藏族自治县松山乡以东约40公里处。当天，顺治帝派遣来向五世达赖喇嘛赍送敕谕及珍珠、念珠等赏赐品的钦差诺木齐喇嘛等也到达景泰城。

初六日，到达长流水，即今宁夏回族自治区中卫县西85公里处的长流水。五世达赖喇嘛一行自芦塘营起程，因沿途没有水源，所以兼程70公里，于当天行抵这里，歇宿4天，准备了给顺治帝的奏表、贡礼等，由钦差诺木齐喇嘛送往京城。

初十日，五世达赖喇嘛改乘轿子，在清朝驻中卫的都统、总兵等官员的迎接下，于当天来到中卫。中卫，即今宁夏回族自治区中卫县。当地的官员按照汉族的风俗为五世达赖喇嘛一行举行了接风宴会。

十三日，五世达赖喇嘛一行穿越了德日苏库多城后来到镇虏堡。德日苏库多城，疑为柔远堡，即今中卫县柔远乡。五世达赖喇嘛一行自中卫沿黄河继续北上，顺砖墙和林荫的夹道穿过了德日苏库多城后来到镇虏堡。清代从中卫到镇虏

石空寺

[1]《秦边纪略》，梁份著，赵盛世、王子贞、陈希夷校注，青海人民出版社1987年出版，第101页。

堡之间除柔远堡外别无他称，所以“德日苏库多城”可能是蒙古人对柔远堡的称谓。镇虏堡，即今中卫县镇虏乡。

此后，五世达赖喇嘛一行经过石空寺堡。五世达赖喇嘛回忆说当地有座石空寺，据称此寺是一个人在十一天内建起来的。佛殿为汉式屋顶，供有释迦牟尼自来像。悬崖间的石窟里零零星星分布着三世佛殿等建筑，但只能在远处瞻礼而不能进去朝拜。

五世达赖喇嘛一行经过张义堡、枣园堡，于十八日抵达广武城附近宿营。广武，即今宁夏青铜峡市广武乡。五世达赖喇嘛提到在黄河对面极目可见处，有往昔释迦牟尼曾经预言过的牛角悬记寺，据说寺中的观音菩萨塔可以散发出香味。这就是《秦边纪略》中记载的牛首寺。据该书记载：“(青铜) 硖东北至宁夏(卫)一百四十里。山名金积山,上有牛首寺,下有深林茂木。”❶

此后，五世达赖喇嘛一行经宁夏城。他回忆说宁夏城的城墙非常雄伟，内有白塔琉璃瓦顶的报恩寺，“我们所见到的汉地城镇，在砖城墙上建有角楼和门楼，将木料神奇地砌成美妙的汉式屋顶，所经过的城内的路口，一般都聚集着很多人，一些人手捧薰香，香烟缭绕，也有看热闹和磕头的，另有姿态各异的人，手拿鲜花、食物等坐在桌子上”。❷

黄河宁夏段

❶《秦边纪略》，梁份著，赵盛世、王子贞、陈希夷校注，青海人民出版社1987年出版，第301页。

❷《五世达赖喇嘛传》，五世达赖喇嘛阿旺罗桑嘉措著，陈庆英、马连龙、马林译，中国藏学出版社1997年10月第1版，第312页。

九月二十一日到达了黄河口岸。《自传》记述说："(黄)河水三倍于雅鲁藏布江，似乎要融入蓝天,泛着赤红的色泽。"[1]声势浩大的东行队伍在这里分批乘坐数只非常大的汉式双层船渡过黄河。

渡过黄河后，五世达赖喇嘛一行即来到蒙古鄂尔多斯部所属的善丹境内。善丹，泛指鄂尔多斯右翼中旗即札萨克贝勒善丹一旗地方，也称鄂托克旗。鄂尔多斯部牧地约为今内蒙古自治区伊克昭盟全境。1462年（明天顺六年），蒙古首领毛里孩等部始入其地。嘉靖中，达延汗之孙衮弼哩克图墨尔根济农据之，号鄂尔多斯。其后裔服属于察哈尔林丹汗，1634年（明崇祯七年）林丹汗失败后附清。所属被编为6旗，会盟于伊克昭。五世达赖喇嘛在此居留多日，接受了以善丹贝勒为首的鄂尔多斯右翼中旗僧俗部众的大量布施，并为他们讲经传法。善丹贝勒指鄂尔多斯部郡王的儿子善丹。1650年（顺治七年）封为扎萨克多罗贝勒，诏世袭罔替。1663年（康熙二年）卒。

顺治帝派遣的使臣拉玛、衮布等人赶到善丹地方，向五世达赖喇嘛递交了敕谕，这份敕谕的内容不见于史料，但从时间和达赖喇嘛回复的奏书内容推测，当是顺治帝听取了满汉大臣就圣驾是否亲自前往边地岱噶迎接达赖喇嘛的议奏后，仍然坚持了亲自出迎的决定，并在这份敕谕中再次通知了达赖喇嘛。五世达赖喇嘛接到敕谕后于九月二十七日在善丹地方回复说："闻上欲于代噶地方相见，不胜欢忭，自当兼程前往。更有密语，去使面奏。"[2]

十月初一日，五世达赖喇嘛一行行抵布拉格，即今内蒙古伊克昭盟鄂托克前旗的布拉格苏木。

此后，渐次行经鄂尔多斯部鄂托克旗的一些地方，五世达赖喇嘛描述沿途的景色说："从此地到黄河渡口的沿途，间杂着沙漠和

---

[1]《五世达赖喇嘛传》，五世达赖喇嘛阿旺罗桑嘉措著，陈庆英、马连龙、马林译，中国藏学出版社1997年10月第1版，第312页。

[2]《元以来西藏地方与中央政府关系档案史料汇编（2）》，中国藏学出版社1994年第1版，第231页。

各种芦草，大部分水泊都很宽阔，许多都是咸水。”[1]沿途接受了鄂尔多斯部额遴臣郡王等人的大量布施。十月十六日，抵达与黄河东岸的清代官津湖滩和朔相对的黄河西岸宿营，准备渡河。在这里，五世达赖喇嘛收到了顺治帝有关不能亲往边外迎接，已派和硕承泽亲王前往岱噶迎接的敕谕。

十八日开始渡河，但一只船刚刚渡到河对岸，就刮起了大风，漫天的风沙使离得很近的人都彼此看不见，大部分人不得不停止渡河，撤至博托格鄂勒苏安营。接下来的几天里，这里的气候一直没有好转，风急雪大，非常寒冷。二十二日这天，大风竟然撕破了五世达赖喇嘛所住帐幕的门帘。他认为这是极其不祥的征兆，于是进行了抛洒除祟朵玛的法事，第二天起，风势就转小了。至二十三日，全部人马才渡过黄河。

渡过黄河后，五世达赖喇嘛一行即进入蒙古土默特部的地界。土默特部境内人烟稠密，五世达赖喇嘛描述说：“一路上有无数骑着马、骆驼和牛的人前来献礼绕拜，似乎没有尽头，喧声震耳，而且我每天要给三千来人摩顶、撒花。他们的谒见哈达堆得满满的像是下了一场雪一般。”[2]

十一月初二日，五世达赖喇嘛一行在途中与前来迎接的和硕承泽亲王会合。“迎接的人们按照律例举着各种兵器和法器，吹打着各种乐器，走在前面的克辛格亲王（即和硕承泽亲王）由两名千乘骑者簇拥着，左右的人们擎着伞盖、飞幡、羽扇，场面有如帝释天的殿堂，整齐有序地来临”。[3]双方执过见面礼后，和硕承泽亲王向五世达赖喇嘛递交了皇帝的敕谕和饰有珍珠的祖衣等各种赏赐物，亲王本人也给达赖喇嘛敬献了礼品。

十六日，3 000多人的觐见队伍终于到达约定的会面地点岱噶。岱噶，也称岱海，清代称为岱哈泊。地在今内蒙古乌兰察布盟凉城县东北。清朝政府在这里为五世达赖喇嘛修建了规模宏大的汉式寝

[1][2][3]《五世达赖喇嘛传》，五世达赖喇嘛阿旺罗桑嘉措著，陈庆英、马连龙、马林译，中国藏学出版社1997年10月第1版，第313、317页。

宫。在这里，五世达赖喇嘛在给蒙、满、汉各族信徒讲经说法的同时，进一步同和硕承泽亲王商议同顺治帝见面的时间、地点等。此时顺治帝已确定在京郊的南苑会见五世达赖喇嘛，他要求达赖喇嘛轻装简行，将大部分随行人员留在岱噶，只带300人随行，速往京城。遵照顺治帝的旨意，五世达赖喇嘛于十一月二十七日从岱噶起程前往京城。

此后，五世达赖喇嘛一行在清朝官员的迎送下依次经过了呼和乌素（即今内蒙古乌兰察布盟察右前旗的呼和乌素乡）、张家口、巴颜苏木（即今河北省宣化市）、怀来（即今张家口地区怀来县所在地沙城镇东南约18公里处的三营一带，为清代怀来县治所在）、昌平州（即今北京市昌平县所在地昌平镇）、沙河城（即今北京市昌平县东南约12公里处的沙河乡），约在十二月十二日抵达清河（即今北京市海淀区）。清朝政府派出的辅政亲王济尔哈朗带领3 000人的仪仗队伍在此迎候。清太宗皇太极去世时由多尔衮和济尔哈朗担任辅政亲王，辅助幼年的顺治皇帝。次日，亲王举行了盛大的宴会宴请五世达赖喇嘛。有趣的是，五世达赖喇嘛在《自传》中提到印度外道星术士汤若望曾预言他们将在十二日这天到达清河，他们果然不出所料。这使辅政亲王惊奇不已。汤若望是德国人，明代天启年间到中国传播天主教，学习中国的语言文字，精通自然科学和天文历法。顺治时担任钦天监监正。顺治帝赐号“通元教师”。五世达赖喇嘛说他是印度外道星术士，是对欧洲传教士不了解，将其归属于印度外道一类的人物。

位于内蒙古凉城的岱海

四、觐见顺治皇帝及在京城的活动

十二月十四日，五世达赖喇嘛一行抵达京城，在“禅林”地方驻锡两天。此“禅林”疑即东黄寺，因东黄寺最初名为“普净禅林”，藏语“Chen Lovu”即为“禅林”的音译。1651年五世达赖喇嘛来朝之前才改名为东黄寺。地在今北京市德胜门外黄寺大街中段，与西黄寺一墙之隔。

1653年元月十五日（顺治九年腊月十六日），顺治帝以“田猎”为名，与五世达赖喇嘛“不期然”相会于南苑。将这历史性的一刻这样“随意”安排，主要是为了避免觐见时礼仪上的周折。明末清初南苑周围近160里，整个面积相当于三个旧北京城。据考证，顺治帝会见五世达赖喇嘛的具体地点当在南苑内旧衙门行宫。[1]五世达赖喇嘛在他的《自传》中详细记述了觐见顺治帝时的情形：“十六日，我们起程前往皇帝驾前。进入城墙后渐次行进，至隐约可见皇帝的临幸地时，众人下马。但见七政宝作前导，皇帝威严胜过转世王，福德能比阿弥陀。从这里又前往至相距四箭之地后，我下马步行，皇帝由御座起身相迎十步，握住我的手通过通事问安。之后，皇帝在齐腰高的御座上落座，令我在距他仅一庹远，稍低于御座的座位上落座。赐茶时，谕令我先饮，我奏称不敢造次，遂同饮。如此，礼遇甚厚。我进呈了以珊瑚、琥珀、青金石念珠数串、氆氇、蔗糖、唵叭香料数包以及马匹、羔皮各千件等为主的贡礼。皇帝询问了

五世达赖献给顺治皇帝的镀金曼札

[1]黄颢《五世达赖喇嘛、六世班禅与南苑旧宫、德寿寺关系考略》，载《西藏研究》1985年第3期。

顺治皇帝接见五世达赖喇嘛

卫藏的情况，我们高兴交谈。正如经论中所说，即使是一小粒金刚石，犹能冠绝普通宝石。王者虽年少，亦当威服年老臣子，其区别，有如菩提萨埵和声闻独觉。这位皇帝看起来只有十七岁，虽然显得很年轻，但在无数语言各异的人中间，毫不畏缩，像无謦的狮

子从容纵横。”❶

在接见五世达赖喇嘛时，顺治皇帝所用的礼仪规格是相当高的，如由御座起身相迎十步，免去叩首之礼而以握手问安代替，在御座旁设座，让五世达赖喇嘛先饮茶等。这在整个清朝的历史上是绝无仅有的。中国是数千年的封建文明古国，最为注重封建礼仪。清朝自开国以来，对统辖于中央政府之下的边疆各少数民族制定了一整套统治、管理办法，编纂成册，以兹遵循。其中有关对各少数民族首领的分封、朝觐、供输、宴赉等方面的事例、仪制更是不胜其详。但是在清代，作为西藏地方政府最高政教领袖，五世达赖喇嘛是来京觐见的第一人，当时有关达赖喇嘛朝觐的各项仪制并未编纂成文，使当时的清政府无例可循。另外，五世达赖喇嘛来朝，是在清朝政府定鼎中原之初，清政府急欲藉达赖喇嘛在蒙古各部中的声望和威信，达到将蒙古各部“政治上分而治之，宗教上合而统之”的目的，因此在接待礼仪上给予了最大限度的优待。

在顺治帝设盛宴款待后，五世达赖喇嘛仍回东黄寺歇息。十七日，五世达赖喇嘛移居顺治帝专门为达赖喇嘛觐见而建的西黄寺。西黄寺始建于1652年（顺治九年），是在辽金建筑的基址上修建的。据《御制重修黄寺碑文》载：“（达赖喇嘛）至顺治九年来朝特颁册印，综理黄教并肇建斯寺，俾为驻锡之所。”❷当时的建筑规模非常可观，为两层藏式长方形楼房，歇山式屋顶，全部为楠木结构，共81间，上下两层，四周均有回廊，飞檐翘角，结构精巧。关于西黄寺的来历和规模，五世达赖喇嘛在《自传》中也记述说：“在距转轮圣王大都治下语言各异、具有二利的禁城北京有两俱卢舍之遥的地方，皇帝用九万两白银作顺缘，专门建起称为‘黄房’的精舍作为我的行宫，它有如天神的林苑，围墙环绕着房舍，正中的内室和外室之间没有间隙，色彩上，用了大量金箔，光彩夺目。”❸后来，

❶❸《五世达赖喇嘛传》，五世达赖喇嘛阿旺罗桑嘉措著，陈庆英、马连龙、马林译，中国藏学出版社1997年10月第1版，第328~329、329页。

❷《日下旧闻考》，（清）于敏中等编纂，北京古籍出版社出版，第178页。

西黄寺

六世班禅和十三世达赖喇嘛来京时也驻锡在这里。

二十五日，顺治皇帝派人来西黄寺，给五世达赖喇嘛颁赏了银曼札、金托盘、净瓶、香炉、法号以及幡、华盖、宝幢等。五世达赖喇嘛把这些赏赐物理解为清朝政府为了使自己符合一个帝师的身份而特意颁赏的。

1653年正月初一，五世达赖喇嘛在西黄寺举行了供奉三界之主的经忏法事，并排座设宴，规模排场都和在西藏时一样。初三日，五世达赖喇嘛宴请了在京的各王公、贝勒、贝子、大臣等。

1653年正月十一日，顺治帝在紫禁城太和殿设盛宴宴请五世达赖喇嘛等人。五世达赖喇嘛详细描写了紫禁城的规模和宴请的经过："大都的城墙由白、黄、红三层围绕，外墙的东、南、西、北四方的长度约为一尖路程（早上起步行至打尖时所走的路程），周匝非常宽阔，城内宅舍鳞集。在内城的大门外，人们擎着七政宝和兵器、旌旗、华盖、飞幡等各种仪仗，吹奏着许多悦耳的乐器，威严而称意。随后，我们前往象毗沙门宝殿一样的大殿，进入设有宝座的殿堂时，虽然大臣、随侍之类的人全都云集在此，但皇帝尚未驾临，故请我在一个两肘宽的坐榻上落座。少顷，音乐齐奏，与此同时，皇帝从后门驾临。他的金座有一人多高，非常宽大，其上又有小的宝座和案子。我侧身从坐榻上起身，皇帝令鄂罕阿玛请我入座，同时谕令我落座，坐榻的左右，各有一位大臣。随后，噶巴喇阿玛近前翻译圣谕，按昨天的规矩捧杯饮茶。接着，举行了盛大的宴会，每张桌子上都叠放着五十张盘子，皇帝用的是金盘，余者都用银盘。皇帝还赏赐了第穆活佛、白居寺堪布、宰桑第巴、墨尔根噶居巴、车臣温布、我的索本、森本、却本、翁则、香灯师等十五位显贵。”❶

顺治皇帝画像

此后，五世达赖喇嘛在京的活动主要集中在接受王公大臣们的朝拜、宴请，接受他们的大量布施，并为他们讲经说法。从《自传》的记载来看，从正月十八日到二月十二日，在京的各亲王、郡王为五世达赖喇嘛设宴达7次，每次的规模都很宏大，达80桌之多。参加宴请的王公贵族们都倾听了五世达赖喇嘛的讲经说法，许多人还请他写了祈愿文，接受了所传授的各种随许法。可见随着五世达赖喇嘛的来朝，藏传佛教格鲁派的教法已日益为满族统治者所了解，信奉藏传佛教格鲁派、尊崇五世达赖喇嘛已成为满族统治者上层的一种时尚。五世达赖喇嘛作为联系的纽带，已将藏传佛教格鲁派与满族统治者紧紧地联系在一起。

五世达赖喇嘛为蒙古王公灌顶图

五世达赖喇嘛在北京期间，许多蒙古的王公贵族和活佛高僧们都闻风而动，纷纷来京拜见他，奉献了大批的金银、绸缎、马匹等，对五世达赖喇嘛表现得极为崇敬。正月二十三日，蒙古呼和浩特活佛内济托因也赶来拜见五世达赖喇嘛，向他奉献了1 000两白银，同时给行营

❶《五世达赖喇嘛传》，五世达赖喇嘛阿旺罗桑嘉措著，陈庆英、马连龙、马林译，中国藏学出版社1997年10月第1版，第330~331页。

的随行人员布施了1 000两白银。

内济托因是当时蒙古地区最有名望的活佛之一。他是蒙古额鲁特部土尔扈特部落首领阿尤喜王的堂弟，生于1557年。他幼年时就性情善良，对部落百姓慈悲爱护。传说有一次他和许多朋友去围猎，射中了一匹怀着马驹的野马，马驹产下，母马垂死时仍挣扎着用舌头去舔马驹。他见此情形，生起厌离之心，产生了出家的念头。他请求父亲允许他出家，父亲不答应，要他立即娶妻。他迫不得已娶了妻子，并生了一个儿子。后来他对妻儿等也产生了厌离之心，时刻打算出家，被父亲发觉后派了许多人监视守护他。有一天，他正在阅读佛经时突然刮起狂风将书吹走，他追赶书页，跑了很远，守护的人没有发现，他因此得到逃脱的机会，向西藏方向跑去。在西藏，他在札什伦布寺四世班禅罗桑曲结前受戒出家，学习显密经论。后来，他遵照四世班禅的指示，前往蒙古地方，在呼和浩特附近的山里修习各种苦行达35年，成为一名精通显密经典的大学者。学成后，他率领30名侍从比丘前去盛京朝见皇太极，皇太极请他留下作供养上师，他没有答应。此后的数十年间，他游历了蒙古的许多地方，广泛传播藏传佛教，蒙古各部的人都非常信奉他。他的传教事业繁荣异常，信徒们都把他当作宗喀巴大师的转世。

内济托因在宗教上的非凡成就引起了一些人的嫉妒，其中就有一个叫强林的诺门罕对他很不服气，百般攻击诋毁。内济托因也针锋相对，“他们如同乌鸦和猫头鹰一样互不相容，使得施主们也偏袒各自一方”。[1]在北京期间，争论双方还多次向顺治皇帝告状，都想得到顺治皇帝的支持。顺治皇帝对此也无可奈何，只好特别传谕五世达赖喇嘛，请他解决纠纷。他仔细听取了双方的理由，并做出了自己的判断：“看来那位内济托因确实是怀有利益众生和至尊宗喀巴大师之教法的纯洁心愿。但是他寡见少闻，缺乏具备资格的高

[1]《五世达赖喇嘛传》，五世达赖喇嘛阿旺罗桑嘉措著，陈庆英、马连龙、马林译，中国藏学出版社1997年10月第1版，第333页。

僧指导，从这方面说，诺们罕所说的基本正确，但他不全是为了佛教众生的事业而发议论，而是不能忍受对方的权势，一心想把那位蒙古老僧投进皇帝的监牢里去。”[1]据此，五世达赖喇嘛做出了双方都能接受的裁定，将他们的争执止息于宗教方面。这样的裁定很符合顺治皇帝的心愿，由此他对五世达赖喇嘛更加崇敬。

还在五世达赖喇嘛离开西藏之前，格鲁派统治集团惟恐顺治帝将五世达赖喇嘛长期留在北京，因此对五世达赖喇嘛在京的停留时间作了部署，原则上确定等五世达赖喇嘛觐见过顺治帝后就立即返藏。所以，五世达赖喇嘛到达北京后不久的十二月二十四日，固始汗的遣使就到京请求顺治帝准许五世达赖喇嘛返藏。在正式觐见后不久，五世达赖喇嘛即以“此地水土不宜，身既病，从人亦病”[2]为由，向顺治帝提出返藏的请求。顺治帝就此事要众大臣提出奏议。大臣们的意见分为两类，一是认为迎请五世达赖喇嘛的主要目的尚未达到，即还没有就西藏目前的局势、治藏的方略，以及如何使喀尔喀、额鲁特等蒙古诸部归顺等问题征询五世达赖喇嘛的意见，恐达赖喇嘛对此不满，因此主张让达赖喇嘛继续留京；一是认为当年满清征服蒙古各部，成就大业，并没有喇嘛的参与，如果征求了意见又不采纳，反而会招致五世达赖喇嘛的不满，因此主张给达赖喇嘛加封名号、册印后即可让其返藏。顺治帝斟酌再三，最后提出了一个折中的方案，即达赖喇嘛既然已万里迢迢来到北京，还是留驻一段时间，待春天气候转暖时，召蒙古各部拜见后再返藏。顺治帝还对五世达赖喇嘛婉言相劝，说水土不服确实是实情，但我们满族初入关时也因为水土不服而经常生病，不过时间长了就好了。劝五世达赖喇嘛多留一段时间。但一方面五世达赖喇嘛确实因水土不服而身体不适，急于出边，

---

[1]《五世达赖喇嘛传》，五世达赖喇嘛阿旺罗桑嘉措著，陈庆英、马连龙、马林译，中国藏学出版社1997年10月第1版，第333~334页。

[2]《元以来西藏地方与中央政府关系档案史料汇编（2）》，中国藏学出版社1994年第1版，第235页。

顺治皇帝赐给五世达赖喇嘛的镜子

另一方面觐见后即返是既定方针，不能违背，况且还有同格鲁派上层签定的“早日返藏”的协议的约束,因此,五世达赖喇嘛谢绝了顺治帝的挽留,毅然决定返藏。

临行前，顺治帝在太和殿设宴为五世达赖喇嘛送行，并赐给鞍马、金银、珠宝、缎匹等物，仍命以和硕承泽亲王为首的官员率领八旗官兵送至岱噶,又命和硕郑亲王、礼部尚书等在清河设宴饯行。

1653年二月二十二日，五世达赖喇嘛一行从黄寺起程返藏。

五、返回西藏及接受清朝政府的册封

直到1653年二月二十二日五世达赖喇嘛离开北京，清朝政府都没有对他进行正式册封，其中的原因不见任何记载。五世达赖喇嘛一行于1653年三月初十日行抵岱噶后，在此驻留了50天。期间，五世达赖喇嘛曾奏报顺治帝，请求允准早日从岱噶起程返藏。他在奏表中说：“那日于彼地心肝不适患病，虽经改变水土稍愈，但仍为水土不服之病。我若迟走，今冬不离开青海，便如前奏所言，恐西藏待办之事务积压过多。且青海至西藏间，冬季冰雪严寒，很难行走，人畜受罪，返藏时间更会迟延。为于十一月以前过雪山，拟于四月末起程。伏祈将发至青海之用物提前赏赐,并祈赐谕。特奏。”❶看来顺治帝已同五世达赖喇嘛事先约定要在岱噶等待朝廷发来的粮

❶《元以来西藏地方与中央政府关系档案史料汇编（2)》，中国藏学出版社1994年第1版，第236页。

饷，可能也包括在这里接受朝廷的封赐。

1653年闰五月间，清朝政府终于拟好了给五世达赖喇嘛的封号，并派遣以礼部尚书觉罗郎丘和理藩院侍郎席达礼为首的官员携带金册、金印赶往岱噶，正式册封五世达赖喇嘛为“西天大善自在佛所领天下释教普通瓦赤喇怛喇达赖喇嘛”。

五世达赖喇嘛在其《自传》中详细描述了皇帝颁发的金册和金印，“皇帝颁发了印文为‘西天大善自在佛所领天下释教普通瓦赤喇怛喇达赖喇嘛’的汉、蒙古、藏三种文字合璧的金印和金册，金册有最厚的书页厚，而且很均匀，宽度为四指，一卡（姆指尖至中指尖伸开的长度）长，有十五页，神奇地连接在一起，可以折叠。还有用上述三种文字书写的让我管领西方众生的敕书及赏赐物品等。金印、金册在盛大的宴会上颁赏。由于金印上的藏文印文为蒙古译师所译，故译文较拙，上述文字则是由一位善巧翻译的汉人译师译出”。❶

顺治皇帝颁发给五世达赖喇嘛的金印

这里需要补充一

❶《五世达赖喇嘛传》，五世达赖喇嘛阿旺罗桑嘉措著，陈庆英、马连龙、马林译，中国藏学出版社1997年10月第1版，第343页。

点，当初清朝政府赐给五世达赖喇嘛的金印和金册是用汉、藏、满三种文字写成的，《清实录》中明确记载“文用满、汉及图白忒国字（藏文）”。[1]五世达赖喇嘛所以说是“汉、蒙古、藏三种文字合璧”，可能是误将满文认做了蒙古文。康熙时赐给七世达赖喇嘛的金印仍用汉、藏、满三种文字，直至雍正元年才议准增加蒙古文，并对藏文印文也做了重新翻译，成为今日常见的四体文达赖喇嘛印。

清朝政府给五世达赖喇嘛的封号是经过反复斟酌后确定下来的，它集中反映了清政府利用藏传佛教来笼络，进而统治蒙、藏各部的既定方针。封号“西天大善自在佛所领天下释教普通瓦赤喇怛喇达赖喇嘛”，基本沿用了明朝对噶玛噶举派黑帽系五世得银协巴所封封号“万行具足十方最胜圆觉妙智慧善普应佑国演教如来大宝法王西天大善自在佛领天下释教”的后一部分，所不同的是增加了一个“所”字。正是这一“所”字，对达赖喇嘛这个藏传佛教教主的权力和管辖范围作了巧妙的限定。明朝封得银协巴“领天下释教”，可以理解为“掌管全中国的释教”，但清朝政府在“领天下释教”之前加了一个“所”字，这个字在藏文中对应的是“rgyachenkhyon”，可译为“在一个很大的范围内”，说明清朝政府只承认由达赖喇嘛管辖一定范围内的佛教事务，而不是全国的佛教事务。实际上就是指所有信奉藏传佛教的地方。五世达赖喇嘛对此也心领神会，他将顺治颁给他的金册称为“让我管领西方众生的敕书”，他理解的“西方众生”，也就是西藏、蒙古等地区信奉藏传佛教的人们。封号中的“普通”意思是“普遍通晓”，这是藏传佛教对在显宗方面取得最高成就的僧人的称谓。“瓦赤喇怛喇”意为“执金刚”，这是藏传佛教对在密宗方面取得最高成就的僧人的称谓。

正如自元代以来西藏各僧俗首领人物都十分重视朝廷封赐给他们的印信、册文、名号，把它们看作权力的象征一样，在接受了顺

[1]《清实录—世宗实录》顺治十年四月丁巳条。载《清实录藏族实录（一）》，西藏人民出版社1982年9月第1版，第25页。

治皇帝的封赐后，五世达赖喇嘛当即“为具吉祥欲界大自在写了诗体吉祥偈颂，启用了此印，作了荐新”。❶兴奋之情溢于言表，后又于五月二十五日上表奏谢：“窃蒙圣上赐金册、金印、尊贵之封号之鸿恩，实不胜欢忭。”表示以后要“宜当弘扬释教，逸乐众生，礼治部众，善为调用，以良策辅佐帝业”。❷这说明他十分珍视清朝政府对他的封赐。日后在他执掌格鲁派政权的日子里，凡遇颁发重要的命令、文告时，都要使用这一封号，钤用这方金印。如他在1682年临终前留给第司桑结嘉措的遗嘱上，除钤用了这方金印，加盖了双手掌印外，还郑重地写上“皇帝敕封西天大善自在佛所领天下释教普通瓦赤喇怛喇达赖喇嘛之教语”这样的文字，以说明他的封号是皇帝赐予的。

清朝政府给五世达赖喇嘛的金册册文为：

“朕闻兼善独善，开宗之义不同；世出世间，设教之道亦异。然而明心见性，淑世觉民，其归于一也。兹尔罗卜藏札木素达赖喇嘛，襟怀贞朗，德量渊泓，定慧偕修，色空俱泯，用能宣扬释教，诲导愚蒙，因而化被西方，名驰东土。我皇考太宗文皇帝闻而欣尚，特遣使迎聘。尔早识天心，许以辰年来见。朕荷皇天眷命，抚有天下，果如期应聘而至，仪范可亲，语默有度，臻般若圆通之境，扩慈悲于摄受之门。诚觉路梯航，禅林山斗，朕甚嘉焉。兹以金册印封尔为西天大善自在佛所领天下释教普通瓦赤喇怛喇达赖喇嘛。应劫现身，兴隆佛化，随机说法，利济众生，不亦庥哉！”❸

清朝政府对五世达赖喇嘛的册封具有十分重要的历史意义。首先，通过册封，确定了双方的关系。作为封建王朝的最高统治者的顺治皇帝，通过册封，确立并巩固了对广大信奉藏传佛教的少数民

❶《五世达赖喇嘛传》，五世达赖喇嘛阿旺罗桑嘉措著，陈庆英、马连龙、马林译，中国藏学出版社1997年10月第1版，第343页。

❷❸《元以来西藏地方与中央政府关系档案史料汇编（2）》，中国藏学出版社1994年第1版，第236、234页。

顺治皇帝颁发给
五世达赖喇嘛的金册

族地区最高统治权；作为已居于藏传佛教教主地位的五世达赖喇嘛，则通过接受册封，表示了对中央王朝的认可和归附。其次，尽管达赖喇嘛世系还在三世达赖喇嘛时就获得了“圣识一切瓦齐尔达喇达赖喇嘛”的名号，但那仅是一个蒙古汗王所赠之号，只代表一个蒙古部落对达赖喇嘛的认可，而顺治代表的却是一个国家。第三，清朝政府通过对五世达赖喇嘛的正式册封，确立了其宗教领袖地位，使格鲁派的统治地位的权力大大加强，达赖喇嘛在蒙藏地区也更有号召力。因此可以说，清朝政府对达赖喇嘛的正式册封，开创了格鲁派政教合一地方政权的新纪元。

在给五世达赖喇嘛颁发金印、金册的同时，清政府还派内大臣囊努克、修世岱二人随五世达赖喇嘛一行携金印、金册入藏，正式册封固始汗。清朝给固始汗的封号为“遵行文义敏惠顾实汗”。金册的册文为：

“帝王经纶大业，务安劝庶邦，使德教加于四海。庶邦君长能度势审时，归诚向化，朝廷必加旌异，以示怀柔。尔厄鲁特部落顾实汗，尊德乐善，秉义行仁，惠泽克敷，被于一境，殚乃精诚，倾心恭顺，朕甚嘉焉。兹以金册印封为遵行文义敏慧顾实汗。尔尚益矢忠诚，广宣声教，作朕屏辅，辑乃封圻。如此则带砺山河，永膺嘉址。钦此。”❶

清朝政府之所以在册封五世达赖喇嘛的同时对固始汗也进行了正式册封，而且是首次对一个蒙古族首领赐予汗王的封号，这是从对藏行使统治权的大局和长远利益出发的。在当时，清朝政府还没有顾得上直接统治西藏，包括西藏地方在内的全国藏区的实际权力，尤其是世俗的政治权力仍掌握在这位和硕特部汗王的手中。通

❶《元以来西藏地方与中央政府关系档案史料汇编（2）》，中国藏学出版社1994年第1版，第235页。

过册封承认固始汗“庶邦君长”的地位，实际上是间接地将固始汗统治下的广大藏族地区纳入了清朝政府的统治之下，而固始汗不过是清王朝一统天下中“作朕屏辅，辑乃封圻”的领有封地的汗王而已。

清朝政府对固始汗的册封，同时也了却了固始汗本人多年来的心愿。如上文所述，早在1637年，作为额鲁特四部的一个首领，就已注意到这一日后必将逐鹿中原的地方政权的发展潜力和后劲，开始和满族王室遣使通贡。当满清统治者统一了全国，他本人也成为青藏高原的实际统治者后，争取清政府的承认和支持，确保自己的统治地位，就显得尤为重要。他积极主张五世达赖喇嘛进京觐见，接受清政府的册封，其根本目的也在这里。1654年六月接到顺治所赐的金印、金册后，他当即奏表致谢：“皇上胜过缔造万物之如意宝，布仁慈于四海之滨；扬善抑恶，以足众生之望。蒙天恩赏赐金册、金印，封为遵行文义慧敏顾实汗，谨望阕跪接祇领，叩谢天恩。”❶

五世达赖喇嘛奏谢顺治皇帝颁赐金册、金印及封号的表文

❶《元以来西藏地方与中央政府关系档案史料汇编（2）》，中国藏学出版社1994年第1版，第237页。

需要特别指出的是，清政府对格鲁派政权两个首要人物分别加封，一个是“利济群生”的宗教领袖，一个是“作朕屏辅”的政治领袖，二人职权范围分明，说明从一开始就不主张在西藏地方建立政教合一的政权而力主两权分立。这种将宗教权力和世俗权力分开的政策，就当时的情况来看，无疑是正确的。至于清政府正式册封达赖喇嘛为政教合一的领袖，授权其管理西藏行政事务，则是一个世纪后七世达赖喇嘛时期的事了。

五世达赖喇嘛一行在岱噶接受了清政府的册封后，于当年闰五月初一日踌躇满志地踏上了西归的行程。

第五章

百业重振兴雪域

第五章　百业重振兴雪域

一、左右和硕特汗王的继立

1654年，随着与五世达赖喇嘛阿旺罗桑嘉措联合统治西藏12年的蒙古和硕特部固始汗的去世，联合政权中和硕特一方的权力急剧削弱，政权的中心逐步向格鲁派领袖人物五世达赖喇嘛的手中转移。继固始汗以后的几任和硕特汗王虽在西藏驻留达63年之久，但并未掌握统治西藏的实际权力，联合统治形同虚设。和硕特蒙古在西藏的统治仅在固始汗时期昙花一现，故这63年可称之为后固始汗时期。后固始汗时期，原来西藏地方政教两权分立的政治格局逐步演化为政教合一的集权制统治，五世达赖喇嘛的政教权力达到了登峰造极的地步。这一时期，五世达赖喇嘛不仅以西藏首席教派领袖的身份统领着藏区各教派，而且在和硕特汗王的继位、格鲁派政权中各级官员的任免、对全藏乃至整个藏区僧俗贵族封赐土地属民等大量世俗事务中都起着绝对的、不可替代的作用。这种新的政治格局的形成，为以后清朝政府正式册封七世达赖喇嘛为西藏政教合一的领袖，授权其管理西藏政教事务做了铺垫。换言之，授予西藏格鲁派宗教领袖以政教权力，只是清朝政府对后固始汗时期形成的政治格局的承认和沿用。

五世达赖喇嘛受清政府正式册封后，使格鲁派政权在藏族社会中处于绝对的统治地位。与五世达赖喇嘛权力日益炙手可热的情况相比，掌握着青、康、藏实际权力的和硕特部首领固始汗却开始从权力的峰巅下滑。1654年接受清朝皇帝封赐时的固始汗已进入耄耋之年，精力和体力已不允许他再以“庶邦君长”的身份包揽西藏地方的政教事务，他厌倦了在拉萨处理繁琐的政务，更多的时间则是在藏北达木闲适度日。这样，五世达赖喇嘛自然就更多地主持格鲁派政权的内外事务，权力中心逐步开始向五世达赖喇嘛转移。

1654年六月，当时已是72岁高龄的固始汗不顾年事已高、身体每况愈下，仍随五世达赖喇嘛巡视前后藏。七月二十七日到达札什伦布寺后固始汗患了病，不得不在此修养一个多月。九月十九日在返回途中渡雅鲁藏布江时固始汗突然气往上涌，呼吸困难。他马上请五世达赖喇嘛给他加持，不想五世达赖喇嘛在念诵经文时也一下子不省人事。经过随行人员的极力抢救才脱离了危险。回到拉萨后，固始汗一直没有好转。到十月份，已经有一些神智不清。五世达赖喇嘛吩咐色拉、哲蚌寺的僧人举行大规模的法事，为其诵经修福，几位医术高明的医生也用了各种办法治疗，但未产生多大功效。当年十二月七日傍晚，固始汗体力衰竭，进入弥留之际。第巴索南热丹迅速赶往哲蚌寺报告了五世达赖喇嘛。五世达赖喇嘛于八日黎明时分赶到噶丹康萨时，这位曾驰骋疆场、叱咤风云、为格鲁派政权的建立和巩固立下过汗马功劳的“持教法王”已经去世。

随着固始汗的去世，和硕特部汗王的继立问题遂成为格鲁派政权上层和固始汗的后代关注的焦点。由于缺乏史料，对固始汗生前是否就汗位的继立立有遗嘱，我们不得而知，但在1652年五世达赖喇嘛进京觐见后，固始汗确实有将长子巴图尔台吉招至西藏，协助自己处理政务的打算。后“丹津法王（固始汗）一改初衷，说长子巴图尔台吉宜留居厄鲁特部”❶，而且将此事交给正行进在青海的五世达赖喇嘛处理。五世达赖喇嘛立即派索南旺杰兼程七昼夜赶往青海和硕特部的驻地通知巴图尔台吉。从以上这件事看，固始汗晚

❶《五世达赖喇嘛传》，五世达赖喇嘛阿旺罗桑嘉措著，陈庆英、马连龙、马林译，中国藏学出版社1997年10月第1版，第304页。

年确实有过让长子巴图尔台吉继承汗位的打算，五世达赖喇嘛也参与其中，并且起着举足轻重的作用。

事实是，在固始汗去世后的近三年内，和硕特汗王的汗位一直虚位以待，名义上是由固始汗的长子达延汗和次子达赖巴图尔联合主持政务，实际上一些重大事务还是由五世达赖喇嘛定夺。如在固始汗去世后不久，五世达赖喇嘛就决定将青海和硕特部划分为左右两翼，并派哲蚌寺的堪苏霍尔阿旺赤列伦珠到青海召集诸台吉商议此事。当时，固始汗的第七子额尔德尼岱青和第八子衮布为划分牧地发生纠纷，达赖巴图尔提出要按自己的想法划分时，五世达赖喇嘛将他召至哲蚌寺“郑重劝说”，最终让达赖巴图尔服从了五世达赖喇嘛的决定。

1657年底，在五世达赖喇嘛的努力下，终于确定由达延汗继任和硕特部汗王。1658年正月初五，在五世达赖喇嘛的主持下，举行了达延汗的即位典礼，并赠给达延汗“丹增多吉杰布”的名号(1660年五世达赖喇嘛又赠名号为“丹增达颜杰波”)。对五世达赖喇嘛的这一决定，和硕特诸王公中不乏持不同意见者，结果使即位典礼办的“好象只是集中了一大批器乐、旗帜，没有热烈气氛”，“蒙古各部的王公、首领都象得了病一样有气无力”。❶为了平息这些人的不满情绪，五世达赖喇嘛不得不下令将各地方、各寺院送给达延汗的礼品分配给他们。为了在固始汗诸子之间取得平衡，当年的十一月，他赠给次子达赖巴图尔“达赖洪台吉”名号，赐给他衣冠、弓箭囊、宝剑等物。

达延汗在位10年，就他的才能和威信而言，远不及固始汗，加上他本人不太关心政治，因此，这一时期五世达赖喇嘛已成为格鲁派政权名副其实的统治者，“没有一件事不经过达赖喇嘛批准和同意能够办得成”❷，和硕特部汗王的“庶邦君长”的地位实际上已

❶《五世达赖喇嘛传》，五世达赖喇嘛阿旺罗桑嘉措著，陈庆英、马连龙、马林译，中国藏学出版社1997年10月第1版，第420~421页。

❷《西藏中世纪史》，(意大利) 杜齐著，李有义、邓锐龄译，中国社会科学院民族研究所1980年出版，第74页。

被架空。

1668年三月十二日，达延汗去世。就汗王的丧事应如何办理、以及和硕特汗位由谁继承等问题，五世达赖喇嘛同车臣温布、阿里仲巴、达如鼐等人反复商议，结果仍举棋不定。五世达赖喇嘛认为："从前汗王（固始汗）逝世时，达赖珲台吉也曾来拜见，从声誉上讲，也是庄重得体的，现在虽无明显的时局动荡之忧，但仁达那如果来此，内外都适时，而且一定要就汗王王位继承同达赖珲台吉等蒙古官员面商的话，按蒙古风俗也是合适的。"❶ 最后，还是由五世达赖喇嘛拍板，果断地派人去青海向达延汗的弟弟达赖汗通报情况，并将达延汗的长子仁达那达赖汗接到西藏。从这一安排看，此时五世达赖喇嘛已决定由仁达那达赖汗继承达延汗的王位。如果说在固始汗去世后的汗位继承问题上五世达赖喇嘛还需要顾及固始汗生前的意愿的话，此次就完全是由他决断了。

次年七月，他又派索南旺杰前去青海，商议、确定继承汗位的人选，而这只是一个必要的程序。年底，索南旺杰就继承汗位的事与青海蒙古各部首领达成协议从青海返回。青海和硕特蒙古的王公们同意五世达赖喇嘛立仁达那达赖汗为和硕特部汗王的决定，并初步确定一年以后（1670年）举行即位典。这一年为狗年，有人认为达延汗继承王位之年也在狗年（1658年），他在位只有十一年时间，原因就是在狗年即位，所以应当忌讳。对此，五世达赖喇嘛不以为然，认为："其实达延汗晚年继位，按事物规律，在位不长，也没有不合理处。然而，世间这些说法不好不顾，因此将即位之事推迟。"❷最后决定将即位庆典的时间推后一年，定在1671年的三月。

1671年三月初三日，仁达那达赖汗正式即位为和硕特汗王，五世达赖喇嘛给他赠名号为"丹增达赖汗"并送了印章。

这里附带提及一点，关于达赖汗的身份，有藏文史料记载他是固始汗的次子、达延汗的弟弟，而汉文史料和一些藏文史料又记载

❶❷《五世达赖喇嘛传》，五世达赖喇嘛阿旺罗桑嘉措著，陈庆英、马连龙、马林译，中国藏学出版社1997年10月第1版，第643、726~727页。

为达延汗的长子。从《自传》和《安多政教史》的记载看，继承达延汗汗位的确实是他的长子仁达那达赖汗。

二、全力解决不丹问题

不丹原是西藏管辖的一个地区，最早称为门域，后称为竹巴，清代的汉文文献中译为“布鲁巴克”，英国占领后称为不丹，沿用至今。生活在这里的人们都是藏族门域部落的土著。他们在语言、风俗习惯等方面都与藏族相近，在血缘上也与西藏藏族是同根同源。自古以来，双方来往不断，关系密切。最早居住在门域的人很少，由于地理位置偏僻，高山峡谷阻隔了对外交往，所以长期以来这里的人们始终生活在半封闭的环境中。后来，随着藏族人口的增加，许多人通过经商、传教、移民等形式陆续定居在这里，使这里的人口有所增加，同藏族的关系也更加密切。公元12世纪末，竹巴噶举派僧人洛热巴旺秋正追来门域地区建寺传教，后来不少竹巴噶举派的僧人也在这里定居下来，传播苯教派的教义，使这一教派的教义深深渗透到当地的传统文化和社会生活的方方面面。于是，藏传佛教帕竹噶举派的这个小支系——竹巴噶举逐渐成为这一地区占统治地位的宗教。1616年，竹巴噶举派的高僧阿旺朗杰来到门域,在拉达克王室的支持下,自称法王,建立了竹巴法王政权。但这一政权在帕竹政权时期仍归其统治,每年向其交纳各种税收。

不丹首都廷布

1642年甘丹颇章政权建立后，不丹的竹巴政权乘五世达赖喇嘛忙于镇压噶玛噶举派在各地的反抗，处理新政权的内外事务，无暇顾及不丹的时机，企图脱离甘丹颇章政权的统治，自立为王。从1646年起，不丹问题逐步突现，引起了五世达赖喇嘛和第巴索南热丹的高度重视。在此后的几十年里，为了处理好西藏与不丹的关系，五世达赖喇嘛付出了大量的精力。

1646年，随着格鲁派的甘丹颇章政权日趋稳固，竹巴法王担心由于在格鲁派的蒙藏联军同藏巴汗及噶玛噶举派的战争中不丹支持了藏巴汗一方，现在会回过头来打击不丹，就派人向第巴索南热丹报告说希望派人到边境去，订立一个互不侵犯的条约，设法让不丹人和藏人得到安宁，同时也制约那些阻止不丹人到西藏去的人，以便按藏巴汗时代的例规向格鲁派政权交纳大米税。这一请求正合五世达赖喇嘛的意。正在他同第巴索南热丹商议如何办理时，却节外生枝，发生了一件意想不到的事。有位后藏的僧人写信给四世班禅，要求让不丹人把仲孜嘉协蔡寺交给他们管理，班禅回信说他做不了这个主。这位僧人就写信诋毁班禅说："我以为你是一个有本事的喇嘛，实际上你是一个欺诳的鬼头鹰。你能把蒙古军队引来攻打第悉藏巴，却没有权力将一座寺院划归于我，这是为什么？"❶措辞非常不逊。五世达赖喇嘛知道这些情况后，认为在这种时候再去同不丹订立和平条约，恐怕会引起后藏人的误会，因此决定将此事暂时搁置起来。

不知内情的不丹法王认为甘丹颇章政府不来签订条约就意味着极有可能要来攻打他们，干脆以不信奉格鲁派为由，不服从甘丹颇章政府的管辖，也拒不交纳大米税等。五世达赖喇嘛多次派人给不丹法王送信，要他服从格鲁派政权的统治，不能自立为王，但不丹法王拒不听从。不得已，1648年，甘丹颇章政府调集前藏的军队远征不丹，一路势如破竹，直达距离首邑普那喀仅有半天路程的地方。与此同时，后藏第巴诺尔布率领的军队包围了洪热喀地方，他们向五世达赖喇嘛报告说，一个月以内就可以收复不丹。但是，后藏第巴诺尔布为谣言所惑，以为深入前方的前藏部队已被击败，就丢弃大部分帐篷和武器，只留下一顶中军帐，仓皇逃到帕里。由于后藏军队的撤退使前藏军队连撤回本土都非常困难，这场战争以甘

❶《五世达赖喇嘛传》，五世达赖喇嘛阿旺罗桑嘉措著，陈庆英、马连龙、马林译，中国藏学出版社1997年10月第1版，第229页。

丹颇章政府的失败而告终。

此后数年间，双方冲突不断，但没有发展成为大规模的战争。这是由于五世达赖喇嘛等人一致认为当时还不具备收复不丹的条件，同时进京觐见又前后花费了近5年的时间，使得甘丹颇章政府不得不将收复不丹的计划一拖再拖。

1656年四月，西藏和不丹边境再次发生冲突。这次，甘丹颇章下决心收复不丹，一劳永逸地解决不丹问题。但五世达赖喇嘛仍在犹豫，他考虑到用武力强行征服会给不丹人民带来伤害和痛苦，双方都要付出一定的代价，内心十分希望能和平解决争端。但是，第巴索南热丹等甘丹颇章政权内的实权人物态度十分坚决。在出兵前，他请五世达赖喇嘛卜算军情，结果出现了不利于藏军的凶险卦象。对此，索南热丹也置之不理，仍然坚持出兵。他调集了工布、塔布、山南各地的藏军和少量的蒙古骑兵，以蒙古达赖巴图尔和玛玖台吉为统帅，联合进攻不丹，自己也同萨迦法王等人赶往后藏督战。七月下旬，军队已进入不丹。当时索南热丹已是71岁高龄的人，到后藏后由于地势太高，他呼吸困难，卧病不起。后藏第巴诺尔布私下向五世达赖喇嘛秉明情况，希望劝说索南热丹暂缓进兵。但五世达赖喇嘛认为既然已经出兵，就应该一鼓作气，迅速结束战争，这样才符合民意。于是他又拨出茶叶、银两等派人运往后藏。

但是，战事的进展并不顺利。到1657年的六月，不断传来西藏军队失利的消息，军队也因不能适应不丹的炎热气候而战斗力锐减，士气低落。已占了优势的不丹一方宣称要于年内进攻前藏、蒙古、康区和工布等地。乃穷大护法也预言说：“将有一支与以前所见到的全然不同的军队前来布满各地。”❶一时间，形势岌岌可危，人心惶惶。同时，后藏第巴诺尔布也以害怕军队传染上天花和不耐南方的酷热为由，不按原定计划增派援军。他还指使人给第巴索南热丹去信说：“达赖巴图尔和玛玖台吉二人是佛法的围墙，而第巴

❶《五世达赖喇嘛传》，五世达赖喇嘛阿旺罗桑嘉措著，陈庆英、马连龙、马林译，中国藏学出版社1997年10月第1版，第416页。

诺尔布是承载的基础，夏天应将他们撤回到帕里地方，其他的人死了不打紧，若是他二人有闪失，雪域的人加起来也抵不上其命价。”[1]以此来涣散军心。面对这样复杂的局面，第巴索南热丹也举棋不定，为此专门派人来哲蚌寺和五世达赖喇嘛商议。五世达赖喇嘛也认为蒙古首领的安危事关重大，遂打算将他们二人召回。但是这两位蒙古首领具有超越他人的英勇气概，他们回答说：“如果大军撤回，我们可以一起回来，如果丢下大众返回，背上这个名声，我们就不能在蒙古人中间露面。”[2]因此不肯回来。

不久，形势又急转直下。蒙古统领玛玖台吉暴卒。有人认为是因为中暑，也有人说因为玛玖台吉深恨第巴诺尔布，也可能他在食物上做了手脚。一时间，军心大乱。五世达赖喇嘛审时度势，认为再坚持下去军队会遭受更大的损失，遂决定请四世班禅、萨迦法王等人前去与不丹方面和谈。当时，四世班禅已是85岁高龄的老人，行动困难，但对五世达赖喇嘛的请求又不便拒绝。于是他派出代表携带自己的亲笔信，以慰劳前线双方军队的名义，送给交战双方哈达100条、白银1 000两、绸缎150匹、黄金3两。双方接受了调解，同意将军队撤回，并订立了在若干年内保持和平的协议。

但是，事过不久，不丹方面就没有遵守这份协议。1659年十二月，西藏发生了盖喀萨舅氏之乱——该家族的两位舅父因不满权力的分配和土地的封赐，在后藏起兵叛乱。他们鼓动不丹军队，置和平协议于不顾，公然进犯帕里。

此后的20多年间，不丹问题一直是五世达赖喇嘛及甘丹颇章政权的心腹之患。1668年十一月，不丹人在征伐门巴阿觉等属部后又来进犯。这次，五世达赖喇嘛下决心要给予有力的反击，派出了四支部队迎击。但由于几位代本指挥不力，加上断了后援，军队未能战胜不丹人。正当五世达赖喇嘛考虑派另外两支援军时，萨迦法王、吉雪台吉等人又提出同不丹媾和，并愿意出面做调解人。看到内部

---

[1][2]《五世达赖喇嘛传》，五世达赖喇嘛阿旺罗桑嘉措著，陈庆英、马连龙、马林译，中国藏学出版社1997年10月第1版，第416页。

意见不一致，五世达赖喇嘛也就不再坚持用武力解决问题，他采纳了萨迦法王等人的建议，又订立了有效期到1675年的和平条约。

1679年，年轻的桑杰嘉措出任甘丹颇章政权的第巴。在五世达赖喇嘛的鼓励下，他决心收复不丹，曾发兵征讨。但不丹与拉达克王室关系密切，当桑杰嘉措发兵征讨时，拉达克派兵援助不丹，由此发生了1681年至1683年的西藏政府与拉达克间的战争，致使不丹问题仍然悬而未决。

五世达赖喇嘛虽然在他的有生之年倾尽全力力图解决不丹问题，但终因受各方面条件的限制而未能如愿。这是他一生的最大憾事，也是甘丹颇章地方政权执政80年内未竟的事业。

1735年，噶厦政府再次发兵收复不丹。不丹战败后，竹巴法王表示愿意归属西藏地方政府管辖，每年向噶厦政府交纳各种税金，并向清朝皇帝和达赖喇嘛进贡。

1865年，英印占领不丹，从此脱离西藏地方政府的管辖，成为英国的保护国。

三、牢牢掌握人事任免权

如上所述，后固始汗时期，原来西藏地方政教两权分立的政治格局逐步演化为政教合一的集权制统治，五世达赖喇嘛的政教权力达到了登峰造极的地步。这种权力的集中与运用，首先表现在对各级僧俗官员的任免上。

在固始汗时期，作为和硕特蒙古汗王派往甘丹颇章主持格鲁派政权日常事务的第巴一职，拥有在政务方面的绝对权力。这种权力，集中表现在对各级官员的任免和领地的分配权上。可以说，这一时期的第巴，实际上就是联合政权权力的行使者。第一任第巴索南热丹在位时，就把这种权力运用到了极限，他甚至可以不经过五世达赖喇嘛和固始汗的批准，就擅自任命官员，分配领地的管理权。如早在1643年，他不顾自己于1641年发布的有关庄园分赐的法规，擅自将拉萨城内近百户的人役、收入赐给上密院作为该寺的公积基金。许多新旧寺属庄园对此极为不满，但慑于第巴的权威，只有勉强执行。不久，各旧寺属庄园又反悔，请求五世达赖喇嘛重新分赐。五世达赖喇嘛考虑到如果不满足他们的要求，有可能导致该寺中断密咒方面的修供，进而引起拉萨城全体市民的不满，所以又做了重新封赐。再如他在格鲁派取得政权后不久，就提出要将原由藏巴汗统辖的仁蚌和喀孜两地交给吉雪第巴管理，五世达赖喇嘛虽然对此有疑义，但仍然颁发了命令文书。随后，索南热丹又擅自做主将日喀则、协噶、拉孜三地交给吉雪第巴管理，五世达赖喇嘛出于扩大格鲁派经济势力的考虑，也予以默认。此事虽然引起了固始汗的不满，但在既成事实面前他也无可奈何。在索南热丹执政的后期，这种擅权几成尾大不掉之势。在土地的分配上，不经过他的同意，五世达赖喇嘛也不能自行决定。如五世达赖喇嘛曾想封给色托加甫瓦和雪拉康萨二人一些土地，但第巴索南热丹不同意，五世达赖喇嘛只好作罢。第巴去世后，才将土地分给他俩。

第巴索南热丹的这种擅权行为，早已引起五世达赖喇嘛的不满，同时他也极为深刻地认识到了掌握人事任免权，尤其是第巴一职任免权的重要性。还在第巴索南热丹在任时，他就开始考虑如何从体制上做一些改革，以使自己的权力更加集中。但在根深蒂固的旧体制面前，他也无可奈何。

1658年三月，第巴索南热丹去世。随着格鲁派政权中两位实权人物（固始汗和索南热丹）的相继去世，五世达赖喇嘛感到实行集权统治的时机已经成熟，遂开始了大张旗鼓的改革。他利用第巴索南热丹匿丧一年的时间，多次就第巴一职的人选和人事任免权等问题同达延汗兄弟密商。

达延汗兄弟本身对政治就不感兴趣，对五世达赖喇嘛更是言听计从。因此，五世达赖喇嘛可以开始顺利地实行人事任免权方面的改革了。

首先，他借德钦曲科寺的活佛之口，提出了人事任免权应集中在自己手中这个极为敏感的问题。当时，德钦曲科寺的活佛劝导五世达赖喇嘛“不必‘把肉腔送交别人手，再等别人给肉丁’，应当自己任命各个机构的官员，把实际权力接受过来。”❶意指趁第巴去世，直接掌管行政权力。五世达赖喇嘛先是以自己确实无力承担这样的重任为由，推脱再三，并将这一问题交给浪卡子、拉萨河下游等地的地方首领讨论，以便取得这些人的同意。但这些人“说话吞吞吐吐，没有明确的态度”。❷最终还是由五世达赖喇嘛掌握了任免权。

接着，他开始按照自己的意志选择和任命第巴一职。还在第巴索南热丹去世后不久的1660年春天，五世达赖喇嘛的一些亲信如本仓强俄巴、车臣温布、阿里仲巴、达如鼐等人就提出第巴一职除宰桑第巴（赤烈嘉措）外别无合适的人选。但他认为“对这种重大事宜，不应操之过急，应该有把握地谨慎行事”❸，所以暂时将此事搁置起来。不久，达延汗又从藏北来信催促，和硕特部中的实权人物、固始汗的另外两个儿子济农和达赖洪台吉二人也提出“在我二人去青海湖地区之前，要结束第巴就任一事”。❹当时大家提出的第巴候选人有宰桑第巴、诺尔布和色布3人，对诺尔布和色布，五世达赖喇嘛根本没有考虑，他认可的只有宰桑第巴一人。但他仍然没有立即决定。这其中的一个重要原因，就是在未任命第巴的情况下，五世达赖喇嘛可以大权独揽，自主处理一切重要事务，而无须第巴的同意。《自传》中的一段记载很能说明当时的情况。1660年五月，五世达赖喇嘛按照乃穷大护法的指示闭观修行，“但我仍在此期间同宰桑第巴、达如鼐、鄂尔鼐、桑达鼐五人商议决定，在闭关期间所有可以决断的事由他们依次决定，决定不了的要事，则由宰桑第巴在早晚两座法之间向我逐一扼要禀报，我一一给予明确的指示。此外，我将呈文、批示、蜡封、粉简和礼品等全部带到内室，这样不仅可以得到涂泥封门闭关修行的美名，也能去除贻误公

❶❷❸❹《五世达赖喇嘛传》，五世达赖喇嘛阿旺罗桑嘉措著，陈庆英、马连龙、马林译，中国藏学出版社1997年10月第1版，第442、476页。

务之口舌，所以我一丝不苟地依此行事。”❶直至当年六月，在别无选择的情况下，他才决定任命宰桑第巴为第巴。

六月二十日前后，五世达赖喇嘛两次派人敦请宰桑第巴就任第巴一职，但宰桑第巴一直没有同意。到第三次，五世达赖喇嘛让人详细陈述了各方面的利弊，他才答应了。七月十三日，在甘丹颇章的顶楼举行了第巴就任仪式。五世达赖喇嘛为宰桑第巴祝福，并赐名为萨迥赤烈嘉措。

为防止日后再形成第巴擅权的局面，五世达赖喇嘛又采取了分权而治的措施，在后藏另外任命了一个第巴。当时，主持后藏事务的是囊素诺尔布。据记载，此人是第巴索南热丹的本家兄弟。在格鲁派政权中，他是一个老资格的官员，但他为人阴险，善于投机。在格鲁派同藏巴汗的战争中，当后藏被藏巴汗军队包围时，他率先放弃阵地逃跑，致使后藏的所有地方几乎被藏巴汗控制。工布之乱时，又是他放弃了江孜宗仓皇逃命，使前藏军队连撤回本土都非常困难。1643年，他接任吉雪巴，掌握了对日喀则的管理权后，更是为所欲为，处处与五世达赖喇嘛作梗。五世达赖喇嘛对他的所作所为非常不满意，双方有着深刻的矛盾。他曾跟随五世达赖喇嘛去北京，当五世达赖喇嘛途中遇到困难、情绪不安时，“第巴诺尔布却一反常态，面露欣喜之色，这是因为在汉地热病等疾病传播很广，他好像自信去那里的人们不能返回。故而喜形于色”。❷就是这样一个人，为了达到分权而治的目的，五世达赖喇嘛在不得已的情况下，还是正式任命他为日喀则第巴。当时，五世达赖喇嘛的心情确实很矛盾，在他派遣近侍仲尼巴去通知诺尔布就任一事时，仲尼巴看出了他的矛盾心情，说：“此事若符合实情，倒也相宜，如果是顾及情面，一旦他接受，岂不失策？”五世达赖喇嘛言不由衷地回答说：“这是真情，何曾顾及情面！”❸当第巴诺尔布准备来拉萨接受任命时，他又派人通知诺尔布不得穿戎装晋见，同时还安排人

❶❷❸《五世达赖喇嘛传》，五世达赖喇嘛阿旺罗桑嘉措著，陈庆英、马连龙、马林译，中国藏学出版社1997年10月第1版，第473~474、295、444页。

将诺尔布监视起来，足见五世达赖喇嘛对他的不信任和防备，同时也从侧面反映了他分权而治的决心。

第巴赤烈嘉措任职后，其权力已经大为削弱。意大利藏学家杜齐在他的《西藏中世纪史》中说："其（指赤烈嘉措）表现只不过供奉寺庙，保护一切宗教活动，而丝毫没有参与政事。"❶这种说法是不符合实际的。事实上，作为和硕特汗在甘丹颇章政权中代表人物的第巴，仍然主持着日常事务，有一些还是相当重要的，如数次给僧俗贵族分赐土地这样的大事，也还是由第巴来主持的。另外，随着和硕特汗王权力的逐步削弱，作为其代表的第巴一职，在形式上显得更为重要。在固始汗时期，第巴发布的所有政令，都要先加盖汗王的印章，然后才盖上第巴的印章。到第巴赤烈嘉措时，发布的政令不再使用汗王的印章。

所不同的是，与第巴索南热丹时期相比，这时第巴的所谓权力更多了一些名义的成分，一些重要事务，都要经过五世达赖喇嘛的首肯。对此，五世达赖喇嘛也是直言不讳，如1661年大规模地给僧俗贵族封赐土地时，五世达赖喇嘛就承认"第巴主持下的所有赏赐之事，大部分都征询过我的意见"。❷尤其是人事任免方面的事宜，上从甘丹颇章的各级要职，下至各地方宗本、军队的代本和大小寺院的堪布、强佐等的任命，都要征得五世达赖喇嘛的同意。如1661年札什伦布寺的强佐出缺后，就是由五世达赖喇嘛定夺，任命彭措热丹为继任强佐的。

此外，五世达赖喇嘛也可以不经过第巴的同意，直接任命各级官员，颁给他们印章，更体现了他在人事任免方面的绝对权力。

继第巴赤烈嘉措后，又有罗桑图多和罗桑金巴相继担任第巴一职。在他们当政时期，随着和硕特汗王权力的逐步衰落，第巴一职

❶《西藏中世纪史》，（意大利）杜齐著，李有义、邓锐龄译，中国社会科学院民族研究所1980年出版，第134页。

❷《五世达赖喇嘛传》，五世达赖喇嘛阿旺罗桑嘉措著，陈庆英、马连龙、马林译，中国藏学出版社1997年10月第1版，第490页。

的实权也如江河日下，他们的活动也更主要地集中在宗教上。如罗桑图多担任第巴6年，五世达赖喇嘛说他“主要担任却本之职，作为我的主要助手，他责任感很强，就任第巴之职后，他维修了以拉萨小昭寺为主的经堂，刻印了《如意藤》、连珠坛场图等经像塔，制作了珠宝首饰、马具、坐具等，令人满意地了却了我的所有未竟的心愿”。❶可见，第巴一职已逐渐衍化为五世达赖喇嘛的宗教活动助手了。

这种情况直至1679年桑结嘉措接任第巴后才发生了根本的变化。作为五世达赖喇嘛精心培养的接班人，只有他接任第巴后，五世达赖喇嘛才放心地将包括人事任免权在内的各种权力移交到他的手中，使第巴成为真正意义上的权力行使者。

四、清查寺院和重新封赐土地

后固始汗时期，五世达赖喇嘛在政治制度初步建立、政治局面逐步稳定的情况下，开始了大规模的经济制度建设。给僧俗贵族封赐土地、属民，建立完善的土地分配制度，是其中的重要一环。

首先，他下令对全藏区的格鲁派寺院进行清查，划分等级，并按照划分的等级确定布施的多少。这项工作从1663年开始。在此之前，虽将每年给各寺院的布施根据第巴索南热丹的登记编制成册，交由司库保管，但五世达赖喇嘛在亲自翻阅了这些登记册后认为这些登记册过于简略，仅有一些僧源的多少、寺院的清净与否等简单的记录。于是，他决定亲自主持对全藏区格鲁派寺院进行一次彻底的清查。清查的内容包括寺院的规模、人数、僧人的品行、寺院的管理情况、学经情况等。由于这项工作有可能牵扯到一些僧侣贵族的经济利益，触动某些既得利益的权贵，所以，有人出面劝说五世达赖喇嘛，以“除了一些品行极端恶劣的僧衣俗人和男女修行者的寺院混乱一处等现象外，一般的百姓人家福田清净，功德也大”❷为

❶❷《五世达赖喇嘛传》，五世达赖喇嘛阿旺罗桑嘉措著，陈庆英、马连龙、马林译，中国藏学出版社1997年10月第1版，第885、527页。

由，企图阻止清查。但五世达赖喇嘛仍排除干扰，下令进行清查。

根据调查结果,五世达赖喇嘛将寺院分为三类。第一类以格鲁派寺院为主,大部分寺院清净,管理有序,学经制度完善,这类寺院计有750座,僧人近5万;第二类是好坏混杂的寺院,计有500座;第三类为赞康、尼姑寺、修行处等小规模的寺庙,计有650座,僧、尼约2万人。以上合计寺庙1 800余座,僧人近10万。根据以上分类,又确定了布施数额的高低。第一、第二两类寺院的布施大部分为每年冬、春两季随同斋僧饭一起布施以金、银、茶叶、粮食、马匹、蔗糖、铁器、布匹等物品,质量不一,高低有差。其中有约300座寺院是根据僧人的增减情况,每年秋季随同斋僧饭一起发放布施。第三类原本不属于政府布施的对象,此次清查后五世达赖喇嘛也将它们列为供施之列,规定每隔两年布施一次。另外,自1658年起,政府就根本没有给密宗寺院发放过布施。五世达赖喇嘛也将其划入确实需要供施之列。

还在清查寺院之前的1660年，五世达赖喇嘛进行过一次较大规模的给僧俗贵族封赐土地、属民的工作。但这次的分赐无章可循，带有很大的随意性，引起了一些僧俗贵族的不满。如还在藏巴汗时期，上密院在藏北牧区即有定规的寺属庄园，1643年，第巴索南热丹又将拉萨城内近百户的人役、收入赐给该寺作为公积基金，并派人发布了关于不得侵犯该寺寺属庄园利益的法规。慑于第巴的权威，被重新分配的新旧寺属庄园只好勉强执行，但不久各旧寺属庄园又反悔，五世达赖喇嘛只好又按他们的请求逐一封赐，但因各方面的利益冲突，仍未达到预期目的。该寺又派人携堪布的指令来拉萨，扬言如果因为此事而中断密咒方面的修供，不仅罪孽深重，而且这也是有益格鲁派教法的拉萨城全体市民的请求，使五世达赖喇嘛陷入被动的局面。后来五世达赖喇嘛说“前次分赐土地不过是宜针宜锥之事（喻相机行事），并无特殊原因”[1]，所以，他在核定寺院的僧人数和差民数的前后，又分别在1661年、1668年和1669年

[1]《五世达赖喇嘛传》，五世达赖喇嘛阿旺罗桑嘉措著，陈庆英、马连龙、马林译，中国藏学出版社1997年10月第1版，第661页。

三次大规模封赐土地、属民。

关于土地的来源。如前所述，固始汗消灭了藏巴汗地方政权，为格鲁派清除了各敌对势力后，为确立格鲁派在西藏各教派中的统治地位，首先将卫藏地方的十三万户赐给五世达赖喇嘛，用这些地方的赋税来供养达赖喇嘛为首的格鲁派政权，另外还授予五世达赖喇嘛封赐土地的权力。此后，五世达赖喇嘛又通过收回被藏巴汗及其他教派夺去的格鲁派的寺属庄园，接管战败一方的辖地，没收各敌对教派的寺属庄园，接受僧俗贵族的布施，收回原僧俗贵族所属的差民因支不起差赋，逃亡后所留的抛荒地等措施，使所属的土地大大增加，成为西藏最大的农奴主。有了这些土地，等于掌握了西藏的经济命脉，同时又可以借封赐土地来控制各地大大小小的僧俗贵族，巩固自己的统治权了。

格鲁派政权掌握的土地主要有不属僧俗贵族私人所有的各类土地，如分成地，即土地分给农奴主后由农奴耕种，所得收入由农奴主和政府分成；散失地，也叫抛荒地，指差民支不起差赋，逃亡后所留之空地等。当然还包括附属在这些土地上的房屋、农奴、差民、女奴、流放户、双差户(就是既给政府纳税,又给农奴主交租)等。

五世达赖喇嘛封赐土地的对象和目的主要有以下几种：

第一类是定规布施，即按照核定的僧人数，赐给相应的土地、差民，作为僧人的生活来源。

第二类是作为布施基金来源的土地。有施茶基金地，即作为给某寺院一定次数斋僧茶用度的土地，如赐给帕邦喀寺百姓10户、岁入近千克的土地，就是作为施茶基金的；定期法会基金地，即作为某寺定期法会时的费用而赐给的土地，如拨给昌珠寺扎西孜的部分官地和衮查若的地租收入计2 500克零散地作为参加该寺祈愿法会布施基金，赐给乃宁夏仲以雄直卡诺布冈和都堆吉雪等豁卡的一半，计8户，岁入600克的土地作为甘丹寺银塔的定期供祀和年祭的布施基金等；医疗救护基金地，即给从事藏医研究、医疗的人员发放布施的用地。从第巴索南热丹时起，就在日喀则建立了给从事这些工作的人发放薪资的制度。这次，五世达赖喇嘛又从伦珠孜拨出4户差民，连同普松部分散失土地计年收入200克的土地赐给本仓察绒巴，作为每年一度在这里举行《四部医典》考试的基金。

第三类是作为对格鲁派政权的建立、巩固有功的僧俗贵族的奖赏以及新任命、升迁官员的俸禄封赐的土地。如赞丹达丹在不丹军队入侵帕里时表现出很大的责任心，所以赐给他拉巴地区的差民3户，年收入300克的土地。扎都波瓦曾长期担任掌管历算的轨范师，五世达赖喇嘛认为这一职务非常重要，故从江康增拨6户百姓，岁入近400克的土地。第巴罗桑金巴卸任后，五世达赖喇嘛因为他长期担任却本一职，对他信任有加，除赐给他大量的珍贵宗教用品、日用品外，还特许“庄园牲畜、庄园所属的牛羊等他自己所有的财产保留不变，并颁给盖印公文，归库封存，共折合粮食一万四千一百六十一克，如果把两个部落、两群羊、上述宗所管理拥有的水草、木材及部分庄园的收入、属民的增减不定的收入等合计起来，再加上肉类、酥油等项，按质论价可以折合粮食三万六千六百九十六克、饲草和柴薪共计七万七千三百六十克、在册属民九百二十三户、石灶堆穷（小户百姓）一百八十四户、居帐牧民五十户，使第巴（罗桑金巴）感到心满意足”。❶

第四类是作为僧俗贵族向五世达赖喇嘛奉献礼品、布施、土地后回赠的土地。在五世达赖喇嘛时代，这一类的封赐极为流行。僧俗贵族为得到更多的土地，不惜血本，将大量的金银珠宝、宗教文物甚至土地、牛羊等（这类礼品一般称为请托礼品）奉献给五世达赖喇嘛，得到的却是更多的土地。如五世达赖喇嘛的心传弟子达瓦活佛曾“敬献给我（五世达赖喇嘛）大轨范师赐给王子的稀有的莲花生大师的红铜像，贡塘法王献给却衮布活佛的主巴白玛噶布喜诵的《洛扎三法》中的经典，坎卓献给曲旺仁波且的具祥彩虹顶骨、古如拉康的内供品，他从南格扎迎请来的热伽夏龙王像、白玛林巴的上师金刚持像、忿怒金刚的黄纸像、丹玛孜茫的手迹及邬坚林巴

❶《五世达赖喇嘛传》，五世达赖喇嘛阿旺罗桑嘉措著，陈庆英、马连龙、马林译，中国藏学出版社1997年10月第1版，第1116~1117页。

的伏藏等来源可靠的具有加持力的圣物。为此，赐给他多瓦宗地区的吉普滩、仲阿和噶居三谿卡，计差民三十三户，年收入一千三百五十克的土地”。[1]有一名叫拉日改巴的噶举派僧人改宗格鲁派后将其领有的多纳吉地方献给五世达赖喇嘛，五世达赖喇嘛转而赐给他色卡隆谿卡的计差民20户，年收入近3 000克的土地作为回报。

第五类是新建、扩建寺院、经堂后的封赐地。如五世达赖喇嘛舅氏家的夏仲色农巴新建了一所僧院，五世达赖喇嘛当即赐给他16户差民，岁1 150克的土地。

第六类是因所占土地地广人稀，差民不堪重负，领主要求重新封赐的。如农奴主定钦巴的领地内有收入6 000克的土地，农奴无力全部耕种，可仍要按地纳租，不堪重负。定钦巴请求换为固定岁入地，第巴未批准。后他再三恳请五世达赖喇嘛，遂得到了原属伦孜章库瓦的多贝洛地方的6户差民及岁入350克的土地。

第七类是对经营不善破产,土地撂荒、散失后的僧俗贵族的重新封赐。第巴拉嘉里的臣僚参日巴家族在格鲁派初掌政权时已完全败落,五世达赖喇嘛认为“他正如巨石滚落平川的例子一样,完全是他自己破产的,对政府没有什么可抱怨的,不过考虑到他是不是不善经管而衰败的,所以还是赐给在达布上部的巴觉达的属民50余户,岁入1 500克的土地”。[2]贡噶曲德寺早在藏巴汗以前,就有常年不断的供修布施,1620年之乱后,寺院颓败不堪,连起码的生存都成问题,还谎报仍在坚持各类供修仪式。五世达赖喇嘛得知这一情况后,就赐给此寺朗曹雪拉地方的谿卡,计差民46户,年收入2 250克的土地。

还有一类是没收后又重新发还的。如德钦曲科寺的活佛向五世达赖喇嘛申诉，“他在山间窑洞修行，其土地连同修行地与贡噶曲德寺的依怙殿相联系，后被宰桑第巴赤烈嘉措以没有根据的罪名没收，故请求发还”。[3]五世达赖喇嘛认为他所申诉的都是实情，就将以前属于噶丹桑阿林的寺属土地甲尔哇庄园赐给他。

[1][2][3]《五世达赖喇嘛传》，五世达赖喇嘛阿旺罗桑嘉措著，陈庆英、马连龙、马林译，中国藏学出版社1997年10月第1版，第654、492、684页。

值得注意的是，一些在西藏落户的蒙古人，也得到了五世达赖喇嘛分赐的土地。如蒙古人策旺杰兄弟二人就得到了五世达赖喇嘛赐给的17户差民，年收入近1 000克的土地。

经过四次大规模的封赐，西藏境内的所有土地已基本各得其主，一种封建农奴制度下的土地制度也初具雏形。一百多年以后的1792年（清乾隆五十七年）、1796年（清嘉庆元年）和1830年（清道光十年）进行的土地清查，都是在此基础上进行的。

五、加强对蒙古各部的控制

众所周知，五世达赖喇嘛所处的时代，是蒙古各部与西藏的政治、宗教、文化联系最为密切的时期，蒙古各部首领和宗教上层纷纷入藏朝礼，喀尔喀、额鲁特各部都竞相与格鲁派结纳关系，土尔扈特部、准噶尔部、和硕特部与西藏格鲁派的关系更是对其历史有莫大的影响。尤其是和硕特部固始汗统一了青藏高原，在西藏建立了与格鲁派的联合统治后，蒙古各部对西藏的政治、经济甚至文化都带来了巨大的影响，甚至可以说，这一时期西藏的政治稳定和经济发展，在很大程度上都要依靠蒙古各部，尤其是和硕特部。

后固始汗时期，随着和硕特部汗王在西藏统治地位的逐渐衰微，准噶尔部由于内部争斗而导致的衰落，以及格鲁派政权、经济实力的逐步强大，西藏对蒙古各部的依赖越来越小，与和硕特部的联合统治也趋于解体。在这种情况下，作为格鲁派政权中心人物的五世达赖喇嘛，也随时调整着对蒙古各部的政策和策略，逐步摆脱了蒙古各部对西藏政治上的控制，转而利用自己至高无上的宗教权威来插手甚至左右和硕特、准噶尔等部的内部事务，以扩大自己的宗教势力范围，最大限度地取得蒙古各部首领的支持，稳定西藏周边的政治环境，进一步增强格鲁派政权的经济实力。

在同蒙古和硕特部的关系上，虽然接替固始汗统治西藏的两位汗王已不再过多地干预西藏本土的事务，而把实权交给了五世达赖喇嘛，但是，联合统治的体制并没有改变，至少表面上还维持着，作为格鲁派政权的政治屏障和经济、军事力量的后援地，青海和硕特蒙古的作用仍然不可低估。具有战略远见的五世达赖喇嘛并没有被权力冲昏头脑，他清醒地分析了形势后指出："彼处是汉、藏、蒙三者会集的要冲之地。现在不同于帕摩主巴时代，也不同于藏巴汗等时代。戴黄帽者的教派之所以能同北方的施主们接近，关键在于青海地方的安宁。"[1]从这一战略目标出发，后固始汗时期，五世达赖喇嘛为首的格鲁派政权一直采取的是积极联络和硕特部各首领，利用宗教影响力来插手和硕特内部事务的政策。他不厌其烦地给和硕特各部首领们传法、授戒，接受他们的布施，解决他们的矛盾和纠纷，把自己的宗教权威运用到了极致。

1656年左右，青海和硕特蒙古发生内讧，刚刚继任汗位的达延汗束手无策，五世达赖喇嘛感到插手和硕特内部事务的时机已经成熟，遂先后派车臣温布、白居寺堪布额尔德尼等人前去调解。之后，又派哲蚌寺的堪苏霍尔阿旺赤列伦珠到青海召集诸台吉，在固始汗次子达赖洪台吉的主持下，将青海和硕特部划分为左右两翼。沿湟水上游、青海湖、布哈河到额济纳河为界，以东以北为左翼，以西以南为右翼。左翼包括今青海海北藏族自治州、柴达木盆地东北部、河西祁连山草原及额济纳河流域；右翼包括今青海海南、黄南、玉树、果洛等藏族自治州及柴达木盆地西南部。划分左右两翼后，青海湖地区的局面渐趋稳定。为了巩固这一局面，五世达赖喇嘛还特别奖励了主持划界事宜的达赖洪台吉，送给他衣饰、红白水晶等物，还赠给他"墨尔根洪台吉"的名号，同时还给达延汗兄弟和固始汗诸子颁发了印章。

在积极联络青海和硕特部首领们的同时，五世达赖喇嘛也没有忘记远在新疆的和硕特部众。固始汗移牧青海、西藏后，其同父同母长兄拜巴噶斯的长子鄂齐尔图成为在新疆一带的和硕特部的首领和额鲁特四部的盟主之一，当时他的身份是台吉。为巩固自己的地

[1]《安多教史》，智观巴·贡却乎丹巴饶吉著，吴均、毛继祖、马世林译，甘肃民族出版社1989年4月出版，第48页。

位，在固始汗去世后不久，鄂齐尔图夫妇就到西藏谋求达赖喇嘛和达延汗同意授予他车臣汗的汗号。当时准噶尔部巴图尔珲台吉去世不久，其子僧格继立，内部斗争激烈，鄂齐尔图是僧格的重要支持者。可能是固始汗临终时考虑到新疆额鲁特四部的复杂形势以及准噶尔部的内争，已决定赠鄂齐尔图汗号，以便统辖留在新疆的和硕特部众。所以有许多史籍中称鄂齐尔图为鄂齐尔图汗。对鄂齐尔图请求授予汗王名号这件事，起初五世达赖喇嘛有些为难，他认为"依照先生（指固始汗）的意愿，若按蒙古俗授予鄂齐尔图台吉与汗王爵位相符的印信，这对于施主的脸面上有光，但是却不符合汉地、西藏、霍尔的习惯"❶，所以委婉地拒绝了鄂齐尔图的要求。直至1666年，五世达赖喇嘛所支持的准噶尔部僧格与其异母兄弟车臣和卓特巴巴图尔的斗争愈演愈烈，为壮大僧格一方的声势，他终于同意给鄂齐尔图授予汗号。1666年六月十五日，五世达赖喇嘛正式授予鄂齐尔图"车臣汗"的名号，并为他举行了即位仪式，授予印玺。后来鄂齐尔图在1677年被准噶尔部噶尔丹击杀，子孙离散。

五世达赖喇嘛对和硕特部众的这种多头并重、互相制衡的政策确实收到了实效，和硕特首领们对他惟命是从。1665年，和硕特部墨尔根台吉的部众因牧场划界问题同清朝守边官员发生冲突，并扬言要于当年八月进兵犯边。清政府接到奏报后派使者去西藏要求五世达赖喇嘛协助平息事端。达赖喇嘛遵旨立即派人申饬墨尔根台吉等人不许生事，墨尔根台吉等人当即停止了犯边行为，并向清朝皇帝请罪，敬献了大批贡品。

同蒙古和硕特部一样，格鲁派同额鲁特四部中的准噶尔部的关系也是源远流长。后固始汗时期，作为格鲁派在新疆的最大施主的准噶尔部，五世达赖喇嘛时刻没有忘记同它接纳关系，将自己的宗教势力深入到新疆额鲁特各部。

蒙古额鲁特四部中的准噶尔部在17世纪初叶就渐趋强盛。1634

❶《五世达赖喇嘛传》，五世达赖喇嘛阿旺罗桑嘉措著，陈庆英、马连龙、马林译，中国藏学出版社1997年10月第1版，第389页。

年巴图尔浑台吉继任准噶尔部首领后，势力更加增长，成为新疆地区最强大的蒙古部落。早年巴图尔浑台吉为了与格鲁派接纳关系，将其第六子噶尔丹送到拉萨出家，成为格鲁派僧人。由于准噶尔部是格鲁派的重要支持者，噶尔丹又是王公子弟，所以他在西藏时受到格鲁派上层的重视，尤其是五世达赖喇嘛对他特别器重，亲自担任他的老师，还赠给他呼图克图的名号。噶尔丹少年有志，不甘遁入佛门，他"居乌斯藏日久，不甚学梵书，惟取短枪摩弄。黄衣僧常叹息'西方回纥'不奉佛教，护法如韦驮，仅行于三洲。嘎尔旦笑曰：'安知护法不生今日'"。[1] 此处的黄衣僧很有可能就是五世达赖喇嘛，因为噶尔丹在西藏数年，主要师从五世达赖喇嘛。

1653年，巴图尔浑台吉去世，噶尔丹的哥哥僧格即位为准噶尔部首领。约在1660年，因遗产分配事，僧格与同父异母兄弟车臣和卓特巴巴图尔产生矛盾，进而发展为争斗。五世达赖喇嘛听到消息后，极为担心，认为"厄鲁特四部的一切政治事务（对格鲁派）也具有重要的益处"[2]，当即派热振寺卸任堪布丹巴达杰作为长驻代表前往准噶尔部处理纠纷，一待就是12年。此后，双方的争斗愈演愈烈，僧格囚禁了卓特巴巴图尔夫妇。当丹巴达杰出面调停时，僧格答应"从监禁中释放卓特巴巴图尔夫妇，分给他们五十来户属民，让他平安住牧。只要卓特巴巴图尔等人保证不做危害（僧格）的事，可以将部落的三分之一交给他"[3]，并提出要有人担保。当时，哉务活佛南喀桑珠很不明智地打算出面为卓特巴巴图尔当担保人，丹巴达杰劝阻他说："在亲兄弟相互之间也不能相信的这个浊世，在这样有血有仇的仇人之间怎么能做担保人呢？"[4] 没有答应他的要求。五世达赖喇嘛认为丹巴达杰处理得当："如按哉务活佛的办法去做，就会被远近的施主把我们看成骗子，'尸体在地下，话语在地上'，会遭到议论，而且以后也就不

---

[1]《秦边纪略》，梁份著，赵盛世、王子贞、陈希夷校注，青海人民出版社1987年出版，第419页。

[2][3][4]《五世达赖喇嘛传》，五世达赖喇嘛阿旺罗桑嘉措著，陈庆英、马连龙、马林译，中国藏学出版社1997年10月第1版，第789页。

再能往蒙古地区派遣我们的代表去办理事情了。”[1]可见，他在处理准噶尔事务上是非常谨慎的。

1670年，双方关系再度紧张，战争一触即发，五世达赖喇嘛又派人去协助丹巴达杰协调解决，并写信给准噶尔的各个首领、贵族和各寺院的喇嘛，要求他们尽全力制止战争。

1671年，车臣和卓特巴巴图尔终于联合起来杀死了僧格。与僧格为同胞兄弟的噶尔丹听到消息后，认为这是他实现政治抱负的极好时机，遂向五世达赖喇嘛提出还俗回故乡平息战争。五世达赖喇嘛感到对噶尔丹多年的培植终于有了用武之地，对他说“杀运方兴，汝乃出也，”[2]答应了他的请求。临行前，五世达赖喇嘛还就如何处理此事同噶尔丹进行了密谈。

噶尔丹回到准噶尔部以后，纠合本支部众杀死了车臣，卓特巴巴图尔被迫逃往青海。1672年，噶尔丹派代表去五世达赖喇嘛处，为自己的所作所为作了申辩。五世达赖喇嘛不但没有斥责他，反而认为他是为佛教的声誉着想，应当奖励，赐给他印章、念珠等。

噶尔丹击杀车臣不久，通过娶僧格的遗孀、鄂齐尔图的侄女阿努为妻的手段，既控制了僧格原有的部众，又得到了新疆和硕特首领鄂齐尔图的支持，势力迅速壮大。1676年，噶尔丹同其叔父楚库尔乌巴什关系进一步恶化，他袭击了楚库尔乌巴什的领地，杀死了楚库尔乌巴什的儿子巴噶班第，将楚库尔乌巴什监禁起来。噶尔丹的所作所为引起了五世达赖喇嘛的不安，他通过信使告诫噶尔丹要以佛教的利益着想，不要再相互残杀。但此时的噶尔丹羽翼已经丰满，听不进五世达赖喇嘛的劝告。狱中的楚库尔乌巴什也暗中派使者去西藏，请求五世达赖喇嘛派甘丹赤巴楚臣达吉去准噶尔调解。五世达赖喇嘛原本不想更多地参与准噶尔部的纠纷，但为了照顾蒙古王公的情面，还是派了人去调解。噶尔丹非但不接受调解，反而以鄂齐尔图偏袒

[1]《五世达赖喇嘛传》，五世达赖喇嘛阿旺罗桑嘉措著，陈庆英、马连龙、马林译，中国藏学出版社1997年10月第1版，第789~790页。

[2]《秦边纪略》，梁份著，赵盛世、王子贞、陈希夷校注，青海人民出版社1987年出版，第419页。

了楚库尔乌巴什为由，向自己的岳父发动了攻击。鄂齐尔图被击败后，向喀尔喀部土谢图汗求援，土谢图汗发兵协助鄂齐尔图反击噶尔丹，仍未取胜。1678年，噶尔丹击杀了鄂齐尔图。

噶尔丹在统治了准噶尔部，击散新疆的和硕特部以后，又准备趁势进攻青海和硕特部。后发现清军已有防备，便改变策略，转而派人与和硕特部议婚，要求将自己的女儿嫁给固始汗第五子博硕克图济农的儿子，并将婚事报告了五世达赖喇嘛，得到了五世达赖喇嘛的首肯。

此时的噶尔丹已成为雄踞新疆的一方霸主，为了表示对噶尔丹地位的承认，加强格鲁派同噶尔丹的联系，1678年，五世达赖喇嘛派多吉旺秋为使者前往准噶尔部，赠予噶尔丹“博硕克图汗”的名号，还颁发了印章。噶尔丹在得到五世达赖喇嘛赠予的名号后，立即以博硕克图汗的名义遣使入贡，想要清政府承认这一称号，颁给饬印。清政府认为这是他“擅称汗号”，断然拒绝，仍称他为噶尔丹台吉。后考虑到这一名号为五世达赖喇嘛所加，加上没有充分估计到噶尔丹的野心，所以对噶尔丹的称汗又予以默认。

噶尔丹称汗后更加不可一世，又将势力向南疆的维吾尔族地区扩充。当时，南疆的维吾尔族农奴主贵族内部为争夺政权而分为两派，即黑山派和白山派。后白山派首领阿帕克被黑山派从喀什噶尔驱逐，逃至西藏投靠五世达赖喇嘛。五世达赖喇嘛和时任第巴的桑结嘉措写信给噶尔丹，要求他帮助阿帕克巩固在南疆的统治地位。噶尔丹乘机派兵占领南疆。作为对五世达赖喇嘛的回报，他于1681年将南疆叶尔羌等地的1 500座城镇、200万户人口奉献给五世达赖喇嘛。五世达赖喇嘛认为这是噶尔丹出于坚定不移的信仰，才毫不迟疑地将这些地方献给他，“这种转大力法轮进行统治的事业值得称颂”❶，他给噶尔丹写信表示感谢，并在当年的新年宴会上当众宣布：“这些地方过去属于准噶尔蒙古，时至今日，任何国王都未作过治理。现在顺利收归于治下，（噶尔丹）又毫不吝惜地奉献出来，”❷还亲手接过

❶❷《五世达赖喇嘛传》，五世达赖喇嘛阿旺罗桑嘉措著，陈庆英、马连龙、马林译，中国藏学出版社1997年10月第1版，第1234页。

了这些地区的户籍清册。

西藏格鲁派政权对噶尔丹的支持和五世达赖喇嘛对他的期望，更助长了噶尔丹的称霸野心。统治了新疆的大部分地区后，他又将战略目光瞄准了整个蒙古地区。此时的五世达赖喇嘛已近垂暮之年，无力节制尾大不掉的噶尔丹，而有恃无恐的噶尔丹又掀起了对外蒙古喀尔喀部的战争，一场震动全国的平息准噶尔部叛乱的事件，终于揭开了序幕。

六、妥善处理吴三桂反清事件

平定吴三桂反清叛乱，是清代康熙时期著名的历史事件，而晚年的五世达赖喇嘛阿旺罗桑嘉措，也因特殊的原因卷入其中。对于五世达赖喇嘛在这一事件中的立场和作用，历来的研究者都是各执一词。一种观点以五世达赖喇嘛在平叛之初曾向康熙奏言“若吴三桂力穷，乞免其死罪，万一鸱张，莫若裂土罢兵”。[1]为惟一的史料依据，以统一与分裂为惟一的政治尺度，而不是用历史唯物主义方法分析其深刻的历史背景以及五世达赖喇嘛在整个事件中的所作所为，就断言这是“赤裸裸地分裂国土的主张”，进而全盘否定五世达赖喇嘛在整个事件中所起的积极作用。另一种观点则从当时清中央政府同西藏的关系入手，客观分

昆明翠湖——曾为吴三桂藩王府的一部分

[1]《清实录—圣祖实录》卷五四，载《元以来西藏地方与中央政府关系档案史料汇编》，中国藏学出版社1994年10月第1版，第254页。

析了事件发展整个过程对五世达赖喇嘛的影响和他本人的基本态度，认为当时清政府与五世达赖喇嘛的关系已相当密切和牢固，他所属的一方土地清政府是放心的。在平定吴三桂叛乱的过程中，五世达赖喇嘛虽没有直接发挥过作用，但他为国家的太平而持有的精明与善良的用心，以及对清朝皇帝的忠诚，对处在长达数年之久的平叛紧张关头的康熙皇帝来说，无疑是一种政治上的支持。

对以上两种截然不同的观点，笔者一直有心予以甄别，故在本书的写作过程中特别留心搜集相关的史料，以期通过对这些第一手资料的分析、研究，较完整地勾画出五世达赖喇嘛在这一历史事件中的所作所为，对他在这一事件中所持的态度和所起的作用作一客观、公正的评价。

吴三桂，字长白，江苏高邮人，后籍辽宁绥中。明末任辽东总兵，封为平西伯。后降清，引清兵入关，又为清兵先驱镇压陕西、四川等地的反清军民，为建立清王朝立下了汗马功劳。1659年（清顺治十六年）三月，清廷任命吴三桂为云南总管，并先后封以平西王、平西大将军、平西亲王。在镇守云南的14年期间，他独揽军政大权，推行改土归流的同时，也准许一部分土官、土司世袭。在经济上增收赋税，重榷关市，垄断盐井和矿山之利。如1667年（清康熙六年）增加云南盐课达196 063两，是1578年（明万历六年）的4倍。抢占沐氏70多万亩良田，建立“平西官庄”。据五华山为藩府，修造安阜园、莲花池别墅，经营安乐窝。仅用于购置舞班、歌妓的服装道具就花去几十万两银子。同时还放高利贷，多方奴役人民。政治上专权跋扈，背着朝廷自选文武官员，培植党羽。利用宗教维护统治，仅用于修建鸣凤山上的道观就用去数百吨铜（原金殿铜殿等）。军事上，以“边境未靖”为由，将军队扩至为10镇，有10余万人，年军费达900余万两。秘密屯积硫磺、硝石等军用物资，制造武器，形成了武装割据局面。

出于将西南边陲连成一线的战略考虑，吴三桂在武装割据云南的同时，也没有忘记同远在千里之外的西藏保持联系。他以信奉藏传佛教格鲁派为名，每年都要派人到拉萨给各大寺院熬茶放布施，特别是对五世达赖喇嘛表示了极大的崇信。同时，他还寻找时机插手西藏事务。他的这一野心，集中体现在所统辖的云南大小中甸地区（即史料所载的杨达木、结达木二城）的归属问题和对噶玛噶举派黑帽系第十世活佛却英多吉的态度上。大小中甸地区在明洪武年间属云南丽江军民府管辖。明末清初，噶玛噶举派的势力不断深入这一地区，同丽江木氏土司联系较为密切。约在1667年（清康熙六年），即吴三桂平定云南六七年后，蒙古和硕特部干都台吉又占据了中甸地区。当年九月，吴三桂到大理巡边考察时，出于同西藏保持关系的战略考虑，也顾及到五世达赖喇嘛的情面，感到不便出兵与蒙古和硕特部争夺该地，遂承认了这一既成事实。

1642年（清崇德七年），格鲁派在固始汗支持下跃居西藏统治地位，噶玛噶举派黑帽系第十世活佛却英多吉一度处境艰难。后因噶尔巴叛乱，被固始汗作为人质囚禁，不久逃往云南丽江木氏土司处避难。1653年（清顺治十年），清朝顺治皇帝鉴于他在藏区的影响，派人邀请他到北京。他迫于处在困境，未能应召入京，仅派人上表朝贡，争取清朝的承认和支持。1660年（清顺治十七年），顺治承认他应有的地位，封赐他为大喇嘛，并颁印信。在他的经营下，中甸、丽江地区的噶玛噶举派势力有很大发展。1673年（清康熙十二年），五世达赖喇嘛57岁时，经西藏佛教界人士和吴三桂的极力斡旋，西藏甘丹颇章政府终于同意却英多吉返回西藏，当年十月，吴三桂派人护送却英多吉返回拉萨，并嘱咐西藏方面按照相应的规格迎接却英多吉。当时的噶玛噶举派已完全丧失了同格鲁派在政治、经济上抗衡的能力，而五世达赖喇嘛也认为两派的历史恩怨到了“化干戈为玉帛，变石雨为花雨”[1]的时候，加上吴三桂对他施加的影响，因此，他欣然同意却英多吉返回西藏，并按照对待红帽活佛的规格设灶郊迎，并在布达拉宫会见了却英多吉，使却英多

[1]《五世达赖喇嘛传》，五世达赖喇嘛阿旺罗桑嘉措著，陈庆英、马连龙、马林译，中国藏学出版社1997年10月第1版，第828页。

吉很体面地回到了西藏。

吴三桂在云南的残暴统治以及拥兵自重的武装割据局面，加剧了与清中央王朝的矛盾，引起了康熙皇帝的极大不安。1663年(康熙二年)，康熙以“今天下大定”为由，收缴了吴三桂的大将军印。1673年（康熙十二年)，康熙批准广东平南王尚可喜“归老辽东”，并命令尚可喜“尽撤藩兵回籍”。吴三桂对此极为惊恐。为探明清政府的态度，他也假意请求“撤藩回籍”。康熙帝立即予以批准，并派专使到昆明，催他赶快卸职回到辽东。吴三桂感到割据对抗朝廷已经走到尽头，于是悍然决定叛乱反清。同年十一月二十一日，吴三桂囚禁朝廷专使，杀害云南巡抚，自封为“天下都招讨兵马大元帅”，并抬出14年前被他绞死的永乐皇帝的亡灵祭奠，表示继承明室反清“意愿”。叛军随即北占四川，东出贵州，攻进湖南，并先后占领长沙、常德、岳州（今岳阳）等地。这时，朝廷在“求和”还是“平叛”上出现激烈争论，康熙力主平叛，派军队阻击。康熙还缓办“撤藩”，以孤立吴三桂。

为了防止吴三桂势穷后窜入西藏、青海等地，同时调遣西藏方面的蒙古兵从西南方面进缴，从战略上对吴三桂形成合围之势，康熙还派青城（呼和浩特）的喇嘛觉热齐、员外郎拉笃祜、笔贴式古鲁等人到西藏传谕五世达赖喇嘛，令其派青海蒙古军由四川松藩一带进入云南，分兵进讨吴三桂。

云南中甸梅里雪山下的佛塔

吴三桂在1673年（清康熙十二年）十一月起兵反叛，西藏方面在很短的时间内就得到了消息。五世达赖喇嘛在听到这一消息后，迅疾作出反映。正当他准备遣使去北京向康熙皇帝问安时，得知清政府派遣的使臣即将到达，故暂缓遣使，等待清政府方面的进一步指令。

1674年（清康熙十三年）四月，以拉笃祜为首的使臣抵达拉萨。四月十九日，五世达赖喇嘛接见了朝廷的使臣。丹巴德穆齐喇嘛向五世达赖喇嘛宣读了敕谕，颁发了康熙的赏赐物品，并详细介绍了吴三桂反叛的经过、当前的战事以及朝廷请达赖喇嘛发蒙古并分兵进讨的意图等。

中甸松赞林寺

但是作为西藏这样一个边远地区的宗教领袖，五世达赖喇嘛对全国的局势和吴三桂在云南武装割据、叛乱反清的实情还缺乏足够的了解。他认为这是“由于众生的时缘违碍，遂致文殊大皇帝（康熙）与执掌朝命法度的平西亲王（吴三桂）心意不合，发动了席卷摩诃支那大地的大规模战乱”。❶接着，他历数了从清太宗皇太极到顺治时期清朝政府同西藏地方的密切关系，回忆了自己进京陛见，受到顺治的优厚待遇，接受封赐的情形，对此他向使臣表示了由衷的感激之情。他还对使臣说，自己时常讽诵佛经，祝佑清政府的朝政稳固，四方疆域咸得安定，为国家的和平和繁荣而竭诚祈祷。这些情况，在拉笃祜等人回京后给顺治的奏报中也得到了印证：“(达赖喇嘛）向臣等云：我闻吴三桂反叛，摇动人民，心甚忧闷，正欲遣使，闻汝等来，故尔少待。今接敕书，得闻圣体万安，不胜忻慰。我本喇玛，惟当诵

❶《五世达赖喇嘛传》，五世达赖喇嘛阿旺罗桑嘉措著，陈庆英、马连龙、马林译，中国藏学出版社1997年10月第1版，第850页。

经，保佑圣躬康豫，威灵远播，国祚延长，吴三桂指日殄灭。”[1]

但在接受清政府的调遣，派兵征讨吴三桂的事情上，五世达赖喇嘛却顾虑重重。虽然他当着清朝使臣的面表示：“若吴三桂势穷而来，我当执而送之；若闻彼不出边境，东西逃窜，即时进兵擒拿。”[2]但同时他又认为“西藏的军队开到汉地能有多大的用处呢？厄鲁特蒙古军队战斗力虽强，但他们是难以驾驭的。况且那里气候炎热，又流行天花，水土不服。这是值得顾忌的”。[3]他还提出：“闻大国兵马，皆给粮草，我兵前进，粮草不继，人饥马瘦，何可深入？”[4]所以他认为西藏难以接受朝廷调遣藏兵的命令，但未当面向朝廷使臣表示自己的这一想法，只是提出将他的意思火速回奏康熙皇帝，根据朝廷进一步的指示再作决断。

五世达赖喇嘛的这番话，只反映了他所顾虑的一个方面，这就是担心西藏军队没有这种远征的战斗经验和能力，而额鲁特的蒙古兵战斗力虽强，但却难以驾驭，一旦出兵远征，很可能不听自己的指挥和调遣，在沿途惹是生非，带来不必要的麻烦。至于担心蒙古兵不服云南的水土、染上天花等等，不过是托词。从以后的事态发展分析，他所担心的还有以下几个方面的问题：一是他对吴三桂反叛的实情还不甚了解，不想盲目地出兵攻打；二是吴三桂同西藏格鲁派的关系较为密切，他本人和许多部将都信奉格鲁派，每年都送来大量的布施。在这种情况下亲自下令征讨，要承受很大的舆论压力；三是他认为吴三桂也可能听他的话，还想寻找时机规劝吴三桂同朝廷修好。

五世达赖喇嘛的这一态度使朝廷的使臣极为不满，同时也没有得到甘丹颇章政权其他首脑人物的认同。于是，五世达赖喇嘛、达赖汗等人就此又进行了反复的讨论。讨论的经过不见于《自传》的

[1][2][4]《一史馆藏内阁起居注》，载《元以来西藏地方与中央政府关系档案史料汇编（2）》，中国藏学出版社1994年10月第1版，第251、252页。

[3]《五世达赖喇嘛传》，五世达赖喇嘛阿旺罗桑嘉措著，陈庆英、马连龙、马林译，中国藏学出版社1997年10月第1版，第850页。

记载，但从最后的决定看，至少在以下几个问题上是经过了反复斟酌的：一是服从清政府的调遣，派西藏军队围剿吴三桂是按照中央政府的方略和部署统一行动的，在这一点上西藏方面同中央政府有着“共同的目的”[1]；二是如果拒不出兵，定会引起朝廷的不满甚至疑心。因为毕竟格鲁派政权同吴三桂有着千丝万缕的联系，拒不出兵，很容易使朝廷联想到吴三桂已同甘丹颇章政权达成了某些协议，甚至串通一气。这必将损害清朝政府同甘丹颇章政权的关系；三是吴三桂起兵叛清后，云南大小中甸地区仍在和硕特蒙古的控制之下，也就是说仍在甘丹颇章政权的间接控制之下。但远在西藏的五世达赖喇嘛、达赖汗等人未能掌握这一情况，“在中甸地区给那些未驯化的人们撑腰的是不是丽江土王还是什么人，则不得而知”。[2]认为该地已被吴三桂占据，或是被丽江土司所控制。所以在讨论是否出兵的问题时，借出兵云南之际收复中甸成为促成五世达赖喇嘛下决心出兵的主要因素之一。

经过这样一番讨论后，甘丹颇章政权正式决定选择时机出兵云南。但选择时机出兵的答复仍未使朝廷使臣满意，他敦促五世达赖喇嘛说既然愿意出兵相助，就不要再有任何托词。同时提出要节制蒙古兵，不能让他们借机滋扰沿边地区。为了顾全大局，五世达赖喇嘛答应了朝廷的要求，制订了以达赖珲台吉的蒙古兵从速进兵云南的计划，并任命嘉色扎什为统帅。当月二十日，五世达赖喇嘛给嘉色扎什传授了长寿灌顶和消除一切违碍的六臂依怙随许法，并授予“厄勒觉图巴图尔台吉”的称号，馈赠了大批礼品，另委任噶加诺尔布、麦恰巴担任副将，率兵出征。

接到五世达赖喇嘛同意出兵相助、进剿吴三桂的奏报后，康熙帝立即对其进行了安排部署。他命令五世达赖喇嘛发蒙古兵入四川松藩等处边界进剿，同时谕令四川等地的文武官员协助蒙古兵。要求蒙古兵所到之处，地方官员和老百姓都要剃头迎降，并火速筹备

[1][2]《五世达赖喇嘛传》，五世达赖喇嘛阿旺罗桑嘉措著，陈庆英、马连龙、马林译，中国藏学出版社1997年10月第1版，第851页。

粮草供应蒙古兵。如果能主动开门迎降，交出兵马，并积极筹办粮草，事情平定后论功行赏；如果抗拒不从，不供应粮草，准许蒙古兵立即攻取。蒙古兵收复的地方由投诚有功的官员接受，蒙古兵返回本土。为了打消沿途各地官员对达赖喇嘛所派蒙古兵的疑虑，康熙还特别强调"达赖喇嘛协剿逆贼，已申明纪律，约束兵丁，所过并无骚扰"。❶

但是，正如五世达赖喇嘛所料想的，蒙古达赖珲台吉的军队并没有按照朝廷的部署从四川进入云南协助清军剿灭吴三桂，而是以松藩等地路险，且云南天气炎热、风土不宜为由，拒不出兵深入，反而在陕、甘边界各地滋扰生事，他们拆毁关隘，袭击政府官员，不时与朝廷军队发生对抗。当时，陕西提督王辅臣在吴三桂反叛事件上态度暧昧，叛而又附，附而又叛，甚至杀害了陕西经略莫洛。蒙古兵的袭扰，无形中加剧了西北地区局势的动荡，影响到南方各省的平叛，而当时清政府兵力有限，顾及不到西北方面，因此对西北采取了稳定策略。对王辅臣，康熙以极大的耐心争取他，表示"往事一概不究"，极力安抚，终于在1676年（康熙十五年）把他争取过来，保住了陕西，使吴三桂打通西北的阴谋未能得逞，清军得以腾出兵力增援南方。对蒙古兵，清政府也不再指望同他们分兵合围吴三桂，而是将原驻防兰州的甘肃提督移驻甘州，加强了对蒙古人的防范，同时谕令五世达赖喇嘛对蒙古各部严加管束。

在清政府积极联络西藏方面的同时，吴三桂也加紧了同西藏达赖喇嘛等的联系。1674年（清康熙十三年）四月，朝廷的使臣前脚刚走，吴三桂的使者接踵而至。当年六月六日，吴三桂派人送信给五世达赖喇嘛。吴三桂来信的内容不得而知，但从当时的情况和五世达赖喇嘛给吴三桂的回信分析，不外是他起兵反叛不久，势头正旺，想进一步寻求西藏和蒙古方面的支持，结成同盟，从西南、西北对中原形成压迫之势。

❶孟森《明清史论集刊》下册，第480页，载《清初五世达赖喇嘛档案史料选编》，中国藏学出版社2000年4月出版，第72页。

在接待这些使者是否合适的问题上，甘丹颇章政权的官员们产生了各种分歧。但五世达赖喇嘛认为按照西藏的习惯，接待来使是众所周知的例规。经与第巴商议后决定接待来人，并接受了带来的礼品和书信。

五世达赖喇嘛虽然知道吴三桂野心勃勃，“耻于低头，骄傲不驯”，但仍然心存幻想，认为可以借此机会规劝吴三桂，希望以自己的威信和吴三桂对佛教的信仰，说服他早日罢兵，臣服朝廷。他让来人给吴三桂带去了回信和口信，信中说：“大臣你出了这样的差错是很不幸的，致使生灵涂炭。当今满洲皇帝和前两代皇上即三代以来，对西藏来说，始终保持着福田施主的关系，而且非常密切。我自己曾亲身到朝廷，得到无量的恩赏，其情形平西王你也是知悉的，因此我在梦中也没有起过犯上作乱之心。如果背叛，不但使三宝耻作恶行，连你自己也会认为是可羞耻的，是不应该的。我和亲王你过去虽无交情，现在相识恨晚，佛陀释迦牟尼的追随者的特点就是慈爱一切众生，与眷众俱洁身净心，不可胡作妄为。总而言之，西藏人不愿出力支持交战的双方。厄鲁特蒙古人是英勇的战士，他们到处蹂躏，会破坏人们的幸福。”五世达赖喇嘛言辞恳切，但态度坚决，除了规劝吴三桂不可背叛朝廷、胡作妄为外，更明确表示了自己决不会背叛朝廷，与他为伍。我认为这段话明确地表达了五世达赖喇嘛对吴三桂反叛事件的基本态度，即不管事态发展如何，西藏方面必将始终同中央政府在政治上保持一致，与吴三桂结盟，背叛朝廷，就是“犯上作乱”。

这批使者还没有离开拉萨，七月四、五日，吴三桂派遣的第二、三批使者又来到了拉萨。可见吴三桂当时迫切需要西藏和蒙古方面的支持。五世达赖喇嘛按照前例接见了这些人，接受了礼品，并听取了各方面的情况。后来又在私下里同来人举行了会谈，详细听取了吴三桂带来的口信。这些人的身份不见史料记载，但五世达赖喇嘛说他们都是担任军事要职的人，所以给予了优厚的礼品，并给吴三桂带去了自己的画像和亲手打的吉祥结。

吴三桂来使与五世达赖喇嘛私下会谈的内容我们无法得知，但可以肯定的是，会谈给五世达赖喇嘛留下了深刻的印象。当时，清政府在南方各地的形势极为严峻，战争开始后，清朝方面暴露了严重的弱点。首先是调兵遣将，着着落后；其次是八旗兵斗志不强。湖南守将慑于吴军的来势凶猛，丢掉了许多城池。派到武昌、荆州的八旗兵不敢渡江前进。与之相反，叛军方面却屡屡得手。吴三桂多年来养精蓄锐，兵强马壮，先声夺人。1674年（清康熙十三年）三月，耿精忠据福建叛。不到半年，清廷失掉滇、黔、湘、川、桂、闽六省。吴三桂的嚣张气焰和对清政府极为不利的形势使得五世达赖喇嘛对战争的态势产生了错误的判断，对清政府能否平息叛乱产生了怀疑，也深为统一国家的前途所担心："吴三桂足智多谋，且汉人叛逆者众，汉人忧虑剃发换装，恐势渐扩大。"❶加上吴三桂的频繁来使和他的花言巧语使五世达赖喇嘛对其反叛朝廷的性质产生了模糊认识。为此，1675（清康熙十四年）四月间，他出于"大乱之时，念土伯特、蒙古、汉人、巴勒布等之道法，特派人具奏说服主奴"❷的目的派使者到京，上奏康熙皇帝为吴三桂说情："若吴三桂力穷，乞免其死罪，万一鸱张，莫若裂土罢兵。"康熙拒绝了他裂土罢兵的请求，考虑到五世达赖喇嘛仍对吴三桂反叛朝廷的性质有所不明，又详细陈述了朝廷与吴三桂的关系以及吴三桂的罪行："吴三桂乃明时微弁，父死流贼，摇尾乞降，世祖章皇帝优擢封王，其子尚公主，朕又宠加亲王，所受恩典，不但越绝朝臣，盖自古所罕有。吴三桂负此殊恩，构衅残民，天人共愤。朕乃天下人民之主，岂容裂土罢兵？"❸但答应如果吴三桂悔罪归降，可以免其死罪。五世达赖喇嘛的这一建议不但没有达到目的，反而使康熙对他产生了疑心。日后，五世达赖喇嘛花费了很多精力弥合裂痕，才得

---

❶❷《内阁蒙古堂满文档》，载《清初五世达赖喇嘛档案史料选编》，中国藏学出版社2000年4月出版，第82页。

❸《清实录—圣祖实录》卷五四，载《元以来西藏地方与中央政府关系档案史料汇编(2)》，中国藏学出版社1994年10月出版，第254页。

到了康熙的谅解。

1675年（清康熙十四年）正月，吴三桂又遣人通过打箭炉给五世达赖喇嘛送来黄金20两，给达赖汗黄金10两以及书信等，企图进一步拉拢他们。五世达赖喇嘛回赠了珍宝等礼品，并很快遣回了信使。

此后的1676年（清康熙十五年）元月和1677年（清康熙十六年）五月，吴三桂又两次派人到五世达赖喇嘛处，给达赖喇嘛和达赖汗等人馈赠了大量的礼品。如1676年（清康熙十五年）元月的那次，吴三桂派来70多人，给五世达赖喇嘛赠送了金佛像、用黄金1万钱制造的金锅、铜勺、四个酥油茶桶，还有白银1万两、纳西茶1万克。另外还有吴三桂的妻妾赠送的大量礼品。给达赖汗和第巴各赠送了金茶桶一对，内装黄金5 078钱，白银5 000两。五世达赖喇嘛举行盛大的宴会招待来人，回赠了礼品，并给其中的两人分别传授了比丘戒和沙弥戒。

吴三桂同西藏方面的密切接触引起了清朝廷的极大关注。一些边防守将也在不明实情的情况下向康熙奏言，说五世达赖喇嘛已经应允吴三桂共同举事，并给予吴三桂极大的赞誉，西藏的军队不久就要打到云南等等。对此，朝廷数次派出使臣到西藏，要求五世达赖喇嘛、达赖汗等人作出解释。同时，还命令四川等地的总督、巡抚，在西藏至云南的沿途设立哨卡，搜查西藏方面同吴三桂的往来书信，一经查出，火速报告朝廷。

吴三桂的频繁遣使和清朝廷的不信任，给五世达赖喇嘛造成了巨大压力。他在前后几次的奏书中将同吴三桂来使接触的情况一一详细奏报，康熙对此将信将疑，不置可否。1676年（康熙十五年），随着王辅臣的投诚和西北局势的稳定，清军得以腾出兵力增援南方。同时又利用“三藩”之一的靖南王耿精忠同郑经的矛盾，多方招抚耿精忠。不久耿归附清廷，清收复福建。“三藩”之一的平南王尚可喜之子尚之信也于1677年（康熙十六年）五月降服，稳住了广东。由于康熙处置得当，吴三桂失去了外援，军事上完全陷于孤立。这样，从1676年（康熙十五年）起，战争的优势逐渐转到清军方面来了。

清政府将陕西、福建、广东局势稳住后，便下令重点进攻湖南。吴三桂叛军在湖南屡战屡败，陷入困境。1678年(清康熙十七年)三月，吴三桂在湖南衡州(今衡阳)称帝，国号“周”，年号“昭武”。八月，吴三桂暴死衡州，其孙吴世潘继“位”。1681年（清康熙二十年）十一月，清军攻占昆明，吴世潘自杀。叛乱历时8年结束。听到平叛胜利的消息后，五世达赖喇嘛举行了庆祝胜利的法事。

随着战争结局的逐步明朗，康熙开始重新审视吴三桂同西藏方面的关系以及五世达赖喇嘛在这场叛乱与平叛斗争中的态度。如前所述，康熙对五世达赖喇嘛所奏同吴三桂交往的情形一直将信将疑，后来两广总督金光胜大败吴三桂，生擒吴三桂任命的伪总督董重民，从董重民的口中知道了吴三桂和西藏方面联络的详细经过，才解除了康熙的疑心，认为“由此观之，吴三桂使多次出入尔处之情形，与尔所奏事实相符。朕已洞悉尔所奏事情原由”。[1]不过，在吴三桂被剿灭后，他又命令将投诚的伪总兵陆道清及曾随吴三桂使者去拉萨的心腹押往京师，以便更仔细地了解情况。

为了进一步申明自己在吴三桂反清叛乱事件中的基本态度和所作所为，澄清某些事实，五世达赖喇嘛从1678年（清康熙十七年）至他圆寂前的1681年（清康熙二十年）的4年间不断上奏康熙，以求得康熙的理解和谅解。他的申辩主要集中在三点：一是同吴三桂的往来经过和自己在这件事上的基本态度；二是招降吴的出发点；三是所谓“裂土罢兵”并非本意，其中必有误解。

关于第一点，他在1678年（清康熙十七年）十一月的奏书中申辩说：

“前吴三为探小僧之意，曾遣人前来，未带馈礼。来书说

---

[1]《一史馆藏蒙文老档》，载《元以来西藏地方与中央政府关系档案史料汇编》，中国藏学出版社1994年10月出版，第255页。

明其举事之因。小僧言，为臣仆者与主人破裂，差矣！并未应允同其举事。尔后难免有众多汉人妄进谗言。

吴来使言，土伯特、蒙古已应允协同举事。小僧言，蒙古、土伯特不可能同彼协同举事。若彼等能，小僧等亦不能。小僧等同圣上政教为一，前小僧赴朝廷朝觐等事，吴三桂岂不知乎？如反叛朝廷，我等僧俗愧对圣上，即愧对世人，故未应允。

尔后吴使海潮龙携来金、银、茶叶等礼品颇多，对军事方面则毫未涉及。小僧想吴馈赠财物甚多，不应无偿收受，遂遣布呼依绷之二兰占巴携珊瑚、琥珀等礼品回赠。前曾将此事奏明在案，并非宣扬吴三桂所赠厚礼。将一切事件如实奏报，此乃土伯特应尽之职责。尔后虽有使人来，但并未带礼品。虽将布呼依绷之大兰占巴遣回，但今年并未派人前来。小僧猜想，大概因小僧等未派兵同其举事，吴因而不满。”❶

五世达赖喇嘛的这段奏书归纳起来有三点：一是承认了战争期间吴三桂多次派人来联络西藏方面，并馈赠了大量礼品，考虑到不应无偿收受，自己也回赠了礼品；二是吴三桂遣使的来意，只是说明举事的原因，并鼓动西藏方面共同行动，并未涉及具体的军事部署；三是对吴三桂联合举事的鼓惑，自己从维护国家统一的大局出发，始终没有答应，并给予了严词回拒。

关于招降吴三桂的出发点，五世达赖喇嘛在战争期间已多次奏报康熙说明自己的初衷。在1680年（清康熙十九年）的奏书中，他又进一步申明，认为当时各地叛乱如火如荼，朝廷军队处于劣势，如果“吴三桂跪请之时，若加因势利导，或可迅速安定。……实出至诚，别无异心”。❷

❶《一史馆藏蒙文老档》，载《元以来西藏地方与中央政府关系档案史料汇编(2)》，中国藏学出版社1994年10月出版，第257页。

❷《内阁蒙古堂满文档》，载《清初五世达赖喇嘛档案史料选编》，中国藏学出版社2000年4月出版，第84页。

关于“裂土罢兵”的奏言，战后五世达赖喇嘛除多次上奏请罪外，也提出了申辩的理由：“大乱之时，念土伯特、蒙古、汉人、巴勒布等之道法，特派人具奏说服主奴之项，或因天贼二者之间无需调和有所不悦，或为土伯特、蒙古文翻译之过，向无与皇上等同之处。”❶这段奏言表达了两个意思：一是战争初期，五世达赖喇嘛虽然对吴三桂反清叛乱的性质不甚明了，但对清政府和吴三桂之间的统属关系还是清楚的，因此从未“以吴三桂比朝廷”。同时也为当时朝廷面临的局势所担心，从僧人慈爱一切众生的道德观出发，他也不愿看到战争使生灵涂炭，希望说服双方停止战争；二是对“裂土罢兵”提出了疑义，认为自己本意并非如此，有可能是翻译时出现了疑义。

对于五世达赖喇嘛的这些申辩，康熙也给予了认可，在交议政王会议议定后，认为对五世达赖喇嘛和西藏方面的诸多误解可能是因为“逆贼蛊惑人心，四处造谣”所致，并一锤定音，谕令五世达赖喇嘛“兹事已定，不必重提”❷，为这段历史划上了句号。

综观这段史实，我认为：1. 五世达赖喇嘛时代，清政府与西藏地方政府政治上的统属关系已相当密切和牢固，五世达赖喇嘛本人在吴三桂反清叛乱过程中的基本态度是基于维护统一多民族国家和平、安定局面的，并始终以不与吴三桂等叛军为伍为原则的。即使有退让、调和的言行，也并没有影响清政府平叛的进程；2. 五世达赖喇嘛这一基本态度，客观上抑制了吴三桂进一步联合蒙藏的野心，稳定了西南、西北边陲，使清政府可以腾出更多的人力、物力，集中力量剿灭南方各省的叛乱。虽说在平定吴三桂反清叛乱的过程中达赖喇嘛并没有直接发挥过作用，但达赖喇嘛所属的一方土地康熙是放心的，这对处在长达数年之久的平叛紧张关头的康熙来说，无疑是一种政治上的支持；3. 对“裂土罢兵”的奏言，由于我们未看到藏文原文，无法判定是否由于翻译的原因产生了歧义，但

❶❷《内阁蒙古堂满文档》，载《清初五世达赖喇嘛档案史料选编》，中国藏学出版社2000年4月出版，第84、91页。

有一点必须明确，那就是对一位历史人物功过是非的评价，尤其是五世达赖喇嘛这样一位为国家统一作出过杰出贡献的地方政教领袖的评价，必须用历史唯物主义的观点和方法分析其所处的深刻历史背景以及他在整个事件中的所作所为。

七、精心培养桑杰嘉措

桑结嘉措是17世纪80年代至18世纪初西藏历史上叱咤风云的人物。1679年，五世达赖喇嘛任命其为甘丹颇章政权第巴。在任期间，他把西藏地方分散的政治、经济集权于拉萨，使拉萨成为政治、经济、文化的中心。1682年，五世达赖喇嘛圆寂后，他利用职权秘不发丧达15年之久。1690年，他兴建了布达拉宫的红宫。1694年，他假借五世达赖喇嘛之名，请求清朝廷封赐。清廷封其为“掌瓦剌旦达赖喇嘛教弘宣法王”，并赐金印。1703年，拉萨祈愿大法会上，拉藏汗指使部属杀死其属下。事后，他将拉藏汗驱逐到藏北当雄。1705年被拉藏汗擒杀。桑杰嘉措一生著作颇丰，主要有《黄琉璃史》、《白琉璃史》和《蓝琉璃史》等。他在政治上的成功与学术上的成就，离不开早年五世达赖喇嘛对他的精心培养和扶植。

1653年，桑结嘉措出生在拉萨大贵族仲麦巴家族。父亲名阿苏，母亲名布赤甲茂。仲麦巴家族很早就与五世达赖喇嘛出生的琼结家族有着密切的关系，在格鲁派政权的创建过程中立下过功勋。五世达赖喇嘛十几岁时，就经常出入仲麦巴家。仲麦巴一家对他总是毕恭毕敬，并发展成为一种友谊。桑结嘉措的叔父仲麦巴·赤烈嘉措早年随侍五世达赖喇嘛左右，“不分冬夏寒暑常在我身边效力”，他忠于职守，勤于服侍，深得五世达赖喇嘛的赏识和信任。五世达赖喇嘛数次患病，都是由他贴身服侍。凡遇五世达赖喇嘛患病、外出或闭关期间，日常事务都由赤烈嘉措等人处理，遇到重大事宜，则由赤烈嘉措直接禀报。第巴索南热丹去世后，五世达赖喇嘛又力排众议，推选赤烈嘉措担任第巴一职，“赐给他掌管全部领地的权力，给予达尔罕的印章”[1],并以第巴赤烈嘉措未上任前,有赠礼布施一类颇为丰厚的收入，上任后可能会得不到这些收入为由，将50户农奴，岁入2 500克的土地的巴仲和直隆谿卡赐给他，足见对他的赏识。

桑结嘉措从小就在其叔父的身边受教育，8岁时又被送进布达拉宫。因其叔父的影响，五世达赖喇嘛对他特别钟爱，“从幼年时起就被托付给我，让我象对自己孩子一样抚养、守护。”[2]1668年，第巴赤烈嘉措去世后，五世达赖喇嘛更是对时年15岁的桑结嘉措关怀倍至，亲自教他学习佛学、历史、文学、天文、历算等知识，并有意让他接替叔父，随侍左右，培养他从政的能力，最终将他培养成了一位知识渊博、头脑敏锐的政治家和学者。与此同时，五世达赖喇嘛利用自己的威望不断提高桑结嘉措的政治地位，以便将来能够顺理成章地担任格鲁派政权的要职。如在确定甘丹颇章政权各级官员的座次时，特意“为在我的法座周围的仲麦阿哇尔（即桑结嘉措）铺设地毯、镶边长方缎褥、栽绒方褥和小桌子”[3]，位置仅次于第巴。经济上，五世达赖喇嘛更是全力以赴予以支持，他“将桑域所属扎西顶和仲萨谿卡及属民二十二户拨给他，年收入一千二百七十克，此外拨给他的还有贡噶吉那谿卡及属民三十户，年收三千九百克，峻地方的谿卡及属民三十五户，年收入二千二百三十克，巴日谿卡及小泥塘，属民四户，收入四百克”。[4]使仲麦巴家族的经济实力大增。

当一切都水到渠成之后，五世达赖喇嘛就把桑结嘉措推上了从政的道路。1676年，在第巴罗桑图多卸任3年后，五世达赖喇嘛亲自提名年仅23岁的桑结嘉措担任第巴。当时，“从汇集的候选人名单来看，大都选举仲麦阿哇尔、翁则、却本巴和（南杰）扎仓执事四人，有些人提名年老的达孜台吉、第巴吞巴、拉玛孜巴、达隆翁玛强佐、达尔罕噶居、济仲达扎巴、索南旺杰、嘉布乃、东乃、孜

---

[1][2][3][4]《五世达赖喇嘛传》，五世达赖喇嘛阿旺罗桑嘉措著，陈庆英、马连龙、马林译，中国藏学出版社1997年10月第1版，第691、770、910页。

钦乃、噶加诺布、尼日瓦才旺扎西、格布瓦、达本才旺、绛林桑珠嘉布、昂索贵贵、达东罗桑才旦等人”。[1]但五世达赖喇嘛仍以算卦的结果是桑结嘉措领先为由，要求由桑结嘉措担任第巴。但桑结嘉措认为自己尚年轻，资历、经验有限，况且自己已还俗，担任一贯由僧人出任的第巴一职恐招来非议，因此谢绝了这一任命。五世达赖喇嘛仍派人去劝说：“从今年的情况来看，你已经还家为俗人，似乎眼光有些狭隘。自强佐、宰桑二人开始，管事从员次第失却僧人之名。喇章中养着女人之类的事以前没能听说，现在谁也不会提起。并未听说要让你这个在家人出家为僧的事。”[2]对此，桑结嘉措解释说并非顾虑那样的指责，而是因学识浅陋，“仍以年轻难以胜任为由郑重推辞”。[3]此后，五世达赖喇嘛又通过达隆强佐巴和却本巴二人，非常郑重地再次请求桑结嘉措任职，但他仍然坚辞不就，转而劝说五世达赖喇嘛任命罗桑金巴为第巴。这虽不是五世达赖喇嘛的本意，但通过卜算，显示“三年之内，我（指五世达赖喇嘛）和第巴都有深重的灾难，其间如果（扎仓执事〈罗桑金巴〉）任职，可以消除违碍”。[4]不得已，只得改任罗桑金巴为第巴，任期3年。

罗桑金巴虽然为人正直，为官清廉，五世达赖喇嘛曾评价他“是灵魂纯洁、寡欲不贪的人”，但他担任第巴时间不长，就身染风病，不能正常处理政务，重要的事情还是由桑结嘉措负责处理。因此罗桑金巴本人曾多次向五世达赖喇嘛提出调整第巴人选。3年届满后，罗桑金巴坚决要求辞职。甘丹颇章政权的上层人物经过商议后，认为第巴这样重要的职务不宜频繁更换，还是让他继续留任为好。但罗桑金巴以卜算的结果与拉穆护法所说的意见一致，即不宜再任职为由，坚辞不就。不得已，五世达赖喇嘛同意了他的要求，准许他辞去第巴职务。

当时五世达赖喇嘛年事已高，难以应付纷繁复杂的政教事务，不能不尽快任命新的一任第巴。他认为在1675年的选举中，桑结嘉

[1][2][3][4]《五世达赖喇嘛传》，五世达赖喇嘛阿旺罗桑嘉措著，陈庆英、马连龙、马林译，中国藏学出版社1997年10月第1版，第914、915、918页。

措已进入候选人名单，且排名在先。从1675年至今时间不算长，当时的选举依然有效，故决定可不再经过选举，直接委任桑结嘉措为第巴。1679年五月，五世达赖喇嘛派乃萨才旺和强钦巴罗桑钦则二人前往桑结嘉措的住地，传达他的意见："我已年老，不能胜任政务，眼下无论如何得委任一名新第巴，不但护法的授记认为你是合适人选，而且从兔年起你虽获准休假仍然代理政务，事实证明你精明能干，现在第巴一职舍你其谁也。其他人对你都很了解，也希望担任第巴。"❶但是，桑结嘉措认为他担任第巴的时机仍然不成熟，就以自己要在近期受持近圆戒，在力所能及的时候仍然可以作为五世达赖喇嘛的近侍朝夕相处，这样既可以协助五世达赖喇嘛处理政务，又不会招致对他有偏见的人的非议为由，再次予以拒绝。五世达赖喇嘛又多次轮番派强钦巴和乃萨才旺或单独或共同去见他，劝说他出任第巴，但他依然如故，并不接受任命。

最后，五世达赖喇嘛不得不亲自出面请求说："我已年迈，无论如何你要担任此职，并要努力从事，暂时的和长远的优缺点在所难免，我对你有自幼养育之恩，为没有亲自请求你供职而感到不安，如果有什么愿望，可在任职两年之后考虑受持清净的近圆戒，应该担任第巴这一职务了。最终的愿望是永断轮回之苦，何时能够实现呢？眼前的愿望是求你供职，如果身体不行，也可以象隐居禅庙的僧人那样处世行事。"❷面对五世达赖喇嘛苦口婆心的劝说，桑结嘉措仍坚持己见，他认为："官宦贵族谋求永断轮回，其结果也不甚美妙，犹如王子古东曲则的故事，详细道来也如上所述，永断轮回之苦，今天今世没有这个福分，推辞第巴职务的请求虽然不同寻常，如果事与愿违，今生后世都不可能接受，犹如用牛奶修补的白螺来镇伏邪魔怨敌，于事无补。我自幼承蒙无上的眷顾，成年以后理应随侍供职，不能违背你的教训和旨意。但是，我是个有信仰的人，应该表示感谢，并仍请求得到允准。"❸

❶❷❸《五世达赖喇嘛传》，五世达赖喇嘛阿旺罗桑嘉措著，陈庆英、马连龙、马林译，中国藏学出版社1997年10月第一版，第1111、1111~1112页。

对于桑结嘉措如此违背自己的旨意，拒不接受任命的行为，身为格鲁派政教领袖的五世达赖喇嘛不但没有生气，反而耐心地派乃萨才旺和强钦巴等人继续做工作：“正由你自幼得到我的养育，我随着年岁的增大，对于教法和世俗方面的事务皆不能胜任，但不希望由别人来承担，只能死而后已，否则不想罢休。第巴罗桑金巴要求考虑此事。经过反复思量，一再提议请你担任第巴，这事非同儿戏。对你从前年就开始考察，不但出类拔萃，而且也与三根本所作的预言相符，除此之外还有什么必要进行考察呢？……一切贵贱人等都认为与我没有差别，连表示尊敬的规章都制订出来了，因此，我衷心地期望着你接受这一任命 ，除非我不在人世。”[1] 在耐心劝说的同时，五世达赖喇嘛还直接签发了任命书。

由于五世达赖喇嘛态度坚决，没有余地，桑结嘉措经过认真考虑后，最终还是接受了任命。不过他又提出了几个要求，说：“从现在起，无论任职多少年，一旦有了合适的人选，就允许辞职；在没有证得菩提之前，不能放弃对他的护佑；允许他做各种祈愿。”[2] 对于他的请求，五世达赖喇嘛当然无条件接受。

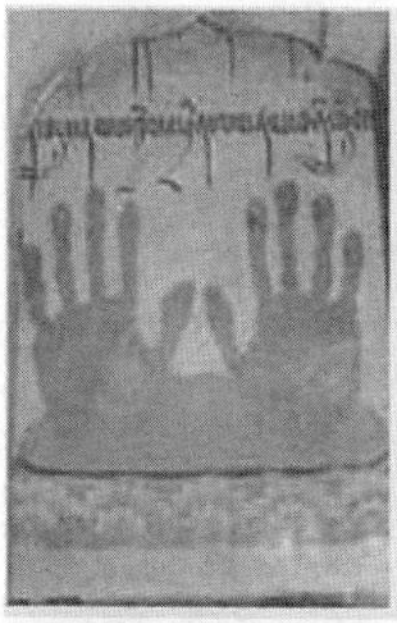

布达拉宫德央夏平台上方
五世达赖喇嘛遗嘱和掌印

为了确保桑结嘉措政治地位的稳固，排除各种异己势力的干扰，同时考虑到自己一旦去世，有可能危及桑结嘉措的地位，五世达赖喇嘛还破

[1][2]《五世达赖喇嘛传》，五世达赖喇嘛阿旺罗桑嘉措著，陈庆英、马连龙、马林译，中国藏学出版社1997年10月第1版，第1112页。

例专门向全藏区颁发了文告。文告并作为遗嘱，除交诸护法神保管外，还书写在布达拉宫东面德央夏平台上方的南侧墙壁上并按上了自己双手掌印。文告内容为：

向包括和硕特部蒙古人在内的各施主们宣布，桑结嘉措与达赖喇嘛无异，此一遗嘱由护法神监行之。按于布达拉宫殿的三架楼梯顶部墙壁面上，印有吉祥轮纹的双手掌印之条规记载，政教两者之职责妥交桑结嘉措尽守。❶

这样，桑结嘉措终于在五世达赖喇嘛倾心尽力的扶持下，登上了第巴这一甘丹颇章政权中炙手可热的宝座，开始了他辉煌的政治生涯。

❶转引自王贵、喜饶尼玛、唐家卫著《西藏历史地位辨》，民族出版社1995年出版，第100~101页。

第六章

著述立说传后世

第六章　著述立说传后世

五世达赖喇嘛作为格鲁派的一代政教领袖，他在政治、宗教方面的建树，使他当之无愧地成为西藏政治史上的一代俊杰和宗教发展史上的一代宗师。但是，当我们在翻阅了他卷帙浩繁的著述时，我们不得不为他出众的才华、渊博的知识、过人的精力而折服，也不得不由衷地承认，他还是一位著作等身的史学家和宗教理论家。

五世达赖喇嘛一生的著述极为宏富，仅就北京民族图书馆馆藏藏文典籍中《五世达赖喇嘛阿旺洛桑嘉措文集》中收录的著作统计，就达30卷，262篇(部)，10 406页，约312万字之多。这么多的著述，在他繁忙纷杂的40多年政教领袖生涯中，又是如何写成的呢？

史学界一般认为，五世达赖喇嘛晚年基本上不理政教事务，全托付给第巴桑杰嘉措主持治理，自己则专心于著书立说。通览《自传》后我们可以发现，实际上，直到圆寂的前一两年，他仍在全力协助桑杰嘉措，孜孜不倦地为西藏的政教事务而操劳，没有大块的时间供他专门从事著书立说。这些著述，大部分是他常年拨冗寻隙，利用处理政教事务的间隙一点一滴积累起来的。而且一些大部头的著述，大多是在25~55岁之间的30年中写成的。如著名的《西藏王臣记》成书于1643年27岁时，《三世达赖喇嘛传》成书于1649年33岁时。

五世达赖喇嘛的著作内容，主要分为历史、人物传记、学法录、佛经讲义、法事仪轨等，其中最著名的有《西藏王臣记》、《三世达赖喇嘛传》、《四世达赖喇嘛传》、《五世达赖喇嘛传》、《洛色嘉措札巴坚赞传》、《菩提道次第论讲义》、《引导大悲次第论》、《相性新释》等。其中尤以《西藏王臣记》和三四世达赖喇嘛传及自传最为学术界所称道。下面我们就分别作以简要介绍。

一、纵横雪域王臣史

《西藏王臣记》全名为《统治藏土之王臣史记·圆满童子之庆宴·杜鹃歌声》，起笔于1643年四月，成稿于当年的七月，仅用了3个多月的时间，当时五世达赖喇嘛年仅27岁。该书刻印于1651年。

《西藏王臣记》是一部全面、系统记述西藏历史发展的书。从赞普松赞干布建立吐蕃王朝开始，一直记述到和硕特部固始汗进藏，西藏甘丹颇章政权建立为止，前后整整一千年。从整体上看，全书首尾较为详细，中间部分较为简略，主要篇幅集中记述了吐蕃王朝200余年的历史和后400年的历史。

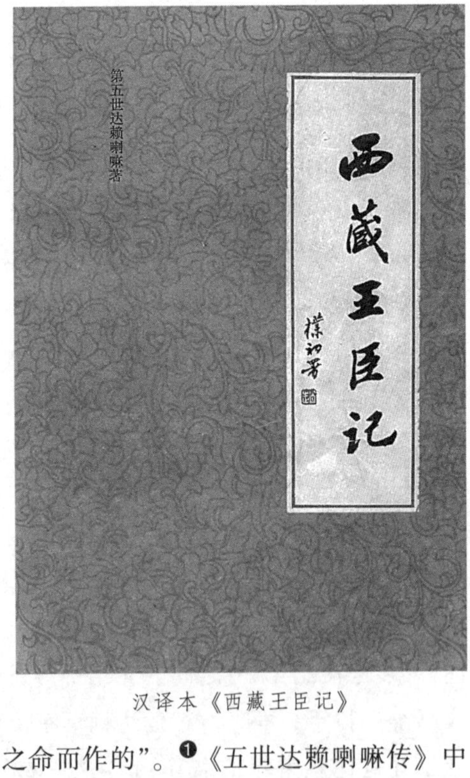

汉译本《西藏王臣记》

促成五世达赖喇嘛写作《西藏王臣记》的起因，据《西藏王臣记》后记的记载，“是应具自在力王敦真却季嘉波（即固始汗）之命而作的”。[1]《五世达赖喇嘛传》中也记载：“固始汗说，应该写一部详细记载王统世系的史书，于是

[1]《西藏王臣记》，五世达赖喇嘛阿旺罗桑嘉措著，郭和卿译，民族出版社1983年出版，第185页。

我就撰写《西藏王臣记》。”[1]可见这部书是应固始汗的要求而写的。

这里我们不禁要问，这本书写作的年代，正是格鲁派甘丹颇章政权初建，百废待兴，百业待举的时候，格鲁派政权的首脑人物的固始汗为什么在政务缠身的百忙当中提出要写一部与时局无关的历史书呢？究其原因，无外乎是想以史为鉴，通过对西藏历代统治王朝的了解，借鉴一些统治、治理西藏的经验。这对一个外来民族的统治者来说，是尤为必要的。

作为通晓西藏历史、堪称历史学家的五世达赖喇嘛，并没有将已有的诸如《拔协》、《青史》等史书直接介绍给固始汗，免去笔耕之苦，而是欣然命笔，用很短的时间写成了这部书。这除了不愿违背固始汗的意愿外，更多的是作为“能说史实的出家僧”的他对这些史书的取舍态度。对于这些史书的写作形式，他认为：“当时成书的著作不论是韵文还是散文，都夹杂着很多偈颂，所有优秀的和低劣的作品没有一部是通俗易懂的，并且怎么也难以翻译成蒙古语。”[2]就内容而言，他认为这些史书对许多历史事件的记载是不合正量的，即不符合历史事实的，“乃是随意记录下来的不可靠的流言蜚语”。[3]因此，写作一部真实可靠，又易于翻译成蒙古文的史书供固始汗和其他蒙古统治者阅读，就显得十分必要了。

由于五世达赖喇嘛既是新的封建统治者又是宗教领袖，所以他的著述方法与一般历史著作的方法和结构有很大的不同，充分显示出了它的鲜明特点。

首先，他对原有历史资料采取的态度，是抛弃宗派门户之见，博采众长，并有取有舍。

在写作方法上，他提倡著述要博览各种著作，开阔见识，特别是阅读“有根据”的文献。《西藏王臣记》一书就“详细地参考了能作为

---

[1][2]《五世达赖喇嘛传》，五世达赖喇嘛阿旺罗桑嘉措著，陈庆英、马连龙、马林译，中国藏学出版社1997年10月第1版，第206页。

[3]《西藏王臣记》，五世达赖喇嘛阿旺罗桑嘉措著，郭和卿译，民族出版社1983年出版，第148页。

根据的诸著作，如《重要遗命》、《大悲观音法门》和智王廓译师须鲁伯哇所著史册，以及蔡巴派的史实等著述。而对其中一些无据矜夸的不智之言，略加批评，而将其可取之处，留作著述的资料”。[1] 我们知道，他所列举的这些被认为是言之有据的史料，并非出自一家，而是出于不同教派、不同时期对西藏历史的记载，正如他说的：“……对合理的诸宗派，一视同仁，不染谤法罪障。”此外，他对那些无据矜夸之言的批评不是简单地指出了事，而是详加分析，态度是严肃认真的。比如“过去的古书如《坝协》等书中说，‘欢庆桑野寺新修落成的盛会，一直举行了十二年之久，西藏王臣们都纵情放荡于嬉戏欢乐中，以至寺中的承事供养，久已废失。所以在未年才迎请说一切有部的一些比丘来藏，坝赤惹也才随之而出家。’这种说法确是掺杂了不净之语而写出的一种蠢话。要知道《坝协》中是说：‘桑野寺系从卯年直修到卯年而落成。’如果按庆祝落成盛会一直举行了十二年算来，应该是从落成的卯年而直到寅年之间。……那么去迎请说一切有部的比丘，就应该在寅年以后的卯年了。而如上说，是在未年才去迎请的话，这中间相差将近四年的时间。因此，可见他们在自己所写的书中对于年时延误之点，是未加思索而信口说出的。总的说来，就一般普通的上流人士来说，他们对于自己经过辛勤而成功的事业，也决不会废置不理。”[2] 类似这样的分析，在书中还有多处。对此，他自己也总结说：“对有据史实，缺乏鉴别的智力时，犹如盲人独自迈步，产生矛盾重重的书卷难以尽数。”[3]

对于众说不一又难以推断的问题，他决不擅自决断，而是提出问题，说明让后人或精通此事的人去研究。可见他并不把自己摆在精神领袖的位置，而是作为普通学者、作为凡人，客观地对待有待考证的问题。如对印度净饭王以前有多少位国王问题上，他说：“传说由以上诸王次第相承直到净饭王，共出了一百二十万零一千五百一十四位国王。但在《世间施设论》中则说有八十三万四千五

[1][2][3]《西藏王臣记》，五世达赖喇嘛阿旺罗桑嘉措著，郭和卿译，民族出版社1983年出版，第185、60~61、183页。

百三十四位国王。对于以上两种不同的说法，根据在浊世中为一般史学家奉为顶上庄严大宝般的廓译师童德所作的解说，也没有十分清楚地说明。因此，对于探讨这一史实具有兴趣和明智的人士，是应该再作查考和研究的。”❶他对历史资料的引证、分析和批评，达20来处之多，力求给人以确切的西藏王朝史实。

五世达赖喇嘛作为历史学者，他对历史资料的态度和处理方法，在17世纪中，无论是国内或国外的学者中是极少有的。但是，由于宗教世界观的局限，在全书中贯穿着一条神学唯心主义的主线，对资料的分析存在着许多错误的观点和结论，但他对待史料的基本态度和处理原则，显然是严肃的和比较科学的。它对于今天的史学研究仍有颇多可借鉴的地方。

其次，该书佛典浩繁，历史和神话混为一体，历史是神化了的过程，神话是历史过程的幻影，把历史人物和事件冠以佛的因缘。这是神学唯心主义对历史的通常解释，同时也是该书的一个鲜明的特点。

熟悉藏文史籍的人都知道，深深植根于藏传佛教文化之中的西藏史学和文学，处处显现着佛教典籍的那种虚无缥缈、亦真亦幻的神秘色彩。在这些史籍中，历史和神话混为一体，历史是世俗化了的神话，神话是虚幻化了的历史。尽管五世达赖喇嘛自称为“能说史实的出家僧”，但他毕竟是一个僧人，而且是一个在浓厚的宗教氛围、人文环境中成长起来的宗教领袖，因此，神学唯心主义的世界观，是他观察现实、理解历史的基础。

同他的其他历史著作相比，《西藏王臣记》通篇上下，行文古奥、佛典浩繁。从郭和卿译著的汉文本看，在它的注释中不重复的条目多达219条，还不包括文中的括弧随注。如把全部注释编辑成册，堪称一部西藏佛教小辞典。这就大大地加深了它的内容的神秘感，使初读者和不了解西藏历史的人，难以区分它是历史著作还是神话故事。同时，如果细读书中的所有注释，便可以使人了解佛学

---

❶《西藏王臣记》，五世达赖喇嘛阿旺罗桑嘉措著，郭和卿译，民族出版社1983年出版，第7页。

的经、律、论三藏的一般知识，对西藏佛教的起源、教派、主要人物以及他们所起的作用，也可以观其大观。由此可见，当时年仅27岁的五世达赖喇嘛的佛学知识、历史知识和文学知识是极为广博的。

在《西藏王臣记》中，作者把历史与神话掺合在一起，给西藏历史上的人物与史实披上一层神秘的宗教外衣，如此叙述西藏的历史,归根结底是由他的政教合一的地位所决定的。一方面,作为统治者去总结经验,就不得不面对客观历史事实,否则便是自欺欺人,也不符合固始汗的本意。另一方面,作为宗教领袖,又不能直接地、客观地记述历史及其规律,否则又与佛的旨意相违。因此,他的记述便是历史和神话兼而有之,历史被描绘得犹如虚无缥缈的幻影。

对于人物的神化，是该书又一特点。书中记载的人物繁多，无论是出生卑微的百姓，还是显赫的王臣，都可以找到他们与神的因缘关系。作者对人物的神化是从两个方面进行的：其一，叙述他们来自神传的家族。例如，他认为吐蕃王朝以前的27代王，是由观音菩萨加持而诞生的，一直相传到朗达玛以后的子嗣；萨迦班智达大师的家族种姓是由天上的玉仁和玉色来人间作国王繁衍下来的；蔡巴噶举的大长官桑杰欧珠的家族世系发源于从天上降到人间的嘎·泽朗察住，等等。总之，西藏所有王臣的种姓或家族世系都是由神的后代传承下来的，并非由凡胎所出。其二，一些主要的王臣、大师直接来自神的转化。例如松赞干布是“由至尊观自在菩萨所化现的人王”；赤尊公主和文成公主是由蹙额母和圣救度母化现的；元太祖成吉思汗是日月光之子；莲花生是“无量光佛的智慧所化现的殊胜化身”；固始汗是金刚手菩萨化现而为人王的，等等。

把人间的集团力量与自然力量，搬到非人间的上苍，又把上苍的这种人间的幻影引向现实，这是宗教唯心主义的本能之一。这一本能增强了社会统治力量的神秘感,进而强化了统治的合理性。五世达赖喇嘛把王臣们神化起来,作用也莫过如此。他说:“王朝传衍,犹如天索联贯的珍珠鬘，从天降到人寰，好比奇谈的帝释宝轮威力无边。”[1]同样，把历史事件或过程神话化，也起着相同的社会作用。

神化历史事件，也是该书的特点之一。书中记载的历史事件基本上都曾经发生过，它们在西藏的其它文献、敦煌发掘的文献和汉文记载也多有陈述。所不同的是，五世达赖喇嘛不是直接地叙述历史的本来面貌。而是以神话的形式来反映历史过程。例如松赞干布和文成公主的联姻，这是吐蕃历史上著名的事件，也在民间流传了千百年。《西藏王臣记》在记述这件史实时，以基本的历史为主干，以民间传说为枝叶，再给它穿上宗教神话的外衣，一段亦真亦幻、扑朔迷离的历史神话故事就展现在我们面前。书中说菩萨化身的松赞干布左眼放出光明向东方望去，有万道吉祥门的大唐皇宫中显现出救度母的化身文成公主，其年届十六，容颜绝妙，具备美德。口出香气犹如莲芳。大唐皇宫里还有堆满各种珍宝的宝库。于是他想如果能聘娶文成公主，就能把中原的物质财富像磁石吸铁一样吸收过来。于是他又左眼放光，变化出马宝、象宝、大臣宝、将军宝、轮宝等以及作前导的四种军队，组成一支浩浩荡荡的迎亲队伍，来到大唐宫前。那幻化来的大臣用汉语威胁唐王说：“我是大悲观音所化现的藏王，前来聘娶你那救度母所化现的文成公主。同时还要迎供那尊赐送的释迦牟尼像，以及各种宝物。如不应允所求，我就要来进攻中原。如果应允所求，从此以后，汉藏和睦，不起争端。这样说后，中原的君臣人等心中很是惧怕，也就答应了藏王的要求，而命公主出嫁到西藏。”[2]这当然是神话，但它又确实基于历史。据《资治通鉴》卷一九至一九五记载：（唐贞观八年，即634年）“甲申（十一月），吐蕃赞普弃宗弄赞（即松赞干布）遣使入贡，仍请婚。”贞观十二年，“吐蕃闻突厥、吐谷浑皆尚公主，遣使随遐入朝，多赍金宝，奉表求婚；上未之许”。吐蕃使臣返藏对藏王说，初会唐王，待我等甚厚，也许给公主，但吐谷浑王入朝挑拨离间，唐王随之怠慢我等使臣，并不许婚了。于是松赞干布发

[1][2]《西藏王臣记》，五世达赖喇嘛阿旺罗桑嘉措著，郭和卿译，民族出版社1983年出版，第86、28~29页。

兵击败吐谷浑，占其国土掳掠民富，进而破党项、白兰等羌人，打到唐的边城松州。阎州和诸州刺史叛唐投降。之后唐军“掩其不备，败吐蕃于松州城下，斩首千余级。弄赞惧，引兵退，遣使谢罪，固复请婚。上许之”。确实是为了汉藏和睦，不起边界争端，唐太宗才“许以文成公主妻之”。[1]史料所记载的这些迎娶的过程，五世达赖喇嘛仍然用神话传说般的笔调记述了下来。如果没有史料的佐证，我们很难把它作为真实的历史事件来看待。

由于历史和神话是互不相融的，神化历史过程必然不可能正确地说明历史的全过程，也不可能合理解释每一个历史事件，因而也就处处暴露出它的矛盾。特别明显的是关于朗达玛灭佛。按照五世达赖喇嘛的观点，吐蕃王族受神力无边的观世音菩萨的加持而产生，由神转世而为西藏臣民的统治者，自然他们必定都具足一切法力，都是善治世事的君王。既然如此，那么他们的治世功德为何又被一个小小牛魔——朗达玛毁之殆尽呢？朗达玛灭佛不仅把传入西藏的佛教几乎荡涤绝迹，而且竟葬送了整个吐蕃王朝。很明显，这是宗教唯心主义所根本无法自圆其说的。历史是按照它的生产力和生产关系这一内在动力的推动，按照自身的发展规律前进的，从来不会听命于神或魔的驱使。

第三，《西藏王臣记》的又一个鲜明的特点，是历史的叙述和诗的赞美、概括相结合。使该著作在具有许多真实史料的同时，又具有很高的文学价值。

在17世纪以前，用诗来叙述历史，以及用诗和叙述相结合的方法来记载历史，在世界上许多民族中都曾存在过，尤其是在我国藏族的史学和文学著作中更是如此。但是，《西藏王臣记》与以往类似著作不同的是，其一，诗中佛典繁多，全书引用的佛典绝大部分集中于诗歌之中；其二，它的浪漫和夸张的手法，无论是在佛学领域内，还是在同时代的藏族文学作品中，都几乎达到了穷其所及的程度。如在记述文成公主不愿背井离乡，远嫁到天高路远的吐蕃而

[1]《通鉴吐蕃史料》，苏晋仁编，西藏人民出版社1982年出版，第2~5页。

请求唐太宗时，五世达赖喇嘛用了这样一段诗来描述唐太宗对文成公主的劝说：

“亲爱的女儿呀！静听我吩咐：
有名的雪域是藏土，
它是圣地真特殊！
雪山好比自然出现的奇妙塔，
真是任运天成的最胜土。
四海好比供设的松石曼荼罗，
四原如同那陈设的供物；
还有那四河是天然的四泉头，
再配上那高山、净地、雪岭、险隘等处，
俨然是一幅吉祥悦意的字画图。”❶

这里，五世达赖喇嘛通过唐太宗之口，把雪域藏地描绘成了人间天堂：雪山好比自然天成的佛塔，四海好比绿松石串成的曼荼罗坛城。浪漫的气息扑面而来，同时又笼罩在神秘的宗教氛围中。再如：

“怒火难忍，抗敌阵前大交兵，
杀敌悬头如珠鬘，鲜血凝浸。
多次交锋，血流如烈日难接近，
牝马惊骇而向海滨逃隐。”❷

把一场残酷、血腥的战争描写得如此壮美，鲜血凝浸的头颅犹如珍珠穿成的花蔓，血流像烈日一样刺目逼人。这种浪漫的手法令人叹为观止。

从总体上说，《西藏王臣记》是由诗歌和叙述两部分组成的，诗歌在其中的地位和作用都十分重要。首先从量上看，在该著作中出现的诗歌达37处，全部诗歌共有536行之多，约7 000字左右，真可谓洋洋大观了。其次，作者用诗歌来赞美佛祖的无量功德，用诗歌来概括历史过程和主要人物的业绩。在这里，诗歌兼容了赞颂、

❶❷《西藏王臣记》，五世达赖喇嘛阿旺罗桑嘉措著，郭和卿译，民族出版社1983年出版，第29、182页。

叙述、概括等方面的不同作用，同时对所记载的内容又具有烘托、修饰和夸张的功效。使得我们阅读时，在得到文学上艺术享受的同时也造成一种感觉，似乎它所记载的都是无可辩驳的史实。对这种写作方法，五世达赖喇嘛有自己的审美依据："史实如宝弓，拴上直弦气势雄。嘉言似锐箭，假若箭翎有松动，纵使侥幸射中无知愚者的胸，善射的证人细察时，讪笑其未能成功。"意思是丰富的史实犹如丰满的宝弓，华美的言辞好像锐利的箭，只有将两者搭配起来，才算是一副好弓箭，才能写出好的史传。这种审美观念，也反映出当时藏族文学创作上一种文字上追求华丽典雅的文风，代表了一种唯美主义的倾向。

从形式上说，神威和神的"恩泽"是作者在该书中赞颂的主要对象。该书通篇上下，都明确地告诉人们，佛是主宰尘世历史的至尊者，是西藏王臣世系、权力承袭的惟一始祖和护佑者，王臣们的所有作为无不仰仗于释迦牟尼佛祖的加持。很自然，对神威和神恩的赞颂也就成为贯穿全书的精神支柱。这一点我们不仅在作者对历史过程的叙述中随处可见，而且这种赞颂更多地充溢于他的诗歌之中。然而，宗教在西藏的发展从来就不是纯宗教的东西，它是由一个依赖和服务于世俗统治发展到支配世俗统治和夺取世俗统治权力的过程。到17世纪的五世达赖喇嘛的时代，这种以教代政，政教相护的状况，已经达到初步成熟的程度。这种状况，在《西藏王臣记》里的反映，就其所歌颂的对象和目的而言，当然就不会是单纯出于对释迦牟尼佛祖的崇拜了。从本质上说，这种赞颂是出于世俗政治的目的。与对神威和神思的赞颂同样随时可见的是，通过这种赞颂西藏有史以来王臣们的统治，进而证明自己作为宗教领袖，掌握宗教大权和政治统治权都是神赐的必然结果。

至于该书的文学价值，它与当时西藏所有宗教文学一样，是宗教文化和民族文化的历史产物，因而带有许多历史的印记。但是，它对考查藏族文学史方面是不可忽略的篇章，在民族文学反映思想的手法和技巧方面，对于研究今天藏族文学有许多可以借鉴的地方。首先，从内容上看，它是历史和宗教兼而有之，二者混合在一起。既似叙事诗，又像神话说教，中心始终是佛的恩泽和王臣们的功业；其次，“它是绝妙佳辞，颂言、散文，颂散相间七韵全”。[1]这种文体在藏族文学著作中屡见不鲜，它给人以轻松活泼和韵律浓郁之感；再次，它采用了藏族民间惯用的比拟和大乘佛教的神话夸张相结合的手法，加之用辞华丽、古奥、怪僻，使人似乎一目了然又颇值玩味。

二、前世功德后世说

《三世达赖喇嘛传》是五世达赖喇嘛撰写的一部人物传记，全名为《圣识一切索南嘉措传·成就大海之舟》。塔尔寺所藏拉萨版藏文木刻本共1函，109页。该书的初稿完成于1646年九月。1652年四月五世达赖喇嘛在进京觐见途经桑珠德庆时修改、校定完毕。1655年他又为拉萨木刻版撰写了题记。

汉译本《三世达赖喇嘛索南嘉措传》

该书写作时参考了昌喀瓦活佛、索南益希旺布、喀那译师贝觉嘉措等人所著的几种《索南嘉措传》，并对其中的一些资料作了详细的考订。同时，五世达赖喇嘛又通过曾经随侍过三世达赖喇嘛和熟悉他经历的经师、堪布等人的回忆，补充、丰富了传记的内容。

《三世达赖喇嘛传》以索南嘉措一生的宗教活动为主线，详细记述了这位格鲁派高僧从诞生、坐床、受戒学法，在青海、甘肃、四川、蒙古等地区传法，最后客死他乡的曲折经历，使这位历史人物的面貌鲜活地展现在17世纪后半叶西藏历史的画卷上。五世达赖喇嘛作为继承了三世达赖喇嘛法统的转

[1]《西藏王臣记》，五世达赖喇嘛阿旺罗桑嘉措著，郭和卿译，民族出版社1983年出版，第179页。

世活佛，在讲述前辈的生世时必然更多地着墨于他的宗教活动和成就，但是，毕竟三世达赖喇嘛是生活在格鲁派风云变幻的年代，他面对的是当时“西藏正在发生着的事件、教派之间的摩擦、新思潮对于旧思潮的冲击、内部的派别分裂以及在这样动乱的背景下黄教的活动，它取得什么进展、它如何得势、如何愈来愈被迫同蒙古人结盟”❶等等世俗的、政治的大环境，他所从事的一切宗教活动，最终都是为政治服务的。五世达赖喇嘛在记述他的生平时，对政治活动的描述并不像杜齐所说的“寥寥无几”，而是用了大量的笔墨。因此，《三世达赖喇嘛传》不只是格鲁派领袖宗教活动的记录，还是一部当时西藏乃至整个蒙藏社会历史的实录。

三世达赖喇嘛的时代距作者生活的年代并不遥远，他们又都生活在同一个生活空间里，前者的生活环境为后者所熟知，许多在当时发生的重大事件还在延续和发展着，加上传记所采用的许多原始材料都出自历史见证人之手，因此可以说五世达赖喇嘛所记述的三世达赖喇嘛的生平事迹是比较全面的，对历史资料的引证、分析和评述也是比较可信的。正因为如此，后世的不少藏文、蒙文史料如《蒙古源流》、《安多政教史》等在叙述三世达赖喇嘛的生平事迹和那个时期的历史事件时，所引用的资料几乎都源于五世达赖喇嘛的这部《三世达赖喇嘛传》。如在记述三世达赖喇嘛会见俺答汗这一重大历史事件时，成书于1819年的《蒙古佛教史》几乎是原文照搬。试比较：

《三世达赖喇嘛传》：

“此后，在一次近十万人的集会上，福田施主二人犹如日月二象升于天空。会上，洪台吉以蒙古语作演说，由固始巴克什担任翻译：‘我们从来就是强有力的，因为祖先出自恰噶尔天神之族，曾经征服了汉地、西藏和霍尔，并与萨迦教主结成了福田与施主的关系，使佛法得以弘扬。后来妥欢帖睦耳汗之时，佛法衰亡，作恶不善，惟有饮血食肉，如坠黑暗血海之

❶《西藏中世纪史》，（意大利）杜齐著，李有义、邓锐龄译，中国社会科学院民族研究所1980年出版，第74页。

中。今蒙福田施主如日月一般之洪恩，开拓了正教之道，使血海变为乳海，此恩浩荡！'”❶

《蒙古佛教史》：

“此后，施主与福田如一双日月前往十万人聚集之大会中，由洪台吉讲说，由国师拔克西（固始巴克什）翻译，洪台吉说：‘我祖先由天神而降生，以武力统治汉、藏、蒙古等地，与萨迦派结为施主与福田而兴佛法，此后至妥欢帖睦尔（妥欢帖睦耳）皇帝教法中断，蒙古诸人造作恶业，食肉饮血，如坠入黑暗血海之中。如今依仗施主与福田一双日月的恩德，寻获佛法之道，变血海为乳海。”❷

《三世达赖喇嘛传》的史料价值，同样也引起了西方学者的重视，如意大利著名藏学家杜齐所著的《西藏中世纪史》就大量引用了传记的资料，可见其史料价值的不菲。

《三世达赖喇嘛传》中，作者在平铺直叙三世达赖喇嘛一生宗教活动的同时，也从政教领袖的角度涉及、记述、批评了当时的许多重大历史事件和三世达赖喇嘛在这些事件中所起的作用，而不是像杜齐所说的“达赖五世只关心他的前辈的宗教事迹而忽略政治事件，或者当政治事件可以阐明锁南嘉措（索南嘉措）的圣洁和道德的形象时，略微提它几句”。❸可以说，他记述的历史事件的脉络还是相当清晰的，“富于启迪性”的，提到的一些细节是其他史家所未留意的。如《三世达赖喇嘛传》中说索南嘉措去蒙古传法得到了帕竹法王阿旺扎巴的支持，“主要的还是朗拉色家族的帕竹王阿旺扎巴认为满足那位偏僻地区的汗王（指俺答汗）的意愿是合适的”。❹

---

❶❹《达赖喇嘛三世、四世传》，五世达赖喇嘛阿旺罗桑嘉措著，陈庆英、马连龙译，全国图书馆文献缩微复制中心1992年出版，第173、162页。

❷《蒙古佛教史》，固始噶居·巴洛桑泽培著，陈庆英等译，天津古籍出版社1990年第1版，第69页。

❸《西藏中世纪史》，（意大利）杜齐著，李有义、邓锐龄译，中国社会科学院民族研究所1980年出版，第76页。

这一细节对我们了解索南嘉措去蒙古的动机很有帮助。

在《三世达赖喇嘛传》中，作者以较多的篇幅描述出三世达赖喇嘛索南嘉措出生前后数十年中格鲁派这一新兴的教派在同以噶玛噶举派为首的旧教派的对抗与斗争中不断发展壮大的基本轮廓，因此我们也可以把它看作是一部格鲁派的早期发展史。早在二世达赖喇嘛根敦嘉措之前，西藏的历史就围绕着格鲁派与噶玛噶举派为首的旧教派的对立，各地方势力与各大寺院相互依托进行错综复杂的斗争而演变。当时，“格鲁派在宗喀巴以及宗喀巴第一代的门徒的说教的鼓舞下吸引了群众。这些门徒以同样的热忱献身于净化宗风的事业，不因其他教派的反对而气沮反而受到激励而精进。在域内遍处，人们都被这新的观念所吸引。西藏人愉快地看到教派的僵硬的形式主义和腐败的僧侣生活，受到新生活的波涛和健康的思潮的冲击正在动摇，……”❶但是，格鲁派的扩张不能不引起旧教派的疑惧和对抗。这在二世达赖喇嘛时期早已暴露出来，这种对抗与斗争有时甚至是十分激烈的。如1498年至1517年近20年间，由格鲁派创始人宗喀巴创立的每年一度的拉萨祈愿大法会的主持权被噶玛噶举派所剥夺，甚至还禁止格鲁派僧人参加法会，根敦嘉措也被迫离开哲蚌寺，四处游说，惨淡经营。最后在格鲁派的老施主帕竹政权的支持下，才得以恢复原有的势力和地位。

三世达赖喇嘛索南嘉措画像

❶《西藏中世纪史》，（意大利）杜齐著，李有义、邓锐龄译，中国社会科学院民族研究1980年出版，第75页。

在叙述了格鲁派的早期历史后，五世达赖喇嘛又以充满感情和宗教神秘色彩的笔调记述了三世达赖喇嘛索南嘉措的早年生活。格鲁派的领袖人物历经坎坷后，清楚地认识到要使其教派深入人心，后继有人，必须选择、培养一个有威望的精神领袖来一统格鲁派的事业。正是在这样的历史背景下，经过他们的精心谋划，1543年出生在前藏堆龙地方的一个“身家清白”的儿童被认定为根敦嘉措的转世，接到哲蚌寺坐床，继承宗喀巴的法统。此后，五世达赖喇嘛通过最为人性化的描写，记述了三世达赖喇嘛幼年在导师的带领下巡游山南各大寺院，以及成年后他的足迹踏遍前后藏和藏北草原的大小寺院，所到之处受到各地方首领和寺院上层的欢迎，待若上宾，厚与馈赠。索南嘉措通过讲经说法，把那些向大寺院寻找精神支持的地方首领拉拢到格鲁派周围，使之成为格鲁派坚决的支持者等等事迹，对索南嘉措弘扬格鲁派教法，壮大格鲁派力量的功德给予了充分的肯定和赞美。

在《三世达赖喇嘛传》中，作者还详细记述了索南嘉措同帕竹政权的关系，这是他最为乐意也是最熟悉的。因为他出生的家族山南琼结家族世代为帕竹政权的重臣，同其有着千丝万缕的联系，而且他本人一直只承认该政权在格鲁派政权建立以前是西藏“木门人家”的惟一合法统治者。格鲁派与帕竹政权的友好关系由来已久，宗喀巴大师曾经是帕竹派却细巴的弟子，拉萨祈愿大法会也是在帕竹政权的支持下创办的。三世达赖喇嘛时期，帕竹的首领虽然依旧是那些贵族的最高领袖，也即五世达赖喇嘛所说的“木门人家”的大王，事实上这个政权已经日益衰落，并分裂成为两支。帕竹面对日益强大的后藏政权，决心与格鲁派携手合作，重整旗鼓，共同对付后藏政权。1558年，帕竹大贡玛阿旺扎喜扎巴坚赞贝桑布派使者到哲蚌寺，封索南嘉措为“帝师”，颁给文册和红色印章。文册称三世达赖喇嘛为“吉祥雪域的无与伦比的救主”，并邀请他访问首府内邬栋。1559年，索南嘉措抵达内邬栋，受到帕竹法王的崇高礼遇，“贡玛（即帕竹法王）恩准索南嘉措的座位与他的座位等高，并且宣布‘从今以后，你见了我再不必叩首’”。[1]

学术界普遍认为三世达赖喇嘛一生最大的功绩是把格鲁派教法传到了蒙古地区，五世达赖喇嘛在《三世达赖喇嘛传》中对此也大书特书。16世纪60年代后，帕竹政权连续发生内讧，结果使格鲁派所依靠的主要政治力量帕竹政权自行瓦解，而噶玛噶举派的支持者后藏政权的势力蒸蒸日上，威胁着格鲁派的命运。因此，格鲁派上层集团在帕竹法王的支持下决心从新皈依的蒙古人那里寻找支持，这样一种超出宗教意义的政治使命责无旁贷地落到了蒙古人最为崇敬的三世达赖喇嘛身上。同样，当时转牧于青海的土默特部蒙古首领俺答汗由于长期征战，几度受挫，部众叛离，人心浮动，非常需要一种新的精神力量来笼络部众，驯化蒙古人的刚烈性格。他看中了新兴的藏传佛教格鲁派，几次派人迎请三世达赖喇嘛，热切地盼望与格鲁派建立关系。

汉译本《四世达赖喇嘛云丹嘉措传》

1578年5月，三世达赖喇嘛索南嘉措不远万里从哲蚌寺来到青海湖畔的仰华寺与俺答汗举行了会晤。《三世达赖喇嘛传》以生动的笔墨描绘了这历史性的一刻。俺答汗赠给索南嘉措“圣识一切瓦齐尔达喇达赖喇嘛”尊号，索南嘉措回赠俺答汗“咱克喇瓦尔第彻臣汗”称号。俺答汗召集土默特、鄂尔多斯、永谢卜诸部10万余众集会，以法令规定部属抛弃萨满教，宣布信奉格鲁派，同时废止夫死妻殉、杀牲祭祀等旧俗。俺答汗还命一批王族子弟随索南嘉措出家，使格鲁派在蒙古族中扎下根来。

《四世达赖喇嘛传》全名为《圣者世自在遍知一切云丹嘉措贝

[1]《达赖喇嘛三世、四世传》，五世达赖喇嘛阿旺罗桑嘉措著，陈庆英、马连龙译，全国图书馆文献缩微复制中心1992年出版，第112页。

桑布传—珍宝珠串》。是五世达赖喇嘛继《三世达赖喇嘛传》后的另一部传记体的著作。该书塔尔寺所藏拉萨版藏文木刻本共1函，52页。据《五世达赖喇嘛传》的记载，他在1652年六月进京觐见途中行抵夏拉图地方时开始撰写的。又据《四世达赖喇嘛传》后记，该书成书是在进京途中青海境内的玛库措湖边。1658年，他又为该书的印版题写了跋文。

《四世达赖喇嘛传》是以记载云丹嘉措幼年奇异事迹的笔录、苏康饶绛巴格勒伦勒所著的传记《信仰启示》、喀那译师班觉嘉措所著的诗体传记为基础，加上四世达赖喇嘛的一些亲近侍从的回忆以及作者对四世达赖喇嘛的许多事迹和历史事件的详细考订后写成的，因此比较可信。为《蒙古源流》、《异俗记》等许多后世的重要史籍所引用。该书篇幅不多，但内容很丰富，特别是对三世达赖喇嘛转世在土默特蒙古首领俺答汗家族的机缘，四世达赖喇嘛的认定过程和他为巩固和发展三世达赖喇嘛建立的蒙藏关系而进行的宗教政治活动等记述十分详细，为我们研究这一时期的西藏历史、格鲁派发展史和蒙藏关系史提供了可信的珍贵资料。

藏传佛教的活佛转世制度是在教派纷起，群雄纷争的特殊历史条件下的一种独特的法位和权力继承制度，是把世俗的世袭制成功而巧妙地向佛教圣职中移植的新形式。作者在记述四世达赖喇嘛诞生在蒙古王族中的机缘时，尽管不厌其烦地引经据典罗列授记，但也不可避免地泄露了天机，甚至直言不讳地承认四世达赖喇嘛是根据三世达赖喇嘛的临终遗嘱认定的。确实，三世达赖喇嘛生前根据当时的形势，为了格鲁派与蒙古统治者的共同利益，制定了指认俺答汗曾孙为自己的转世的计划，授机格鲁派上层在他死后去执行。三世达赖喇嘛圆寂后，滞留在蒙古的他的近侍和蒙古人首先宣布他已经在1589年转生为俺答汗的曾孙，派人送信给西藏的格鲁派上层集团，保证灵童是达赖喇嘛的真正化身。但达赖喇嘛作为格鲁派的最高领袖，必须得到三大寺的承认，并给予优越的教育，使之成为藏族化了的达赖喇嘛。只有这样，才能树立起政治和宗教的威望，扩大格鲁派的势力。

1603年，拉萨三大寺的代表在正式认定达赖喇嘛转世灵童后，由蒙古军队护送，接往西藏。在藏北热振寺举行坐床仪式，然后接至哲蚌寺，三大寺僧人隆重聚会，庆祝这位转生在蒙古的达赖喇嘛到来。他在大昭寺的觉卧佛像前出家受戒，取名云丹嘉措。尔后在哲蚌寺随甘丹赤巴和四世班禅学经。不久以后，四世达赖就按照前辈周游四方传教布道的惯例，接受各大寺院和贵族的邀请，开始在西藏各地巡游，继续扩大格鲁派的影响，建立和加强与地方势力的联系，尽其可能把那些可以依靠的对象拉拢到格鲁派的身边来。《四世达赖喇嘛传》中详细记述了他在前后藏各地卓有成效的访问情况，特别是在访问札什伦布寺时，支持噶玛噶举派的藏巴汗统治地区的一些家族也把他待若上宾，厚予馈赠。他还说服藏巴汗的妻子转信了格鲁派。

五世达赖喇嘛作为格鲁派的最高精神领袖，对其前辈的传教事业及其功德大加讴歌是自然的。同时，他作为一个历史学者，对于一些历史事件的评述也比较客观。在《四世达赖喇嘛传》中，这位年轻的达赖喇嘛似乎是一个傀儡，许多重大决定都是由其侍从们做出的。事实上，四世达赖喇嘛虽然加强了由其前辈建立的蒙藏关系，但有意无意间也使对本来渐趋缓和的格鲁派与噶玛噶举派的关系再度恶化负有责任，致使格鲁派在西藏重新陷于极度的困境。当蒙古军队护送四世达赖喇嘛来到西藏后，引起了噶玛噶举派及其支持者藏巴汗的不安，他们十分担心蒙古人会成为格鲁派的支持者从而登上西藏的政治舞台。因此，藏巴汗一面加紧攻取前藏，打击那些支持格鲁派的贵族；另一方面设法缓和与格鲁派的矛盾。《四世达赖喇嘛传》中把当时格鲁派与噶玛噶举派之间发生猛烈冲突的原因说成是由红帽派活佛却吉旺秋写给达赖喇嘛的一封贺信引起的，信中敦促达赖喇嘛应该受具足戒，必须努力学习五明知识，措辞诚恳，文字优美。但是这封信被达赖喇嘛的随从恶意地加以解释，回复了一封所答非所问的措辞生硬的信，造成对方的误解和恶感。随后，红帽派喇嘛在献给大昭寺的佛像的哈达上面题词嘲讽达赖喇嘛的随从没有学问。达赖喇嘛的随从读了那首诗，误认为是对达赖的侮辱，鼓动蒙古骑兵去抄袭噶玛巴的马场，进行报复。结果导致藏巴汗率军攻到拉萨，许多格鲁派寺院受到威胁。藏巴汗切断了格鲁派与山南帕竹家族的联系，使之陷于艰难的境地。不过，藏巴汗对格鲁派与蒙古人缔结的联盟还是十分惧怕，他没有对格鲁派采取更加严厉的措施，反而愿意与格鲁派达成谅解。藏巴汗派人要求会见四世达赖喇嘛，希望在达赖喇嘛身前受戒听法，但是遭到达赖喇嘛的近侍索南扎巴的阻挠，达赖喇嘛躲到曲科杰寺，避而不见。藏巴汗打算暂时和解的愿望落空，在失望中回到了日喀则。五世达赖喇嘛在书中对藏巴汗和红帽派喇嘛表示了同情，认为四世达赖喇嘛及其随从们连续犯了决策错误，当时"如果给他授戒，或许对全体福田施主都有好处"，很可能被和平地争取过来，使西藏免受战乱之苦。

1616年三月，明朝万历皇帝派来以喇嘛锁南罗追为首的使团，赐给四世达赖喇嘛"普持金刚佛"的封号、印信和僧官制服，并邀请四世达赖喇嘛到南京为一座寺院祝福。达赖喇嘛接受了邀请，并站在甘丹颇章宫的殿顶上，面朝东方抛撒青稞，遥遥祝祷。同年十二月十五日，四世达赖喇嘛突然死在哲蚌寺。藏巴汗下令禁止达赖喇嘛转世。

五世达赖喇嘛作为一个历史学者，在上述的两部传记中对历史资料的基本态度和处理方法是比较严肃和科学的，对于前两辈达赖喇嘛的评价也是比较客观和公正的，这对后世的史学研究产生过深远的影响。但同时，五世达赖喇嘛作为一个佛教领袖，在传记中有许多宗教方面的叙述，也同上面评论的《西藏王臣记》一样，写得香烟缥缈，佛音遍地，满篇教理法言。作者常常把历史和宗教传说混为一体，给历史人物和历史事件披上一层神秘的宗教外衣，把历史描绘得犹如虚无缥缈的幻影。如描写三世达赖喇嘛诞生时的情景时，给人的印象是一个神童降生在天宫："十月怀胎，一朝分娩，犹如吸收阳光的白莲，含苞自然开放。呱呱坠地的转世灵童俊美端庄，格外可爱。皮肤白里透红，具有贵人之相。上身穿比婆罗尼斯城的神衣还柔软的袈裟，下身显现天生的虎皮图纹，斑斓多姿，穿着一件覆盖脚面的禅裙。他的双眼像青莲花那样美丽，微微含笑，使他的母亲及其侍从都心花怒放，叹为稀有。尔时，那座神圣的宫殿也变得比以前更加宏敞壮丽。当地几个业缘清净的人曾亲眼看见那天晚上那座楼阁被火光映红，中间清楚地显现一座发出万道光芒的帐幕。在众人共同的见相中，整个空间像被擦洗过一样，格外明净。横空一弯彩虹如孔雀展屏一般绚丽，空中花雨纷飞，徐徐降下。天界的香气四溢，使人疑是天宫降落到人间。”[1]这恰好是藏文传记永恒的内容和形式，是藏族文学深受佛教思想影响的结果。但是，用宗教观点终究是不能合理地解释历史现象，不可能正确地说明历史发展的过程。因此，五世达赖喇嘛在记述其前辈的事迹时，也无法避开历史的真实。相反，他的那些富有启迪性的记述中亦展示出历史的真实面貌。所以，这两部传记仍然不失为研究格鲁派发展史的重要文献。

汉译本《五世达赖喇嘛罗桑嘉措传》

与作者的其他传记体著作不同，在这两部传记中，作者运用了许多文学描写，特别是大量美妙的叙事诗和赞美诗，不但增强了史料的可读性，而且具有很高的文学欣赏价值。作者用诗与叙述相结合的写作方法来记述历史人物的业绩、历史事件的经过，具有强烈的艺术感染力，引人入胜，给人以轻松活泼和节奏鲜明之感，堪称为藏族传记文学中

[1]《达赖喇嘛三世、四世传》，五世达赖喇嘛阿旺罗桑嘉措著，陈庆英、马连龙译，全国图书馆文献缩微复制中心1992年出版，第25页。

的佳作，在藏族文学史上占有不可忽略的地位。

三、无增无减遵佛规

《五世达赖喇嘛传》全名为《萨霍尔僧人阿旺洛桑嘉措幻化游戏之传记·云裳》，是一部编年体的自传。塔尔寺所藏拉萨版藏文木刻本共4函，1 251页，是五世达赖喇嘛除《深广正法之得法录·恒河长流》之外最长的一部著作，堪称宏篇巨著。该书是五世达赖喇嘛在格鲁派的许多高僧大德和藏蒙首领的劝请下从水鼠年（1672年）56岁时开始编写的，书中所记的内容从他的父母家族的历史和他诞生开始，一直到他去世的前一年即铁鸡年（1681年）65岁时，因此可以推测这部书的编定直到五世达赖喇嘛去世前不久仍在进行。可以说，这部传记是五世达赖喇嘛在他临终前用了近十年时间陆续编成的，他花费这样多的时间和精力来编写这样一部传记，是为了把他一生的活动清楚翔实地遗留给后人，因此他为传记起了一个副标题——云裳，即是不加任何遮盖使人能看到他一生的真实情形之意。

早在五世达赖喇嘛在固始汗的支持下建立甘丹颇章政权，成为西藏政教领袖不久，他身边的一些朋友劝他应该写一部自己的传记。当时，他引用了《耳传钥匙》的几句韵文作为回答："生于浊世边僻，南喀坚赞懒比丘，未能诚心奉圣教,应记的事迹我没有。"[1]认为自己与佛法无功无德，没有什么好记述的，同时也承认当时自己疲于应付政教事务，无暇考虑撰写自传的事，并把这件事渐渐地淡忘了。此后的近30年间，又有他童年时的导师嘉央衮乔群培、蒙藏各部的首领、显贵等也纷纷劝请他及早动笔，乃至乃穷大护法也以神谕的名义命令他"必须迅速命笔"，都被他以各种理由推脱了。

[1]《五世达赖喇嘛传》，五世达赖喇嘛阿旺罗桑嘉措著，陈庆英、马连龙、马林译，中国藏学出版社1997年10月第1版，第25页。

直至1672年，当西藏各项政教事务逐渐走上正轨，他认为可以松一口气时才下决心动笔。但此后的8年间，由于政教事务缠身，写作还是断断续续的。

促使五世达赖喇嘛真正潜下心来撰写《自传》，还是由于第巴桑杰嘉措的再三劝请。1680年四月，第巴桑杰嘉措“认为把我的不分自他宗派，对众喇嘛以讲辩著和闻思修这三种智者的言行来宣传教证正法、为整个佛法和众生的幸福而做出的功绩、使众人心服口服的事迹圆满无缺地记录下来，是会动人心弦的，怀着这样纯正的意愿，他一再地劝说请求我写下自己的自传”。❶但五世达赖喇嘛还是推脱说：“按说将自己的上师当着佛陀一样地信仰是获得护持和成就的缘起条件，但是从我个人来说，在利益佛法和众生方面实在没有可以明确出的功绩，勉强罗列，只怕会引起别人的嘲笑，那就不够体面了。”❷但是无论如何推脱，第巴桑杰嘉措仍然恳切要求他答应写传。不得已，五世达赖喇嘛才答应了他的要求。

在《自传》动笔以前，已有两部记述五世达赖喇嘛生平的传记问世，一部是敏珠尔班智达嘉央旺杰多吉的《见者受益极乐之声》，一部是释迦格年久美的《波东久扎传》。对于前者，五世达赖喇嘛认为“这部作品虽然文辞优美，但是取材失当，欠缺不全，不够详细，错谬颇多，所用资料不大可信”。❸对于后者，又以为“多有讴

五世达赖喇嘛鎏金铜像

❶❷❸《五世达赖喇嘛传》，五世达赖喇嘛阿旺罗桑嘉措著，陈庆英、马连龙、马林译，中国藏学出版社1997年10月第1版，第1181~1182、1182、26~27页。

歌溢美之辞，我如用来赞颂自己，岂不被人讥为不知谦虚”[1]，因此都没有作为参考。

作为格鲁派掌握西藏地方政教权力后的第一位达赖喇嘛，五世达赖喇嘛一生的大部分活动都有当时的文字记载，他的侍从人员中也有专门负责记录他每天活动的人员。据《自传》的记载，五世达赖喇嘛在15岁以前的事，是根据自己的记忆以及周围侍从的片段记录写成，以后的事，则是根据达巴译师等四位学者所编的大事年表经研究、整理后采用的。自传即是在这两部分的实际记录的基础上编成的。具体的写作过程是由五世达赖喇嘛口述，古如多杰、赤嘉措、古扎瓦阿旺赤和阿旺嘉措等4人笔录。笔录完成后由巴仲阿仁巴读给五世达赖喇嘛听，并对中心内容加以概括和指点。对前后矛盾、有疑问和余缺的部分则由达南和格隆绛央扎巴进行校订。

同五世达赖喇嘛所著的其他史书和人物传记不同，《自传》基本上摆脱了将历史与神话混为一谈的神学唯心主义的套路，除在记述自己家族的渊源时采用了一些宗教、神话传说外，基本上采用了记实、写实的写作手法，并力求所记述的人和事真实、可靠，发表议论时也必须客观、公正。这一点，五世达赖喇嘛在谈到撰写《自传》的缘起时说得很清楚，就是不愿隐瞒自己的行为，而要把它们公诸于世，在记述时要摈弃“以无为有有为无”的浮夸学风，而遵循“朋辈面前现本性，无增无减是佛规”的撰写原则。如在记述认定四世达赖喇嘛的转世灵童时，作为灵童候选人的他随便抛掷了一些朵玛，表演了一些平常的节目，就有人议论说这是遍知一切索南嘉措抛掷酬神食子的习惯动作。对此他不以为然地自嘲说“如果演此小技者皆为活佛，那么世间的活佛则多不胜数了”。他记述的另一件事更有意思，当他的经师噶居巴按规矩将前辈达赖喇嘛用过的佛像和念珠拿出来让五世达赖喇嘛辨认时，他并没有说认识这些东西的话，可噶居巴出门后说灵童都认识。日后每当他不努力学经

[1]《五世达赖喇嘛传》，五世达赖喇嘛阿旺罗桑嘉措著，陈庆英、马连龙、马林译，中国藏学出版社1997年10月第1版，第27页。

时，噶居巴就悔恨地说："那时你并没有认出前辈的用品。"[1]这种在笃信佛教的人看来神圣不可欺的事，五世达赖喇嘛也直言不讳地写进了《自传》，可见他是想努力做到客观、真实地再现历史。

《自传》对许多重要事件的记载都是十分准确的，这在众多的藏文史籍中是一个十分突出的特点，为研究这一时期的藏族历史、汉藏关系史和蒙古历史留下了十分珍贵的资料。

从内容上说，五世达赖喇嘛一生经历过许多重大历史事件，如格鲁派与蒙古和硕特部联合推翻第悉藏巴政权，格鲁派在西藏掌权，西藏与清朝最早建立关系，五世达赖喇嘛应邀到北京朝见顺治皇帝，布达拉宫的修建，西藏和不丹的战争，吴三桂反清时与西藏的联系等，这些事件有的在汉文和蒙古文史料没有记载，有的虽有记载但不够详尽。如平西王吴三桂反叛朝廷后多次派人去拉萨联络达赖喇嘛和达赖汗等，企图鼓动达赖喇嘛等出动西藏、蒙古兵策应叛乱一事，汉、蒙文史料仅有一些沿边各地文武官员和派往西藏的使臣的简要奏报、五世达赖喇嘛等人的奏书等，其中的前因后果及详情未见记载，致使我们在研究这一段历史时由于资料的匮乏而无法深入，甚至做出错误的判断。而通过《自传》的记述，我们可以更详细地了解吴三桂前后数次派人到拉萨同五世达赖喇嘛、达赖汗等联络的经过，包括会见的时间、场合，使者的姓名、身份，所携带礼品的种类、数量，以及会谈的经过，五世达赖喇嘛拒绝吴三桂要求共同举事时的言辞等。这些记述，不但印证了上引五世达赖喇嘛奏书内容的真实性，而且更具体、更详尽，更生动，充分反应了五世达赖喇嘛倾心中央政府，不与叛逆者为伍的决心和勇气，同时也可以看出作为一个成熟的政治家在同影响川滇藏区安危的朝廷封疆大吏斡旋时的政治策略和灵活性。有了《自传》的这些记载，我们就可以完全澄清当时清朝政府在五世达赖喇嘛对待吴三桂一事上的误解和以往研究中的一些不实之辞和错误论点。

[1]《五世达赖喇嘛传》，五世达赖喇嘛阿旺罗桑嘉措著，陈庆英、马连龙、马林译，中国藏学出版社1997年10月第1版，第63页。

所以研究这一段历史，五世达赖喇嘛的《自传》应当是十分重要的第一手文字资料。另外，五世达赖喇嘛所处的时代也是蒙古各部与西藏的政治、宗教、文化联系最为密切的时期，蒙古各部首领和宗教上层纷纷入藏朝礼，喀尔喀、额鲁特各部都竞相与格鲁派结纳关系，土尔扈特部、准噶尔部、和硕特部与西藏格鲁派的关系更是对其历史有莫大的影响，而这些历史活动有许多只能在五世达赖喇嘛的自传中才能看到记载，因此五世达赖喇嘛自传对研究清初蒙古史的价值也是不言而喻的。

对于西藏本身来说，格鲁派统治的建立、封建农奴制的巩固、行政制度的变化、许多封建领主的受封等，都发生在五世达赖喇嘛生活的时期，这诸多方面的内容也都在五世达赖喇嘛自传的逐年逐月逐日的记录中反映出来。要研究这些问题，自然也离不开《自传》所提供的资料。乃至这一时期的许多寺院的建立、著名佛像的建造、藏药的制造、历史学语言学哲学文学著作的编写、刻印经典、举行重大的宗教活动等，在五世达赖喇嘛的自传中也有详细的记载，因此对于研究藏族文化史、宗教史、建筑史、医学史、艺术史等方面，《自传》也是必不可少的学术资料。

对于中国边疆史地研究来说，当时西藏与喜马拉雅山南麓的不丹、锡金、尼泊尔各小邦、拉达克的交往关系，在《自传》中也有记载。五世达赖喇嘛派梅热喇嘛在门隅地区建成达旺寺，并派官员管理征税派差等，更说明西藏地方政府早就在该地区进行行政管辖。因此对于研究我国西南边界的历史，《自传》也有其重要价值。

五世达赖喇嘛灵塔

公元1682年二月二十五日，66岁的五世达赖喇嘛阿旺罗桑嘉措在经历了神奇而又辉煌的一生后，终于摈弃了尘世的喧嚣、意趣隐入法界。他在弥留之际，还念念不忘西藏政教事业。他抚摩着第巴桑杰嘉措的头教导他如何处理政教事务，如何保持同中央政府和蒙古各部的关系，如何处理善后事宜。他说：“一切法皆无常。故哪有定数？无妨，勿短视，脉象亦无一定。我若有不测，则需暂时守密。我的转世亦不会久滞，很容易。转世地点及父母须前世机缘凑聚，你能再次认定我。即使出现复杂情况，也不会识别错误，不必担忧。……”遵照遗嘱，桑杰嘉措在五世达赖喇嘛圆寂后秘不发丧，时间达12年之久。

五世达赖喇嘛阿旺罗桑嘉措年谱

五世达赖喇嘛阿旺罗桑嘉措年谱

1617年（万历四十五年，清〈后金〉天命二年）1岁

九月二十三日出生在西藏山南琼结（今西藏山南地区琼结县）的琼瓦达孜堡。由达丹活佛起名为贡噶米居多嘉旺格嘉布。

1619年（万历四十七年，清天命四年）3岁

因琼结发生内乱，随母亲避居曲布拉雄，后迁居艾日果宗。父亲被第悉藏巴软禁在桑珠孜。传言为某个活佛的转世。

1620年（泰昌元年，清天命五年）4岁

居住在浪卡子舅父家及达隆等地。秋末，应索南热丹的请求，青海蒙古首领拉尊罗桑嘉措和古如洪台吉二人率领军队抵达藏北。经四世班禅调解，阻止了蒙古军队的进攻。

1621年（天启元年，清天命六年）5岁

七月初，蒙古军和藏巴汗的军队在拉萨西面的江塘岗开战，后藏军队大败。格鲁派再次得势。

经四世班禅额尔德尼罗桑曲结和林麦夏仲官却群培商议决定，在藏北热振寺文殊菩萨像前陈设糌粑丸子抽选，被选中为四世达赖喇嘛云丹嘉措的转世灵童，并派人向藏巴汗丹迥旺波禀报认定达赖喇嘛转世的情况。藏巴汗批准转世，但要求灵童必须在札什伦布寺拜四世班禅额尔德尼为师学经。后经力争，最终同意迎请转世灵童到哲蚌寺居住。

1622年（天启二年，清天命七年）6岁

二月二十五日抵达哲蚌寺。三月十八日，在哲蚌寺甘丹颇章森穷恩噶殿由四世班禅主持剃度出家仪式，起法名为“阿旺罗桑嘉措”。

强佐索南热丹等担心青海蒙古首领拉尊罗桑嘉措和古如洪台吉二人会以武力强行将转世灵童带往青海，遂于五月二十六日晚带灵童避居艾日果宗。

1623年（天启三年，清天命八年）7岁

四月，由艾日果宗返回哲蚌寺。

1624年（天启四年，清天命九年）8岁

三月，巡礼位于山南桑日县的二世达赖喇嘛创建的群科杰寺。

冬末，会见四世班禅额尔德尼。

1625年（天启五年，清天命十年）9岁

二月三日，在哲蚌寺的森穷恩噶寝殿中，由四世班禅任亲教师、林麦夏仲官却群培任规范师、郭莽扎仓掌堂师桑结扎西任报时师，传授了沙弥戒。

夏秋两季，学习念诵噶当派的主要典籍《噶当书》。

1626年（天启六年，清天命十一年）10岁

蒙古土默特部济农王之子图巴台吉邀请前往蒙古地方，未准。图巴台吉赠给“达赖喇嘛瓦齐尔达喇”的尊号，回赠图巴台吉“岱松洪台吉”名号。

由林麦夏仲官却群培讲授《现观庄严论》。阅读《贤愚因缘经》和《报恩经》。

是年，拉萨地区疹子流行，染病卧床20多天。

1627年（天启七年，清天聪元年）11岁

开始学习《因明学》。

1628年（崇祯元年，清天聪二年）12岁

迎请四世班禅到哲蚌寺甘丹颇章，讲授《修习百法》、《纳塘百法》，以及各种常用的随许法、灌顶法等，还学习了二世达赖喇嘛根敦嘉措的部分著作。

1629年（崇祯二年，清天聪三年）13岁

学习《现观庄严论》第二品和第四品。

蒙古察哈尔部林丹汗攻破土默特等部，以蒙古各部的大汗自居。在拉萨的土默特贵族劝请做好接受林丹汗邀请前往蒙古的准备。

1631年（崇祯四年，清天聪五年）15岁

首次主持拉萨祈愿大法会。

学习《现观庄严论》第五品及《入行论疏》。

五月起，巡游山南地区各寺院名胜。至九月，接到藏巴汗的来信，匆忙返回哲蚌寺。

1632年（崇祯五年，清天聪六年）16岁

由四世班禅传授喜金刚灌顶法，讲授二世达赖喇嘛的著作等。由林麦夏仲讲授《入中论注疏》、《俱舍论注疏》等。

四世班禅和强佐索南热丹去藏北调解蒙古阿克岱青同霍尔牧民部落的争端，解除了藏巴汗的忧虑，改善了藏巴汗同格鲁派的关系。

强佐索南热丹指定仲麦巴·赤烈嘉措为伴读者。

1633年（崇祯六年，清天聪七年）17岁

第一次单独主持拉萨祈愿大法会。

再次巡礼群科杰寺。

1634年（崇祯七年，清天聪八年）18岁

蒙古喀尔喀部却图汗率部众4万在甘肃大草滩与察哈尔部林丹汗会合，与噶玛噶举派红帽系活佛却吉旺秋、第悉藏巴、康区白利土司等建立联系，图谋向青藏高原发展。

林丹汗在大草滩病死。却图汗自率部众从大草滩南下青海，占据青海湖一带草原。后又派其子阿尔斯兰率兵向西藏进发。格鲁派情势危机。

强佐索南热丹和第巴吉雪巴派人化装前往在天山游牧的蒙古额鲁特部，请求发兵援助。

噶玛噶举派黑帽系活佛却央多吉前来会见。

1635年（崇祯八年，清天聪九年）19岁

随帕邦喀活佛学习和体验多种佛教密法。

阿尔斯兰的蒙古军队在当雄击溃蒙古永谢卜的四王子部落后，又分兵三路，转而攻击藏巴汗。后因故撤回拉萨一带。

1636年（清崇德元年）20岁

阿尔斯兰表示了同格鲁派修好的意愿。接受阿尔斯兰的礼拜，并给予加持。

春季，后藏军队开到藏北南木措湖一带，根据藏巴汗的命令，与噶玛巴活佛、达隆活佛等前往藏北与蒙古人谈判，达成了停战协议。

四月，皇太极改国号为大清年号崇德。在呼和浩特地区活动的四世班禅的弟子、蒙古族僧人内济托因率弟子30人到沈阳会见皇太极，受到皇太极的重视。另有格鲁派东科尔活佛在鄂尔多斯的转世满珠习礼也与皇太极建立了联系。这是格鲁派与清朝建立关系的开端。

格鲁派派往额鲁特蒙古求援的使者到达新疆。年底，和硕特部固始汗和准噶尔部的巴图尔珲台吉率军1万到达柴达木盆地。

1637年（崇德二年）21岁

一月，固始汗的军队在青海湖北击溃却图汗的4万军队，却图汗被擒杀。固始汗占有了青海各主要藏区。阿尔斯兰闻讯后仓皇东返，在康区被部将谋杀。

固始汗、巴图尔珲台吉等人以朝佛的名义前往西藏。

学习宗喀巴大师的《密宗道次第广论》和藏族的历算法等。

秋季，在甘丹康萨会见了固始汗等，赠给固始汗“丹增却吉杰波”（执掌教法法王）的称号和印章。接受固始汗的邀请准备前往蒙古地区传教，后因故未能成行。

四世班禅应邀来拉萨，为传授比丘戒做准备。

四世班禅讲授了宗喀巴大师文集、一世达赖喇嘛根敦珠巴的戒律著作、玛尔巴和米拉日巴的道歌等。

1638年（崇德三年）22岁

三月五日，在拉萨大昭寺觉卧佛像前，由四世班禅担任堪布和亲教师，林麦夏仲任规范师，传授了比丘戒。在罗桑嘉措的名字之前加上“阿格旺秋”（语自在）几个字。故又被称为“阿旺罗桑嘉措。”

由第巴香喀瓦讲授梵文声明学著作。

年末，固始汗派300人的使团前来拉萨，迎请前往青海，藏巴汗未予批准。加上格鲁派在后藏遭凌辱，使固始汗下决心剿灭藏巴汗。

1639年（崇德四年）23岁

学习声明学和藏医药论著。

八月底，母亲在浪卡子去世。

十月，皇太极派额尔德尼达尔汗格隆、察汉喇嘛等为使，携带皇太极致藏巴汗和达赖喇嘛等人的书信进藏。这是清朝政府首次直接向西藏派遣使者。

1640年（崇德五年）24岁

经四世班禅提议，西藏方面派色钦曲杰携带达赖喇嘛、第悉藏巴、噶玛噶举、达隆噶举、主巴噶举等各派僧俗首领给皇太极的书信前往盛京。这是西藏首次派使者与清朝政府联系。

年初，固始汗在康区攻打格鲁派的敌人白利土司。

固始汗派人送来密信，要求格鲁派配合他攻打藏巴汗。认为应设法避免战乱。但强佐索南热丹不听劝告，向固始汗提出了进兵消灭藏巴汗政权的要求。

修习《声明集分论》、《四部医典》、《诗镜论》、《时论纲要》、《宗派通论》、《三律仪疏》等声明、藏医、历算方面的著作。

1641年（崇德六年）25岁

固始汗攻灭白利土司。得知胜利消息后在哈达上题词敬献神灵。

得知固始汗进军西藏的消息后，派索南热丹劝说固始汗退兵。索南热丹违背意愿，在当雄同固始汗议定分兵两路攻打后藏和招降前藏各地方首领。

索南热丹陪同固始汗的大王妃抵达拉萨。

前藏的蒙藏联军连连获胜，山南和拉萨周边各地方首领先后归顺格鲁派。

固始汗围攻日喀则。藏巴汗在败局已定的情况下，多次致信达隆活佛和四世班禅等人，请求出面调解。

日喀则即将被攻破，与固始汗互相致信祝贺。

1642年（崇德七年）26岁

固始汗攻破桑珠孜城堡俘获藏巴汗。向本尊护法敬献题词哈达，庆祝胜利。

三月下旬，应固始汗的邀请，来到后藏。在桑珠孜城堡的大厅里举行了盛大集会。固始汗宣布奉献包括日喀则在内的西藏十三万户给达赖喇嘛。这次大会标志着格鲁派与蒙古和硕特部在西藏的联合政权的正式建立。

向固始汗提出必须收回以前格鲁派失去的寺院和领地，得到固始汗首肯。

门隅僧侣和主巴人（不丹人）起兵作乱，与固始汗等商议派兵平叛。

颁发文书，将仁蚌和喀孜两地交给吉雪第巴管理。

噶玛噶举黑帽系活佛在山南洛扎策动前后藏和工布发动大规模叛乱。固始汗等率军平息了叛乱。得知噶举派摧毁格鲁派的计划后，固始汗立即下令彻底打击噶举派，处死藏巴汗。噶玛巴活佛见大势已去，逃往云南丽江。

1643年（崇德八年）27岁

一月初，固始汗与喀尔喀温布额尔德尼之间产生嫌隙，一时形势紧张。向固始汗陈说利害，让双方立誓和好。

二月底，索南热丹提出将后藏日喀则、协噶、拉孜三地交给吉雪巴管理，没有同意。索南热丹固执己见，引起固始汗的不满，打算返回青海。劝说固始汗为格鲁派的大局留在西藏。

三月，林麦夏仲提出应在拉萨布达拉山修建一座红白相间的规模巨大的城堡（布达拉宫），把色拉寺和哲蚌寺连结起来，使格鲁派在拉萨的防御系统稳固可靠。

四月，为固始汗等又邀请前往青海事，向宁玛派域摩活佛请教。回信说蒙古人并不是真正的邀请者，若干年后会有与蒙古人服饰不同的人从东方前来邀请，可在那时前往。

固始汗要求撰写一部详细记载西藏王统世系和各地方僧俗势力沿革的史书，因此从夏初开始撰写《西藏王臣记》。

五月，派往盛京与清政府联络的使者伊拉古克三、色钦曲杰等由盛京启程返回西藏。皇太极率诸王、贝勒设宴饯行。并派使臣携给达赖喇嘛、班禅额尔德尼、噶玛巴红帽活佛、第悉藏巴、固始汗、萨迦、主巴、达隆等教派首领的信件随行。

夏季，由达隆活佛居间调停，在噶玛噶举黑帽系活佛却英多吉逃到山南和丽江期间代管噶玛噶举派寺院、庄园的贾曹活佛札巴却央来拉萨向达赖喇嘛和固始汗献礼，请求归还被格鲁派占据的噶玛噶举派的寺院和庄园。同意归还一部分，其余的改宗格鲁派。

七月三日，在哲蚌寺甘丹颇章写成《西藏王臣记》一书。

八月，皇太极病逝，顺治皇帝即位。

1644年（顺治元年）28岁

夏季，由林麦夏仲讲授宗喀巴大师的《菩提道次第广论》。

因固始汗不满第巴吉雪巴控制后藏的大部分地区，吉雪巴对日喀则的管理权由第巴诺尔布接任。

冬末，察干格隆、伊拉古克三、色钦曲杰等抵达拉萨。与固始汗等接受了清朝皇帝的信函及礼品。

额鲁特高僧咱雅班智达抵达拉萨。

夏季，同支持噶举派的不丹之间的战争正式开始。

撰写《现观庄严论注疏》和《嘉央喇嘛官却群培（林麦夏仲）传》。

1645年（顺治二年）29岁

决定在拉萨布达拉山修建城堡，作为格鲁派政权的中心。四月一日，主持兴建布达拉宫的净地仪式。

向索南热丹建议创建由地方政府供给的医宗学院“索日卓盘林”（利生医宗院），讲习《四部医典》。

学习《诗学明镜注疏》、《声律学》、《音势论》、《三十颂》及《五曜历算表》等。

协调格鲁派同止贡派的关系，止贡活佛表示感谢。

撰写《拉萨大昭寺小昭寺寺志》。

1646年（顺治三年）30岁

为嘉央喇嘛官却群培的圆寂举行悼念活动。

四月，得知顺治皇帝在北京登基的消息，与固始汗共派使者前往北京祝贺。

撰写《布达拉宫帕巴拉康佛殿志》。

1647年（顺治四年）31岁

巡视布达拉宫修建工程。

撰写《入中论注疏》和《诗学明鉴注疏》，并为《蒙古公共法典》撰写序言。

秋初，接受钦差克雅喇嘛等人递交的圣旨及赏赐物品，并派使者随钦差进京呈递奏表及礼品。

1648年（顺治五年）32岁

派兵大举进攻不丹，前藏军队一度攻至距不丹首邑仅一天路程的地方。后因无接应，战事以先胜后败结束。

五月，布达拉宫的修建工程进入绘制壁画阶段。应邀为大厅的壁画撰写题记。

委任绛孜曲杰阿旺多杰为改宗后的热振寺的吉索堪布，管理热振上下两寺。

十一月，顺治皇帝派遣的使臣喜饶喇嘛一行抵达拉萨，递交了召请进京会见的谕旨。

1649年（顺治六年）33岁

派喜饶喇嘛等前往北京向顺治皇帝呈递同意赴京会见的奏表。

为固始汗和索南热丹撰写传记。

1650年（顺治七年）34岁

顺治皇帝派遣的使臣诺木齐喇嘛一行抵达拉萨，递交了再次召请进京会见的圣旨。

六月，派色钦温布罗桑却培随钦差诺木齐喇嘛前往北京，向顺治皇帝呈表。

1651年（顺治八年）35岁

三至四月，顺治皇帝两次遣使入藏召请，敦促尽快起程进京。

制定刻印佛经的计划，筹备刻印藏文大藏经。

色钦温布罗桑却培由北京返回拉萨。接到顺治皇帝的诏书后，命索南热丹将达赖喇嘛将进京觐见的消息通告全藏，并建立了制作旅途所需物品的作坊。

拉萨三大寺上层僧人极力劝阻达赖喇嘛进京觐见。按三大寺僧众的请求，在尽快返回拉萨的协议书上画押。

在藏的噶玛噶举派首领贾曹活佛扎巴乔央（此时该派黑帽系活佛却英多吉已逃亡云南丽江）到哲蚌寺向达赖喇嘛致敬，这标志着该派承认了格鲁派的统治地位。

钦差喜饶喇嘛一行抵达拉萨，宣读了顺治皇帝的诏书，并敦请进京。

从九月起，开始巡礼山南各寺院、圣地。

九月八日，派色钦达杰赴京，向顺治皇帝禀报将于水龙年(1652年）七月抵京。

1652年（顺治九年）36岁

为进京做大规模的筹备工作，仿照八思巴去汉地时设立十三种职司之例，建立了职司制度。

三月十五日，从哲蚌寺出发前往内地。

从三月十五日起程，途经西藏、青海、甘肃、宁夏、内蒙古、河北等地，历经9个月，于十二月十四日抵达北京，驻锡于东黄寺(普净禅林，地在今北京市德胜门外黄寺大街)。

十二月十六日，顺治皇帝在京郊南苑召见五世达赖喇嘛。

十二月十七日，移居顺治皇帝专为达赖喇嘛进京觐见而建的西黄寺。

1653年（顺治十年）37岁

正月十一日，顺治皇帝在太和殿举行盛大宴会宴请五世达赖喇嘛。

十八日至二月十二日，遵顺治皇帝旨，诸王分别宴请五世达赖喇嘛。

二月十八日，顺治皇帝在太和殿为五世达赖喇嘛饯行。五世达赖喇嘛奏称因水土不服，身体有病，请求允准返藏。顺治皇帝决定赐以名号、册印，并瞩先去岱噶，会见蒙古诸王贝勒。

二月二十日从西黄寺启程返藏。和硕郑亲王率大臣、侍从3 000人送行至清河。

三月十日，行抵岱噶，在此会见蒙古诸王贝勒，并等候顺治皇帝的册封。

五月，朝廷派遣的礼部尚书罗郎球、理藩院侍郎席达礼等抵达岱噶，递交了顺治皇帝赐给的金册、金印。

闰五月一日，从岱噶启程返藏。

从闰五月一日至六月二十四日，大抵按来程西进返藏。

六月三十日，在佑宁寺驻锡讲经。

十月二十四日，抵达拉萨大昭寺。十一月十一日，返回哲蚌寺。

1654年（顺治十一年）38岁

六月十八日，同固始汗、索南热丹从哲蚌寺启程巡视后藏。

七月六日，抵达札什伦布寺，会见了四世班禅。

十二月七日，固始汗病情恶化。黎明时分赶往甘丹康萨，为固始汗诵经祈愿。

十二月八日，固始汗去世。由索南热丹负责，在甘丹康萨为固始汗大规模操办丧事。

1655年（顺治十二年）39岁

五月十日，为《三世达赖喇嘛索南嘉措传》撰写题记。

1656年（顺治十三年）40岁

三月八日，派遣车臣温布去青海处理青海蒙古左右翼之间的争端。

四月，西藏和尼泊尔发生边界冲突。派人将边界上的帕巴觉卧瓦底像送到哲蚌寺，并在寝室供养3天。

四月二十三日，青海蒙古左右翼之间再次发生争端，派白居寺堪布额尔德尼前往青海调解。

六月十八日，会见了印度孟加拉王沙哈杂的使臣玛哈玛德沙比。

同日，因西藏派往巴塘担任宗堆的色钦鼐管辖康区的固始汗之孙罕都等发生矛盾，故派达尔罕噶居继任巴塘宗堆，并指示他兴建巴塘寺。

七月二十二日，蒙藏联军攻入不丹，派索南热丹等前往后藏组织后援。

九月四日，因索南热丹在藏不边界患病，第巴诺尔布密报，请求劝说索南热丹退兵。

十月三日，清和硕承泽亲王硕塞去世，为其做超荐法事。

十月十日，右脚的旧病复发，经多方医治，至次年八月才逐渐康复。

1657年（顺治十四年）41岁

四月十二日，蒙藏联军在不丹因暑热和疾病流行而失败。派人出面调停，与不丹达成停战协议，蒙藏联军安全撤回。

1658年（顺治十五年）42岁

一月，清朝使臣喜饶喇嘛等抵达拉萨，递交了皇帝的敕谕等，并为阐化王请求换印事查看情形。

一月五日，前往拉萨参加巴图尔台吉继承固始汗汗位的即位典礼，赠名号为“丹增多吉杰布”，蒙古语称为“达延鄂齐尔汗”，即达延汗。

二月三日，第巴索南热丹去世，当即召集内部人员，宣布对第巴之死秘不发丧，并派人去日喀则向第巴诺尔布通报情况及匿丧的决定。又同达延汗、达赖巴图尔等密商善后事宜。

二月五日，决定由仲麦巴赤列嘉措充当联络人，负责把各地向第巴索南热丹的请示事项及时报告，决定后传到拉萨以第巴的名义发布。

青海蒙古左右翼又发生领主争夺属民的纠纷，把达赖巴图尔召请到哲蚌寺进行劝导，平息了纷争。

十一月十六日，赠给达赖巴图尔以“达赖洪台吉”名号。

为《四世达赖喇嘛传》题写跋文。

1659年（顺治十六年）43岁

一月，祈愿法会后，为第巴索南热丹发丧。

二月十一日，为达延汗兄弟和青海蒙古左右翼各首领颁赠了印章。

四月十六日，向卫藏各地正式宣布第巴索南热丹去世及匿丧结束。

五月，达隆活佛等劝说任命各机构官员，把实际权力接管过来。

五月二十一日，达延汗兄弟来拉萨，就重要事务进行商议。

六月初，以第巴诺尔布为首的一批世俗贵族和格鲁派上层之间因第巴索南热丹去世后权力的分配产生分歧，第巴诺尔布来拉萨寻求支持。

六月十六日，派人向第巴诺尔布转告拟请他继任第巴事及任命的条件，诺尔布表示接受。

十月，盛传第巴诺尔布及其支持者从拉萨潜逃回日喀则可能发起大规模骚乱，拉萨气氛骤然紧张。

十月十一日，与仲麦巴赤列嘉措等商议，决定向后藏派兵，并派人前往当雄向达延汗兄弟通报。同时，集中前藏兵马准备开拔。后因达延汗兄弟未明确表态，故于十月底派人去后藏调解。

闰十二月，派人去当雄达延汗兄弟处，反对将澎域和墨竹工卡划归盖喀萨和郭那夏家族，并下令拉萨河流域的各首领不得与盖喀萨家族的两位舅父联络、交谈。

闰十二月二十五日，会见达延汗兄弟，向他们说明两位舅父与第巴诺尔布勾结，鼓动不丹军队破坏协议进犯帕里等事，让他们放弃对两位舅父的支持。

1660年（顺治十七年）44岁

三月八日，在达延汗兄弟的支持下，日喀则第巴诺尔布及其支持者很快失势，派人去接管他们的属地，并给予惩处。

五月十六日，从本日起闭关修行28天。闭关前召集仲麦巴赤烈嘉措等5人商议，决定闭关期间的事务由他们处理，决定不了的要事由仲麦巴早晚简要禀报，听取指示。

六月间，在3名第巴候选人中确定由仲麦巴赤烈嘉措担任第巴，经3次敦请仲麦巴赤烈嘉措才同意出任。

七月十三日，为仲麦巴赤烈嘉措举行继任第巴的仪式。

八月二十六日，仲麦巴桑杰嘉措来到身边。

十二月二十四日，右脚化脓，卧床休息。

1661年（顺治十八年）45岁

一月，派索南旺杰等前往青海和华日等地处理有关事务。

六月中旬，发动叛乱的盖喀萨两舅父败局已定，举行酬补仪轨。

六月底，给一批寺院、活佛、僧人、贵族等赏赐土地和属民。

七月，廓尔喀人进犯浪布城，派人率后藏军队前去抵御。

十月九日，决定由达赖洪台吉主持青海划分地界事宜。

昌都温仲喜瓦桑布和南色二人发起战乱，派人前去制止。

十一月十四日，赐给哲务曲杰“大司徒都元帅”名号和印章。

1662年（康熙元年）46岁

二月十二日，四世班禅额尔德尼在札什伦布寺圆寂，派人参加遗体火化仪式和超度法事。

二月二十九日，前往桑耶寺参加修缮工程竣工及开光仪式。

六月十七日，潘德活佛兄弟纠合工布和康区部分首领与拉萨对抗，打卦卜算后认为应当发兵。

七月一日，派第巴与达延汗商议出兵之事，并向玛本和如本发布了指示。

八月一日，康熙皇帝即位后的首批使臣抵达拉萨。安排了随使臣来藏学习藏语文的学生。

九月三日，下令向工布出兵征讨，由达延汗亲自指挥。

十一月二日，调解昌都和类乌齐的争执，恢复了昌都地区的安宁。

1663年（康熙二年）47岁

二月一日，指示对前后藏的所有寺院进行调查，按僧人、学经、法事等情况分为三类，根据调查统计的情况，向各类寺院僧人分别给予布施。

二月十日，会见从工布战场归来的达延汗。

五月，认为青海是汉、藏、蒙古三族聚居之地，督促达赖洪台吉返回青海，就近管理。

1664年（康熙三年）48岁

三月二十八日，脚病加重，经治疗，四月初基本痊愈。

六月起，下令修缮拉萨八廓转经路。

六月十一日，收到印度婆罗尼斯表示愿意调解不丹和西藏纠纷的来信。

十月十三日，和第穆活佛商议保证康区安宁的办法。

1665年（康熙四年）49岁

二月二日拉萨发生地震，认为是吉兆。

1666年（康熙五年）50岁

六月十五日，为鄂齐尔图台吉举行即汗位仪式，赠名号为“车臣汗。”

六月二十四日，会见强佐彭措热丹，商议认定班禅额尔德尼转世灵童事宜。为慎重起见，亲自在哲蚌寺尊胜佛母像前卜算，还派人分别在甘丹寺、热振寺、大昭寺等处卜算。

七月三日，在哲蚌寺举行的大法会上为西藏僧俗5 000多人讲解《菩提道次第广论》。

十月间，赐给仲麦巴桑杰嘉措土地和属民。

1667年（康熙五年）51岁

三月间，由于青海方面发生越界等纠纷，清朝军队在庄浪集结，并送来密诏。

六月十二日，札什伦布寺派人来报告考察班禅额尔德尼转世灵童的情况。表示确认托布加地方出生的灵童为四世班禅额尔德尼的转世，并指示将转世灵童迎入札什伦布寺举行坐床典礼。

七月二十二日，令青海蒙古首领派人向朝廷献马、牛等供品，以消除与朝廷的矛盾，并要求青海蒙古首领划地界、不偷盗抢掠、不阻碍贸易往来，与清朝保持良好关系。

十月七日，派人去参加五世班禅额尔德尼的坐床典礼，赠礼祝贺，并给五世班禅额尔德尼起名为“洛桑意希。”

1668年（康熙七年）52岁

二月十七日第巴赤烈嘉措去世，向遗体献佛舍利子，并派人向达延汗及青海蒙古首领通告。

三月十二日，达延汗去世，为其诵经超荐，并派人去青海向达赖洪台吉等青海蒙古首领通报。

六月，下令给一些寺院和贵族封赐土地和属民。

十一月十五日，洛札报告门隅阿觉部落侵扰边界，请求派兵反击。后接受建议，派人调解。

1669年（康熙八年）53岁

十四日，身体严重不适，下令13个宗谿举行祈寿法事。

鉴于西藏的服饰几经变化，服装蒙藏混杂，下令藏人一律穿藏装，不准俗人穿僧装，并要求各地呈具关结。

桑杰嘉措协助嘉央丹增等处理往来文书及内外传达。

四月，下令给一些寺院和贵族封赐土地、属民和建立法事活动的基金。

七月七日，鉴于仲麦巴家族多年忠心效力，特别是从小养育护持仲麦巴桑杰嘉措，故将仲麦巴家族所有领地封给桑杰嘉措掌管，并赐给达尔罕印章。

派索南旺杰去青海，与蒙古首领商议达延汗的汗位继承人问题，并通报和商议第巴继任者的情况。

八月二日，派人向却本洛桑图多传达要他出任第巴的意思，但洛桑图多没有立即接受。

八月十八日，洛桑图多同意出任第巴。

1670年（康熙九年）54岁

三月五日，听到额鲁特部鄂齐尔图车臣汗兄弟不和，发生内乱的消息，派人帮助他们和解。

七月十四日，为五世班禅额尔德尼传授了沙弥戒。

十一月二日，清朝政府同意并派人护送红帽系活佛意希宁波返藏，但康区的罕都无故派兵侵扰汉地边界，阻止红帽活佛返藏，造成战乱。

十一月十六日，派人前往青海平息纠纷，迎接红帽活佛返藏。

1671年（康熙十年）55岁

三月三日，确定仁达那王子继任汗位。举行新汗即位仪式，宣布新汗的汗号为“丹增达赖汗。”

1672年（康熙十一年）56岁

一月，规定了僧俗官员的官服和饰品等。

一月二十六日，为罕都在罕藏边界骚扰事，向清朝使臣做解释，设法进行补救。

二月二十二日，染上天花，曾发烧昏迷。为保密起见，对外宣布是手脚疼痛的旧病复发。

三月中，天花病痊愈。

四月一日，派使者前往北京向康熙皇帝呈进奏表，表示愿意尊旨促进汉蒙和好。

四月二十四日，认为四世达赖喇嘛时期各地僧俗首领的等级排列已过时，应根据实际情况重新排列。

五月八日至十日，下令编定新的座次文书，明确僧俗首领在集会时坐垫的高低、质料等，以符合每个人的身份地位。

十一月二十三日，为报答父母养育之恩，设立定时祭祀的法事。

1673年（康熙十二年）57岁

四月十九日，平西王吴三桂派人护送噶玛巴红帽系活佛抵达拉萨。派人设灶郊迎，会见红帽活佛。

九月二十五日，噶玛巴红帽系活佛请求来拉萨会见。给予了适当的礼遇，进行了交谈。

十月，因罕都在汉藏边界用兵使得噶玛巴黑帽系活佛却英多吉无法在中甸居住，派人护送来拉萨，按对待红帽活佛的规格设灶郊迎。六日，黑帽活佛前来布达拉宫拜见。

十二月二十七日，达赖洪台吉等青海蒙古首领因罕都在康区与噶尔巴联合，限制和反对格鲁派，遂联合进兵康区，击杀罕都。

会见达赖洪台吉，劝说其与喀尔喀土谢图汗保持友好关系。

1674年（康熙十三年）58岁

二月二十二日，因平西王吴三桂在云南起兵反清，中甸一带发生战乱，故下令三大寺举行念诵经咒的法事。

三月十九日，清朝政府为吴三桂反清之事，派使臣进藏，要求出兵助攻吴三桂。表示应当对皇帝的国政巩固和汉地的安乐忠心尽力。遂与达赖洪台吉等商议决定向中甸发兵。

三月二十日，赠给王子达什“乌勒吉图巴图尔台吉”名号，委任他为将军，率兵出征。

六月六日，吴三桂派官员来拉萨送信。经商议，决定按惯例接待，并回信给吴三桂，声言绝无背叛朝廷之心和谋叛之意。

七月四日，吴三桂的第二批使者到达拉萨。

十月，吴三桂的第三批使者到达拉萨，给予了适当的接待。十五日，交给吴三桂的使者回信和礼品，送他们回云南。

1675年（康熙十四年）59岁

一月十四日，吴三桂派人带来书信及黄金20两，并赠给达赖汗10两黄金。让来人带去了回礼。

一月二十六日，乌勒吉图巴图尔台吉派人奏报蒙藏联军在中甸获胜的消息。指示将俘获的首领、贵族除年老者就地监管外，其余的分散到康区上下的寺院、宗豁，以保持长久安定。

闰一月二十二日，第巴罗桑图丹请求辞去第巴一职，允准，并赐给城堡、土地、属民等。

二月十八日,朝廷使者面交因驱逐侵扰汉藏边界而奖励的各种奖品。

六月八日，对四位第巴一职的候选人进行占卜，结果仲麦巴桑杰嘉措的卦象最好。

六月十日，派人请桑杰嘉措出任第巴，桑杰嘉措以难以胜任为由加以推辞。

七月七日，再次敦请桑杰嘉措出任第巴，仍为桑杰嘉措谢绝。

七月八日，请札仓涅巴罗桑金巴出任第巴，占卜后同意出任，但以3年为限。

八月二十四日，举行新任第巴罗桑金巴的就职仪式。

1676年（康熙十五年）60岁

一月二十日，与达赖汗等会见、宴请吴三桂的使者。

二月八日，与达赖汗等人商议后，同意萨迦赤钦派人去不丹调解，并令沿途放行。

六月，派遣前藏的军队南征门隅地区。

1677年（康熙十六年）61岁

五月三十日，吴三桂的使者来拉萨，递交了书信和礼品。

闰十月十七日，受具足比丘戒。

十二月十六日，接见南征门隅归来的将领。

1678年（康熙十七年）62岁

正月十五日，下令恢复各寺院在战乱时期废弛的传戒、修习等寺规、章程及讲经修习制度。

六月四日，会见准噶尔噶尔丹洪台吉的使者。

七月二十一日，下令兴建中甸噶丹松赞林寺。

1679年（康熙十八年）63岁

五月十三日，第巴罗桑金巴3年任期已满，请桑杰嘉措出任第巴，经反复劝说终于同意担任第巴。

五月二十日，亲自书写了文告，正式委任桑杰嘉措担任第巴，并将文告贴在布达拉宫德央夏平台上方，还在文告上按了自己双手的全手掌印迹。

六月六日，举行第巴桑杰嘉措的就职仪式。

七月一日，在布达拉宫大殿会见班禅额尔德尼。

1680年（康熙十九年）64岁

四月二日,应第巴桑杰嘉措的一再请求,同意编写自己的传记。

五月三十日，派使者前往北京，向康熙皇帝进呈祝贺清朝战胜吴三桂的诗体奏表和礼品。

七月十日，下令在门隅达旺地区行使行政管辖权。

1681年（康熙二十年）65岁

正月二日,举行新年宴会。噶尔丹的使者宣布:噶尔丹占领了白头人(信仰伊斯兰教的民族)的广大地区,并将这些地区献给五世达赖喇嘛。

1682年（康熙二十一年）66岁

二月二十五日，因脚疾引发的病情突然加重，午时圆寂。第巴桑杰嘉措当即宣布匿丧，匿丧的期限不定。

五世达赖喇嘛阿旺罗桑嘉措文集目录

五世达赖喇嘛阿旺罗桑嘉措文集

目　录

ka

深广正法之得法录·恒河长流第一函

kha

深广正法之得法录·恒河长流第二函

ga

深广正法之得法录·恒河长流第三函

nga

深广正法之得法录·恒河长流第四函

ka

萨霍尔僧人阿旺洛桑嘉措幻化游戏之传记·轻縠妙衣第一函

kha

萨霍尔僧人阿旺洛桑嘉措幻化游戏之传记·轻縠妙衣第二函

ga

萨霍尔僧人阿旺洛桑嘉措幻化游戏之传记·轻縠妙衣第三函

nga

具恩本师阿旺洛桑嘉措外传·轻縠妙衣第三函之余事第四函

ca

具恩本师阿旺洛桑嘉措外传·轻縠妙衣第四函之余事第五函

cha

具恩本师阿旺洛桑嘉措外传·轻縠妙衣第五函之余事第六函

nya

一切智第五世达赖文集nya字函目录

至尊一切智索南嘉措传·悉地海车

世间自在一切智云丹嘉措传·摩尼鬘

遍主金刚持大堪布法王洛桑却吉坚赞秘传·信者之车

三世诸佛悲智力自相曼荼罗海主遍金刚萨埵之自性怙主索朗却登丹白坚赞传·希有信者之浪花

妙音法王恭却曲培传·智者耳饰

遍主轮自在班觉伦珠传·具缘信者之车

木雅北部大持明师阿吉旺波传·希有庄严海

ta

一切智第五世达赖文集ta字函目录

苏钦一切智曲英让卓传·大乘圣教之车

梁师察昌巴·洛卓却根多杰传略篇

诸部曼荼罗遍主金刚持洛色嘉措扎巴坚赞传·学讲教法之日光

诸佛总集自性遍主嘿汝嘎袈裟舞戏三座圆满之部主至尊上师旺秋饶登丹白坚赞传·甘露宝箧

三世一切如来之自性大宝遍主索朗却珠丹白坚赞传·招智者意根之钩

tha

一切智第五世达赖文集tha字函目录

上师供养仪轨·成就双运之车

吉祥怖畏金刚常用瑜伽笔记念诵仪轨

噶当大宝法十六明点常用灌顶导引·卓越嘉言·密意庄严

四部密续诸佛会之闭关静修与随许法等修验法·胜共悉地随愿成熟穗

具智证者能生希有之装藏作法·离误显明

da

一切智第五世达赖文集da字函目录

乍宗常用念诵法·金刚铠

吉祥大小怙主诸使者酬供忏悔次第·护法悦意妙音

六十四刻供品仪轨·三有尊胜

具无碍威猛力之具誓护法海现观法酬供忏悔、赞颂等四业任运成就

百食子供法·诵即义成

百食子易行供法·饶益有情

三事仪轨之一分四分朵玛供品及地祇朵玛供品、回向法

诸种朵玛供品次第合编

龙王朵玛常用供法

龙王供品·甘露乳长流

熏焦烟祭仪轨次第·如意篇

五尊祈供法·生起福德吉祥

诸天喜悦之煨香供法·吉祥漩

饶益汉蒙诸地之烟祭文·悉地雨降

普除不顺过患随愿成就福善之煨香供养次第·开无尽供养云门

吉祥怖畏金刚之息灾护摩·洁白甘露妙瓶

红色文殊阎曼德迦五尊之修法·文殊喜悦之口传

枳布传规之吉祥上乐轮外曼荼罗五尊之曼荼罗仪轨·勇士夺舍

枳布巴传规之吉祥上乐轮外曼荼罗五尊修法·译师班智达口传

那若空行之十一种瑜伽修法断除增损与结合持心修法·见者解脱之钥

甚深道内修上师瑜伽法·天宫灌顶流

甚深道外修易行持验摄要

大宝语教道果等之引导笔记·能弘教法中瓶灌观梦笔录·喀乌乍仲哇所许无误录

甚深道往生教授·趣空行之阶梯
尊胜佛母金刚摧碎等所需之布萨仪轨
哲达日传规之至尊尊胜佛母修法·长寿吉祥施
不动金刚九尊曼荼罗仪轨·普除恶趣苦新樟脑流
造小泥塔像说明篇·福善任运成就

na

一切智第五世达赖喇嘛文集na字函目录
菩提道次第教导·文殊口传
甚深中观见修法·妙吉祥藏口传
入中论显明释论·入大乘海之舟楫
弥遮玛注释与修法相结合之句义显明篇
道之三要注释
道之三要密意释·教理宝藏
诸善圆满清净回向文·诸种胜劣智慧咸宜·入海之河流
七佛供养仪轨·如意自在王
十六尊者供养法·佛教无尽摩尼
续部海中诸博学师所说之前行供养次第·琵琶之音

pa

一切智第五世达赖文集pa字函目录
阐明现观庄严论本释·善慧密意庄严狮吼声中第一分句义辨析
阐明现观庄严论本释·善慧密意庄严狮吼声中第二分句义辨析
阐明现观庄严论本释·善慧密意庄严狮吼声中第三分句义辨析
阐明现观庄严论本释·善慧密意庄严狮吼声中第四分句义辨析
阐明现观庄严论本释·善慧密意庄严狮吼声中第五分及第六分句义辨析
阐明现观庄严论本释·善慧密意庄严狮吼声中第七分及第八分句义辨析

pha

一切智第五世达赖文集pha字函目录

圣教根本饶益出家在家羯摩仪轨探究·离误尊胜纯金

喜悦为别解脱戒之诸智者略作饶益·显明灯

对法俱舍解说·能引对法大宝大车

ba

一切智第五世达赖文集ba字函目录

十方诸佛菩萨有学无学僧伽等众赞颂篇·悉地海藏

至尊文殊赞·多弦琵琶

一切功德之根本上师瑜伽修法次第·速引刹海加持

成为诸善巧成就自在大德之主之上师赞颂次第

询问降生世系之刹士庄严之故事及品目明鉴

悦耳道情歌·三密如意雨降

明示道路历程本相·离垢明镜

利乐之本支大昭寺小昭寺释迦尊像久住仪轨·永恒常住

大愿法会立宗时劝诵嘛呢颂文及请长久住世文

供茶次第·上妙精华虚空藏喜宴

随求圆满篇等供茶法类

ma

新造佛像经塔大宝供物妙室之目录与印章新册清规制约之始末·开四部法门之具缘第一函

tsa

新造佛像经塔大宝供物妙室之目录与印章新册清规制约之始末·开四部法门之具缘第二函

tsha

新造佛像经塔大宝供物妙室之目录与印章新册清规制约之始末·开四部法门之具缘第三函

诸上师本尊佛菩萨护法尊前敬献哈达、经幡、华盖之教谕·福

德无热恼大池

dsa

一切智第五世达赖文集dsa字函目录

拉萨大昭寺之目录·白晶镜

对尊卑中庸三品大众开示政教双运之教言次第·显现百千月之池

致汉藏蒙尊卑中庸三品大众诗咏书函·悦耳琵琶

统治藏土之王臣史记·圆满童子之庆宴·杜鹃歌声

wa

一切智第五世达赖文集wa字函目录

印度、尼泊尔与藏汉蒙所示剖析尊卑中庸之总别，区分善恶之规章路引敕书等·二规圆满如意金树

诗镜难义释·妙音喜悦之歌声

星算五行算中所撰问答·昼日光明

za

愿文、吉祥颂、请长信住世等颂文·净善河流第一函

愿文、吉祥颂、请长信住世等颂文·净善河流第二函

ka

八教如来集羯摩品目·饮身游戏之笑声

密藏之威猛安乐集闭关静修法·火风动摇之绶带

八教秘密圆满羯摩品目补遗·所需俱有

寂怒八教秘密圆满大成就者之真实笔记·见者满愿

梁师传规之威猛如来集常持明相承口传

秘密圆满大成就与制药修法之笔记·恒河长流

八教秘密圆满羯摩品目念诵仪轨·所需俱全

八教秘密圆满灌顶时修法瓶与灌顶瓶注水安置·全聚宝树

八教乐集灌顶与忿怒游戏之笔记·普贤密意游戏海

八教圆满羯摩品目

八教圆满息灾护摩·持种明点如意
八教秘密圆满之画轴·阐明所问三密无尽庄严轮
一切佛平等加行吉祥真实九扇事业之次第·续义光明
一切佛平等加行吉祥真实九扇曼荼罗仪轨·吽迦罗口传
北宗秘藏意修中品之事业·大宝鬘
意修威猛之羯摩品目·悉地圆集宝藏
意修之羯摩品目·摩尼宝冠
持明种修摩法之事业念诵仪轨·见者具义
无垢仙人寂怒之明因仪轨·心滴精要右旋瓶
大典籍如来集心要普摄诸义之意修法·雷箭热簇
死神回遮之诵本·战胜死神之军器
护方神狮面之羯摩品目·天铁利刃
上神焰力之事业·百日真现光明
金刚焰力大神之诅咒生要·珍珠鬘
金刚焰力之闭关静修法·禳解供修法、忆念祈愿文等
金刚焰力之所供、酬供、回遮等禳解之次第·眼之幻现

kha

遍智普观第五世达赖文集kha字函目录
不丹活佛所著寿神文册探究·能除山原间百病之一药
圣文殊名称经密要
妙吉祥黑色寿主作法品目·三有尊胜
黑文殊寿主之闭关静修法·悉地宝藏
依颅身修黑寿主闭关静修记录·空行气息
妙吉祥寿神手印威慑作法品目·霹雳轮
寿主除急病灌顶仪轨·圆满月曼荼罗
妙吉祥寿主之息灾护摩·恒河长流
文殊黑寿主塔等开光仪轨·加持日光焰
文殊黑寿主作法品目诅咒事业详细记录
妙吉祥黑色寿主之作业际重回遮法·火剑作业品目摧伏己敌金

刚钻石
文殊黑寿主作业品目·催动诅咒之金刚钻石
文殊黑寿主之回遮曼荼罗所需前行略修仪轨
妙吉祥黑色寿主放咒之作业次第·霹雳雷箭
文殊黑寿主之镇伏法·难逃黑铁屋鲸项密印
文殊手印威慑闭关静修法·百股金刚杵
镇伏事业之决定持明长寿喜宴·甘露长流
文殊手印威慑之灌顶仪轨·持密咒精髓如意月珠新滴
威慑诛法护摩之羯摩品目·时焰鬘
妙吉祥大圆满事业与成熟仪轨·现空五光印
文殊息灾事业·佛现前示现之手据
秘密回遮法火剑作业加行之前行念修法·吠琉璃瓔珞
秘密回遮作法品目·金刚雷箭补遗·持明口中热气
秘密回遮黑法火剑之羯摩品目·金刚雷箭

秘密回遮法
秘密回遮法
秘密回遮黑火剑威猛护摩法·劫火聚
三集文殊铁水黑毒树念修法·澄水宝珠
文殊铁水黑毒树法师承启请愿文等
阎摩铁水毒树之常修瑜伽法·利刃焰
阎摩紫色曜面修持法·启门之钥
阎摩紫色曜面作法品目·原本与副本中未明处补遗·魔军心惊之吼声
能坏黑日月法师承启请文
能坏大力黑日月法托付修法·见者具义
作业阎摩之事业·死神喜悦之腭声
凶猛阎摩能坏之羯摩品目·战胜魔军之梵天鼓
开护摩门之幻化钥
护摩广修法·招三界之钩

降伏护摩法·劫火聚
文殊阎摩能坏凶顽之诛法诅咒事业·天铁焰之雷箭
死神开口之常用事业·言简意赅
金刚传承启请文
金刚酬恩法

ga

王者传规之大悲观音羯摩品目·日光藏
与王者传规之大悲观音羯摩品目相结合之会供法
大悲观音解救轮回界之羯摩品目·按字母编排诵即义成
大悲观音救脱轮回界之生圆二次大圆满导引·持种口传
北宗秘藏大悲观音普度众生之羯摩品目·利乐之源
北宗秘藏大悲观音普度众生之羯摩品目·义备而易行·利乐之源
莲花大自在极密忿怒王之史事·持明口传
莲花极密忿怒王之羯摩品目·诵修无畏金刚声
大自在极密忿怒王之羯摩品目·精华摄要
莲花大自在极密忿怒王之闭关静修法·大宝灌顶如意
莲花极密忿怒之王闭关静修常需之得悉地仪轨·如意灌顶王
莲花大自在极密忿怒王之闭关静修法补遗·十分护摩仪轨·智慧光明炽燃
大自在极密九尊法门中威猛诅咒之事业·金刚钻石
下秘藏达纳甲热坚之羯摩品目·日曼荼罗
吉祥金刚橛大成就仪轨·悉地海戏舞
开光仪轨·亿万吉祥新光
乍得郡神橛铁室威猛咒利刃之羯摩品目·无畏金刚钻石
北宗秘藏橛部三规之闭关静修事业加行法·战胜魔军
北宗秘藏橛部三规随用均可之息灾护摩·除暗白光
北宗秘藏橛忿怒王游戏朵玛回遮法·粉碎魔军
大吉祥普布玛钦朵玛回遮法·天铁雷箭
忿怒王游戏念诵法·战胜魔军之声

忿怒王游戏记录·持明密意庄严
下密藏之密集经典与第八品合编之羯摩品目·三脉适悦之戏舞
吉祥普贤舞蹈之备忘录·神之戏舞
至尊桑登林寺阿底法类目录·胜乘宝璎珞

nga

五世达赖活佛文集nga字函目录
七品师承祈祝祷文
上师噶玛古汝师传祈愿文
上师噶玛古汝之诵修事业·威光千焰
上师噶玛古汝之威猛事业托命·加持云
上师噶玛古汝之闭关静修法·守持篇
噶玛古汝与极密威猛相结合之祈愿往生铜色吉祥山发愿次第
上师噶玛古汝之黑朵玛供法·末劫天铁之利刃
母与空行喜悦之火供仪轨·持明延寿甘露药树

回遮轮焰篇
金刚威猛力根本句·解金刚结
大圆满空行心滴导引注解·百千四现光明
玉妥心滴之羯摩品目·如意宝树
供粥仪轨·权威游戏喜宴
无量寿精华导引门中安住寝室之仪轨及常修瑜伽所需之补遗等
阐明长寿甘露净瓶灌顶之水流·显照甘露月光
乍得郡神内修法、铁树之羯摩品目灌顶仪轨等·恒河长流
北宗秘藏铁树篇之灌顶仪轨补遗·长寿甘露妙瓶
察乍得郡玛之伏魔修法·金刚焰之威慑
金刚威猛之常用羯摩品目·见者解脱
随许传咒加持之结合篇·事业泉流
乍得郡神法中金翅鸟之事业·天铁金刚雷箭
一刹那中趣入大乐之深道往生教导
如铁护轮之真言名目

安立解脱之灌顶与开光仪轨·珍珠鬘
空行迎送之加行法·随愿生乐之新歌
放咒仪轨编·战胜死神
从外迎接空行祈求文
会供法·随求殊胜施
放咒编
请长久住世仪轨·极坚固金刚鬘
持明修命之秘法·阿底一啥字等长寿颂次第
佛塔上中下三列念诵法
依至尊竭地洛迦林度母修禳解仪轨·见者义成
昌色谢巴多杰散集中吉祥欲界自在退敌母赞·摩尼灌顶王之璎珞
吉祥退敌母之祈愿文·如意任运成就
天女之秘密灵器回向颂
开门咒语罗刹女莎朗巴等
欲界自在热玛底生起喜悦之禳解事业诵修法·金刚声音
守护秘藏神吉祥骑虎怙主之祈供易诵仪轨
藏绒新秘藏上师寂怒二种秘藏护法神供养事业
大幻化法王之禳解诵文·如意任运成就
杰切格杜之羯摩品目念诵轨·断敌命之利刃
药叉雅哇嘉七尊之禳解仪轨·权威成就之喜宴
吉祥漾嘎莎之禳解事业·如意宝藏
护藏土十二坚牢地母之禳解事业·杜鹃歌音
仙人遍入罗睺罗之羯摩品目·黑色毒箭
遍入像禳解之事业·仙人普庆之舞剧
念青唐拉神之事业·甘露长流
骑虎怙主、四部明王、八护教供养法、念青唐拉神、遍入天、胜者金刚妙善、护方神、四部大力神、普巴护法等之祈供法及地神朵玛供法等

摧瘟神力之仪轨·消除不顺昏暗之百日光

nga

仙人洛枳巴拉之羯摩品目仪轨·霹雳金刚猛降

仙人洛枳巴拉之守护回遮共通实修持法·守护坚堡之幻化炮

猛咒洛枳之护摩修法·日光藏

忿怒仙人忿怒金刚前供净水法

猛咒洛枳巴拉之回遮与诛法事业加行仪轨·狂牛鼻端所拴之利刃轮

洛枳酬神仪轨